本书出版得到中共陕西省委党校（陕西行政学院）资助

|国|研|文|库|

创新文化视域下的
干部培训互动式教学研究

张品茹 ———— 著

光明日报出版社

图书在版编目（CIP）数据

创新文化视域下的干部培训互动式教学研究 / 张品茹著. -- 北京：光明日报出版社，2021.4
ISBN 978－7－5194－5862－1

Ⅰ.①创… Ⅱ.①张… Ⅲ.①干部培训—研究—中国 Ⅳ.①D630.3

中国版本图书馆 CIP 数据核字（2021）第 060859 号

创新文化视域下的干部培训互动式教学研究
CHUANGXIN WENHUA SHIYUXIA DE GANBU PEIXUN HUDONGSHI JIAOXUE YANJIU

著　　者：张品茹

责任编辑：李　倩　　　　　　　　责任校对：陈永娟
封面设计：中联华文　　　　　　　责任印制：曹　净

出版发行：光明日报出版社
地　　址：北京市西城区永安路 106 号，100050
电　　话：010－63169890（咨询），010－63131930（邮购）
传　　真：010－63131930
网　　址：http://book.gmw.cn
E－mail：gmcbs@gmw.cn
法律顾问：北京德恒律师事务所龚柳方律师

印　　刷：三河市华东印刷有限公司
装　　订：三河市华东印刷有限公司

本书如有破损、缺页、装订错误，请与本社联系调换，电话：010－63131930

开　　本：170mm×240mm
字　　数：315 千字　　　　　　　印　　张：17
版　　次：2021 年 4 月第 1 版　　 印　　次：2021 年 4 月第 1 次印刷
书　　号：ISBN 978－7－5194－5862－1
定　　价：95.00 元

版权所有　　翻印必究

序

　　总结中国共产党近百年的干部教育历史经验，就是通过行之有效的教育和培训方式提高干部队伍素质，首先形成优秀的领袖集团并制定出正确的路线和方针，全党干部遵照正确的路线和方针指引的方向实现党的奋斗目标；同时还有坚决贯彻执行正确路线和方针的许多最好的基层干部，党通过自己的干部队伍去发动和组织群众，实现对具体工作的组织领导，从而推进各项事业的发展。为此，干部教育和培训事关党的建设发展大局，是一项崇高而光荣的事业。当前，我国改革发展进入了新时代，要实现把中国建设成为创新型国家的战略目标，急需加速培养和造就一批高素质的领导干部和管理人才。我国干部教育和培训要坚持以提高质量为核心，走内涵发展的道路，遵循干部教育和培训的规律，把握党政干部学习的特点，适应现代干部教育和培训发展的趋势，不断创新教育和培训方式，进一步增强党政干部教育和培训的针对性与实效性，形成更具特色的干部教育和培训模式，是切实提高干部教育和培训质量与效益的关键环节，而构建创新文化是全面提升教育和培训质量的必然要求。

　　同时，在干部教育和培训过程中构建创新文化，是一个从不够自觉到比较自觉的认识和实践过程。干部教育和培训工作实践使我们逐步认识到，加强教育和干部培训中的创新文化建设，有助于干部教育院校核心竞争力的聚集、教育特色的形成和培训目标的实现，有助于参训学员思想境界的升华、共同价值观的凝聚和人文素养的提升，有助于培训者文化底蕴的积淀、培训理念的更新及团队精神的塑造和形成。

张品茹博士在陕西行政学院任教多年，一直承担干部教育和培训的管理与教学工作，这本专著正是她对党的干部教育和培训历史与现实问题深入思考及研究的成果。她在书中首先厘清了创新文化与干部培训的关系，阐述了在创新文化引领下干部培训方式创新的实践发展路径，并围绕着干部培训的核心素养——"党性教育""能力培训"提出了五种互动式教学组织形式：现场教学、经典模型体验式教学、情景体验式教学、案例式教学和结构化研讨等。通过对教学案例剖析，以期总结干部培训中互动式教学的有效样态，并进行系统的理论阐释和总结，为干部培训教学方式创新的理论研究做了基础性工作，也为干部培训乃至成人教育领域开展互动式教学提供了典型案例样式。

我作为张品茹博士的指导老师，对于她专注这一研究并取得骄人的学术成绩颇感高兴。她在读博期间，认真学习，刻苦钻研，积极进取，选题研究干部培训中互动式教学组织形式，于2015年6月顺利完成学位论文答辩并获得了博士学位。在毕业后的几年中，她一直不断补充论文内容，并根据自己的教学实践经验反复修订，直至推敲观点及字句。2019年，欣闻她的国家社科基金项目得以立项，她结合项目内容又做了一些调研和访谈工作，对论文进行了加工。今获知她的这部著作入选了《光明社科文库》资助推荐出版项目，一则向全力支持和帮助年轻学者出版学术专著的光明日报出版社表示感谢，二则也希望品茹持之以恒地做自己喜欢的科研和教学工作，再次看到她的新研究成果面世。

栗洪武
2019年12月

前　言

　　进入新世纪新阶段以来，世情、国情、党情和干情等诸多形势的不断变化，对中国共产党的执政能力提出了新的挑战，对党的干部队伍发展也提出了新的要求。中国进入新时代，对领导干部的政治素养和领导能力有着特殊要求，在干部培训工作中构建创新文化是全面提升培训质量的必然要求。为此，着眼于党的十八大以来干部培训的新形势、新任务和新要求，遵循干部培训的规律，把握党政干部学习的特点，适应现代干部培训发展的趋势，不断创新干部培训方式，进一步增强党政干部培训的针对性和实效性，形成更具特色的干部培训模式，是切实提高干部培训质量和效益的关键环节。为了适应经济社会发展对高素质党政干部的需求，目前在我国干部培训领域，一种新的教学方式——互动式教学正在被大力提倡和积极实践。

　　新时期的干部培训要求将能力培养和素质培养贯穿于干部培训的全过程，与此同时，我国的干部队伍已经初步实现了年轻化、知识化、专业化的目标，加之信息时代获取知识的途径多元化，单单靠讲授式教学已经不能满足干部培训的需求；而提升党政干部的素质和能力与传统的党政干部培训教学方式存在不足之间的矛盾，需要我们在教学理念的指导下改革教学方式，以提高干部培训的质量和效果。互动式教学正是在这样的背景下应需而生的。现代培训理念强调挖掘学员自身资源库，注重突出培训活动中学员的主体性和参与性，互动式教学正是贯彻这一理念的一种有效途径。互动式教学符合党政干部这个特殊群体的学习特点，顺应干部培训规律，应用在党政干部培训中是可行的也是适切的，是干部培训方式的有效创新。党政干部培训中的互动式教学旨在通过问题探究、经典管理型游戏、情景模拟、角色扮演、互动研讨等"边做边教""训教并举"等多种形式的互动活动提高学员学习的积极性和主动性，促进学员群体意识、合作能力以及综合素质和能力的提升。

　　本研究从创新文化的内涵出发，阐述了在创新文化引领下，干部培训方法创新发展的实践探索，围绕着党政干部培训中的主要培训内容——"党性教育""能力培训"提出了五种互动式教学组织形式：现场教学、经典模型体验式教学、情景体验式教学、案例式教学和结构化研讨。主要运用文献研究法、案例分析法、调查访谈法和观察体验法等多种研究方法，在梳理与分析国内外相关文献资料、调查了解国内一些比较具有代表性的党政干部培训院校的班次中互动式教学及其实施过程的基础上，通过调查研究、理论探讨等过程，从这些具体的案例中对互动式教学的理念和实践做了较为系统、深入的分析。

　　本研究通过对教学案例的剖析，以期总结党政干部培训中互动式教学的一般样态，并进行系统的理论总结，为干部培训教学方式创新的理论研究做一点基础性工作，也为干部培训乃至成人教育领域开展互动式教学提供典型案例或样式。

目录
CONTENTS

第一章 导 论 ··· 1
一、研究背景与问题提出 ··· 2
二、研究目的与意义 ·· 8
三、相关研究综述 ·· 10
四、核心概念界定 ·· 14
五、本研究的理论基础 ·· 26
六、研究方案的设计 ··· 32
七、创新与不足之处 ··· 38

第二章 创新文化与干部培训的关系 ··· 40
一、创新文化在干部培训中的作用及其特征 ···························· 40
二、加强干部培训中创新文化建设的针对性和实效性 ··············· 44

第三章 我国党政干部培训中的若干问题 ·································· 48
一、干部培训的地位和作用 ·· 49
二、干部培训与普通教育的差异性 ··· 50
三、新形势下干部培训的特点和规律 ······································ 55
四、干部培训院校的教学任务和内容 ····································· 62

第四章　我国党政干部培训中传统教学方式存在的问题以及创新培训方式的必要性 …… 66

一、干部培训院校的传统培训方式 …… 66
二、干部培训院校传统教学方式存在的问题 …… 67
三、目前党政干部培训中创新教学方式的紧迫性 …… 69
四、在党政干部培训中采用互动式教学的适切性 …… 71
五、在党政干部培训中实施互动式教学的可行性 …… 76

第五章　我国党政干部培训中互动式教学案例分析 …… 79

一、互动式教学案例一：现场教学 …… 79
二、互动式教学案例二：经典模型体验式教学 …… 98
三、互动式教学案例三：情景体验式教学 …… 115
四、互动式教学案例四：案例式教学 …… 131
五、互动式教学案例五：结构化研讨 …… 147
六、互动式教学实施过程中的注意事项 …… 161

第六章　我国党政干部培训中实施互动式教学的有效样态 …… 164

一、互动式教学的多元互动 …… 164
二、互动式教学的师生关系 …… 175
三、互动式教学的基本策略 …… 181
四、互动式教学的组织形式 …… 188
五、互动式教学的支持体系 …… 189
六、互动式教学的评价方式 …… 193

结　论 …… 195

参考文献 …… 198

附录一　访谈提纲 …… 210

附录二　案例式教学参考资料："乌坎事件"概述 …… 213

附录三　案例教学手册 ·· 229
附录四　案例文本1——党建引领基层社会治理的困境与出路 ········· 239
附录五　案例文本2——以党建引领社区治理，构建共建共享共治新格局
　　　　··· 242
附录六　三个阶段结构化研讨方案实例 ································ 249
后　记 ·· 255

第一章

导　论

　　进入新时代，世界形势正发生着巨大变化，经济一体化、政治全球化、文化多元化的特征日益明显。在这一背景下，我国的干部队伍建设其中包括干部培训也在经受着前所未有的冲击与挑战，尤其是在面对日益复杂的社会事务时，要求领导干部必须具备多方面的综合素质，以适应瞬息多变的国内外形势的发展。高素质的干部队伍建设，一靠选拔，二靠培养。干部培训是知识经济和现代社会发展的需要，也是提高干部队伍素质和行政效率、促进干部健康成长的重要途径。在干部培训工作中构建和加强创新文化建设，对于全面提升领导干部的综合素质和领导能力至关重要。以创新文化为引领，不断提高培训质量，需要在培训理念的更新、行为规范的完善创新和人文环境的创造等方面下功夫。只有以创新文化为引领不断改革创新干部培训工作，尤其在培训方式的创新上进行积极尝试，才能不断提高广大干部贯彻落实科学发展观、建设小康社会、依法行政、解决复杂问题、实现管理科学化和总揽全局等多方面的能力。

　　十九大报告提出要着力建设高素质专业化干部队伍，这是历次党代会报告中第一次把"高素质"和"专业化"一起作为干部队伍建设的整体目标。干部培训工作要着力围绕建设高素质和专业化的干部队伍为目标，创新干部培训工作，进一步探索和加强干部培训工作的创新文化建设。这是对干部培训工作的根本要求和行动指南，它把干部培训工作的出发点和落脚点放在提高干部的素质和能力上，为今后一个时期的干部培训工作指明了前进方向。正是在这样的大背景下，干部培训院校必须以创新文化为引领，拓展和创新培训方式方法，紧紧围绕提高干部素质和能力来谋划干部培训的教育教学，以不断增强干部的综合素质，切实提高干部的执政能力和领导水平，而增强教学效果和提高党政干部培养质量，教学方式方法是重要保障之一。

一、研究背景与问题提出

（一）研究背景

1. 当前形势下迫切要求培养高素质的领导干部

干部培训工作是提高干部素质的重要途径。首先，深入加强干部培训工作是推进社会主义现代化建设的关键措施。当今世界形势正发生着翻天覆地的变化，经济一体化、政治全球化、文化多元化的特征日益明显；而一个国家的经济建设和改革事业能否顺利进行，很大程度上依赖于是否具备一支能力强、素质高的干部队伍。在我们国家，如果没有一支高素质的干部队伍在各条战线上进行卓有成效的创造性活动，中国特色社会主义事业就不能取得成功。当前，虽然我国的干部队伍已初步实现了知识化、专业化、年轻化的目标，但仍然欠缺现代化建设所必备的科学技术知识，尤其在信息化时代的背景下管理经验不足。因此，党的干部的成长壮大及整个干部队伍的建设主要靠教育，干部培训工作在干部队伍建设中具有十分重要的意义。① 其次，加强干部培训是提高干部队伍素质的主要途径。面对竞争日趋激烈的国际形势，党和国家及其领导人对干部队伍建设提出了许多前所未有的新要求。邓小平指出："中国的事情能不能办好，社会主义和改革开放能不能坚持，经济能不能快一点发展起来，国家能不能长治久安，从一定意义上说，关键在人。"② 习近平总书记也指出："好学才能上进。中国共产党人依靠学习走到今天，也依然要依靠学习走向未来。我们的干部要上进，我们的党要上进，我们的国家要上进，我们的民族要上进，就必须大兴学习之风，坚持学习、学习、再学习，坚持实践、实践、再实践。"③ 干部的综合素质和能力，直接影响着我们党、国家和民族的发展。随着我们党的事业不断发展，干部队伍的数量不断增加，质量也要不断提高；而加强干部培训工作是为党源源不断地培养人才的事业，更是提高干部队伍素质的主要途径。最后，加强干部培训是适应知识经济时代发展要求的重要手段。当今世界日新月异，我们必须在信息时代的潮流中不断学习，不然就要掉队，就要被淘汰。领导干部必须坚持学习，与时俱进，以适应时代发展的需求。在这

---

① 李跃新. 1949—1956年中国共产党干部教育研究[D]. 北京：中共中央党校，2004：4-5.
② 邓小平. 邓小平文选（第3卷）[M]. 北京：人民出版社，1993：380.
③ 习近平在中央党校建校80周年庆祝大会暨2013年春季学期开学典礼上的讲话（2013年3月1日）[EB/OL]. 中国共产党新闻网，2013-03-03.

种情况下，必须大力加强干部的培训工作，以增强他们在新形势下的履职能力。

在新形势下，创新干部培训方式方法势在必行，也是决定党政干部培养质量的关键要素。习近平总书记强调："做好新形势下干部教育培训工作，既要坚持运用行之有效的传统方法，又要通过改革创造新的方法，不断提高干部培训工作的科学化水平。"① 新时期的干部培训，要求将能力培养和素质培养贯穿于培训工作的全过程，而创新干部培训方法是建设高素质干部队伍的重要手段。加之干部队伍年轻化、知识化、专业化，获取信息的途径多元化，单纯的讲授式教学已经不能满足干部培训的需求；同时，传统的干部培训教学方式也存在许多弊端。这就需要在现代教学理念的指导下改革教学方式方法，不断提高干部培训的质量。

2. 干部培训工作要适应形势发展的新要求

中国的改革开放正在不断地向前所未有的广度和深度发展，新事物、新现象和新经验不断涌现，同时新问题、新矛盾与新困惑也接踵而来，干部培训工作必须适应新形势下的新要求和新变化。这是因为，干部培训属于成人培训的范畴，单一的灌输知识和传授技能的培训模式已经满足不了实际工作的需要。而为了满足干部培训需求的不断变换与培训任务的日趋更新，干部培训院校不得不创新教学的方式方法，努力向多层次、多类型、多渠道方向转化。所以，打破传统的教学格局，建立适应时代发展要求的、能够培养创造型人才的新型教学模式，成为干部培训的当务之急。互动式教学正是以现代教学思想和教学理论为指导，充分体现以教师为主导、以学员为主体的一种新型教学方式。这种教学方式要求：一方面，教师要紧紧围绕提高干部素质和能力来谋划干部培训的课堂教学，针对不同的参训对象、开设不同的专题和不同的授课内容，采取灵活多样、独特新颖的培训方式和手段，按需施教，因材施教，增强干部培训的质量和效益，提升教学的互动性、实践性和实效性。中共中央制定的《干部教育培训工作条例》提出："干部教育培训应当根据内容要求和干部特点，综合运用讲授式、研讨式、案例式、模拟式、体验式等教学方法，实现教学相长、学学相长。引导和支持干部教育培训方式方法创新。"目前干部培训方式独特新颖、灵活多样，除了《干部教育培训工作条例》归纳的五种教学方式，还出现了互动式教学、多媒体教学、网络远程教学等方式方法。另一方面，让领导干

---

① 习近平. 做好新形势下干部教育培训工作［EB/OL］. 中共中央党校（国家行政学院），2018 - 12 - 23.

部直接参与到干部培训的课堂中来，把实际工作程序及其问题引入课堂教学中，这样能充分挖掘学员资源，调动了"教"和"学"两个积极性，营造教学相长的课堂互动氛围；教师与学员、学员与学员之间互相交流，互相探讨，在交流中不断接触新的信息、新的结论和新的预测，实现"思想共享"。从近几年的教学实践来看，互动式教学受到了广大学员的热烈欢迎和高度好评。

党的十八大以来，党中央把干部培训工作摆在更加突出的位置，作出一系列决策和部署。如党的十八大报告指出："坚持和发展中国特色社会主义，关键在于建设一支政治坚定、能力过硬、作风优良、奋发有为的执政骨干队伍。"① 提出了"建设高素质执政骨干队伍的战略任务"的战略决策，要求以改革创新精神提升干部教育培训科学化水平，为全面推进"四化两型"建设，努力为实现"两个加快、两个率先"提供坚强的政治保障和智力支撑。党的十九大指出，要建设高素质专业化干部队伍，注重培养专业能力、专业精神，增强干部队伍适应新时代中国特色社会主义发展的能力。这为干部培训指明了方向，提出了更高的要求。党的干部是党和国家事业的中坚力量，加强干部的培训是一项关系到长远、全局、根本的重要工作。中共中央印发《2018—2022年全国干部教育培训规划》，对干部培训作出了全面、科学的安排，为干部培训工作指明了方向、提供了遵循。进入新时代，面对新形势、新任务和新需求，干部培训必须从服务大局、按需培训出发，进一步创新理念、丰富内容、改进方式，确保取得实实在在的效果。各地区各部门按照中央部署要求，结合实际、狠抓落实、锐意创新，干部培训工作取得显著成绩。全国组织工作满意度调查结果显示，干部培训工作满意度连续三年提高。习近平总书记在全国组织部长会议上，用"力度大、措施实、效果好"九个字给予高度评价。赵乐际部长在全国干部培训工作会议上强调，着力培养造就党和人民需要的好干部。当前，干部培训工作发展势头良好，但也面临着新形势、新问题、新要求。

（1）世情、国情、干情的新变化

从国际上看，当今世界正处于快速发展的变革时期，以知识、技能、创新为重要资源的信息社会，全面挑战大工业社会的政治、经济和社会结构。为适应这些新变化，许多国家都高度重视教育与培训，加强人才开发与引进。我国提出建设马克思主义学习型政党，颁布国家中长期人才发展规划纲要，下发干部人事制度改革规划纲要等，都是根据国际形势变化和国家利益需要，面向今

---

① 《党章学习读本》第六章 党的干部［EB/OL］．中国共产党新闻网，2012-12-19．

后十年乃至二十年作出的战略性部署。所以，干部培训工作必须与之相衔接、相适应。

从国内来看，我国已进入深化改革开放加快转变经济发展方式的攻坚期与全面建设小康社会的关键期，国民经济和社会发展第十二个五年规划纲要提出，以科学发展观为指导，加快转变经济发展方式，促进我国经济长期平稳较快发展，并强调社会发展中的民主、平等、和谐与稳定，为全面建成小康社会打下坚实的基础。落实纲要提出的各项任务，我们党既面临着历史机遇，也面对着风险挑战，这是对我们党的执政能力和领导水平的重大考验。我们的党要全面推进中国特色社会主义事业的发展，积极克服前进中的困难，有效化解面临的复杂矛盾和风险。要处理好这些事情，需要一支精干的干部队伍，尤其需要一大批综合素质高的领导干部。

从干部队伍现状来看，随着干部队伍新老交替的持续推进，一大批年轻干部走上领导岗位，"60后""70后"已成为干部队伍的主体，并且他们具有大专以上文化程度，他们的特点是学历层次较高，综合素质好，能力强，思维活跃。当然，还有一部分干部在综合素质和履职能力上还存在不少缺点，主要表现是：理论学习不够；缺乏党内生活锻炼，党性修养、作风建设和道德品行明显不足；思想境界不高，精神状态不佳，作风比较飘浮；还有宗旨意识不强，民主素质不高，法治意识、纪律观念淡薄。为此，进一步加大干部培训力度，切实提高干部队伍素质能力，仍然是党的建设一项重要而紧迫的任务。

(2) 中央对干部培训工作的新要求

党的十六大指出"要大规模培训干部、大幅度提高干部素质"，党的十七大提出"继续大规模培训干部、大幅度提高干部素质，全面启动新一轮大规模培训干部工作"，党的十八大要求"建设学习型、服务型、创新型马克思主义政党，加强和改进干部教育培训，提高干部素质和能力"。党的十九大报告用大量篇幅阐述了"建设高素质专业化干部队伍"的内容，面对新形势，中央提出一定要坚持不懈用习近平新时代中国特色社会主义思想为引领，引导干部深入学习马克思主义基本理论，并做到学以致用。干部培训工作要从保持党的纯洁性高度入手，加强党员、干部的思想建设，加强理论武装，加强党性修养和党性锻炼，加强道德品行教育，加强作风养成，严格执行廉洁自律各项规定，使自己成为德才兼备的干部，带着深厚感情做群众工作，始终与人民群众同呼吸、共命运、心连心。2013年10月14日，中央组织部部长赵乐际在全国干部培训工作会议上指出，坚持高标准、严要求，推进干部培训改革继续深化、质量不断提升，着力培养造就党和人民需要的好干部，为实现中华民族的伟大复兴的中国梦提供坚强保障。

概括起来，中央对干部培训工作的新要求，主要有四个方面的内容。一是在总体要求上，紧紧围绕学习贯彻习近平总书记系列讲话和党的十九大、十九届四中全会精神，按照保持党的纯洁性要求，以及党的十九大提出的提高干部综合素质和能力的要求，全面落实《2018—2022年全国干部教育培训规划》，积极推进干部培训工作的改革与创新，全面实现理论创新、实践创新、体制机制创新，创建具有中国特色的干部培训体系，更好地为我国经济社会发展服务、为干部成长服务。二是在培训内容上，深入学习领会习近平总书记的一系列讲话和党的十九届四中全会精神，加强党性修养、作风养成和道德品行教育，不断提升领导干部的个人素养，坚持综合素质和履职能力相结合，不断满足干部的岗位需求，增强他们履行岗位职责所需要的相关专业知识。三是在培训对象上，党政干部、企业经营管理人员、专业技术人员是干部培训的主要对象，重点关注县处级以上领导干部的培训工作，同时加强对基层干部的培训力度，大力推进优质教育培训资源向基层延伸和倾斜。四是在创新培训方式方法上，改革传统的课堂讲授式，以案例教学、体验教学、情景模拟教学、结构化研讨等互动式教学为主，全面提高干部培训教学工作的针对性和有效性。

3. 构建创新文化是全面提高干部培训质量的必然要求

我们要实现建设成为创新型国家和人力资源强国的战略目标，急需加速培养和造就一批高素质的领导干部和管理人才；干部培训工作要以提高质量为核心，走内涵发展的道路，其中关键的问题是要大力提升领导干部和管理者的综合素质、领导能力和管理水平。新时代的干部培训对象较过去相比，呈现出许多新的特点。他们大都具有较高的学历层次和学识，视野较宽广，具有较为丰富的领导经验和一线工作的实践经验，有不少同志本身就是专家学者。他们到培训院校学习，我们不仅要为他们提供较好的学习培训条件，而且还应满足他们精神文化层面的需求。干部培训工作在我国新的发展阶段面临的新形势、新任务，要求干部培训机构要承担起新的责任和使命，要在教学内容优化、培训方法和模式改革以及管理体制机制创新等方面进一步加大工作力度。而构建创新文化，加强创新文化建设，对体现培训院校的核心价值、引领培训院校的发展方向、优化和完善培训院校的整体功能、提高培训质量，都会产生深刻的影响，发挥重要的作用。

（二）问题提出

1. 进一步研究互动式教学的必然性与理论需求

在过去的干部培训教学中，以"教为主体"，突出教的主导地位，学员被动地接受知识，教师以讲授式教学为主要形式，这种方式对系统地学习某类知识的整体概况是有效的。信息时代的到来对干部培训教学工作产生了重大的影响，传统的教学方式很难解决学员的现实问题，更谈不到为某一个特定的问题寻找解决方案了。党政干部参加培训主要是解决自身工作中存在的问题，提高工作的效率和水平，他们真正缺乏的是用最新的理论解决实际问题的有效途径与方式。教师就要根据不同类别、不同层次、不同岗位的特殊需要，开展有针对性的教学活动，而互动式教学贯彻了按需施教、因材施教的教育理念，并且为这种现实需求提供了理论与现实上的可行性。互动式教学是以素质和能力培养并重的一种教学方式，它适应了领导干部具有一定的理论基础和实践经验的特点，以问题解决为中心，通过案例分析、现场体验、互动研讨等形式的学习，引导学员重新整合已有的知识和经验，培养学员解决实际问题的能力。因此，在干部培训的教学中恰当巧妙地运用互动式教学，调动学员参与教学活动的积极性和主动性，激发他们学习的自主性，引导他们解决现实工作中的真实问题。

2. 开展互动式教学是干部培训规律和特点的内在诉求

根据现代干部培训的规律和特点，逐步适应干部培训工作的新要求——由素质培训向综合素质和履职能力相结合的转变，着眼于发挥教师的主导作用和学员的主体作用，为学员发展提供优质的教学生态环境，就要以推动互动式教学为主线创新培训方式。干部培训不同于普通教育，也不同于高等教育，它具有自身的特殊性，实质上是一种成人教育和继续教育，有自身的规律和特点。在全球化、市场化、信息化的社会发展浪潮之下，干部培训需求差别化、培训方式多样化、培训机构多元化、培训手段现代化，这些已经成为干部培训的重要发展趋势。因而，干部培训要适应世情、国情、党情、干情的新变化，促进党的事业和党的建设发展；适应科学发展新要求，促进经济发展方式的转变；适应干部对培训的新需要，促进干部健康成长。这"三个适应、三个促进"，是干部培训的基本规律。干部培训的特点是：其对象在生理上具有成熟性，在实践上具有较丰富的实际工作经验或领导工作经历，在心理上已经定型化，在政治上具有高度的敏锐性，在学习上具有明确的培训需求和学习风格。因此，对干部的培训要注重个体参与，灵活采用情景模拟、案例教学、互动教学等多种教学方法，针对不同班次的学员具有不同工作经历、不同知识背景，灵活运用各种教学方式。而互动式教学正是科学地把握了干部培训的规律和特点，这对于加强干部培训工作的针对性和实效性，提高教学质量，有着十分重要的意义。

3. 互动式教学在干部培训中应需而生

本人作为一名从事干部培训工作的省行政学院教师，近年来亲身经历着干部培训工作的改革和发展过程，有许多实际感悟和体会。改革开放以来，特别是进入21世纪之后，干部培训呈现出前所未有的蓬勃发展势头，经历了有史以来最为深刻的变化。中共中央颁布的《干部教育培训工作条例》指出："干部教育培训工作要适应经济社会发展需要，创新培训内容，改进培训方式，整合培训资源，优化培训队伍，推进干部教育培训的理论创新、制度创新和管理创新。"新时期干部培训工作创新的关键，是要紧贴实际需要，在传承党的优良传统的同时，将中国特色社会主义事业的探索实践上升为理性的认识，进而更好地指导全面建设小康社会的实践。然而纵观干部培训的工作实际，已有的干部培训教学方式方法在很大程度上表现为不适应形势发展的要求，传统的教学模式很难有效地回答领导干部在实际工作生活中遇到的各种鲜活的问题，难以满足干部不断提高能力和素质的迫切需要。因此，干部培训学院应积极探索，找出最具特色的教学方式以满足现实的需求，而互动式教学方式正是在这样的背景下应需而生的。

目前，干部培训的教学方式主要有专家讲座、案例教学、体验式教学、互动研讨等。其中，案例分析、现场体验、互动研讨这三种教学方法的重要特点，是强调学员的积极参与以及学员与教师之间、学员与学员之间的全方位、多层次的互动，这本质上都是互动式教学。

干部培训的教学工作要通过相应的教学方式来实施，而教学方式的创新决定着培训的质量和效果。互动式教学既是干部培训工作中的一个实践问题，同时也是一个理论问题；如何从理论和实践的结合上来进一步研究，推动干部培训工作，这是一个很重要的研究课题。

二、研究目的与意义

干部培训方式方法所存在的问题不只是现象问题，还有许多深层次的原因。这些原因，一方面在教学和教学管理实践中因教学方法"事小"而经常被忽视，得过且过，习以为常，进而影响干部培训教学的质量和水平；另一方面在干部培训研究领域因教学方法"位低"而没有受到理论研究的重视，理论落后必然导致实践落后。所以，本研究立足于我国干部培训教学方式方法的改革现实，对干部培训教学方法创新若干基本问题进行研究,进而提出在党政干部培训中实施互动式教学,符合干部培训规律和党政干部成长特点,具有重要的理论意义与较强的实践价值。

（一）理论意义

干部培训中教学方式的创新,是提高干部培训质量的重要环节,而加强对这一具体问题的研究,具有十分重要的意义。在干部培训教学改革中,教学方式改革则属于干部培训院校教学领域的深层次、前沿性改革,教学方式的改革是实现教学目标、完成教学任务、增强教学效果、提高教学质量的重要途径和核心环节,直接影响着培养高素质领导干部的质量和效率。互动式教学是干部培训中一种科学、有效的教育教学方法,是现代教学方法的一种创新,也是教学改革的必然变化和选择,它使学员能够成为真正的"学习主人",提高了学员的学习兴趣和效率。互动式教学的实质是师生之间、学员之间思想、情感、信息的交流与启发,师生构成了教学活动的两个主体,师生是平等合作互动的关系。互动式教学旨在通过丰富多样的课堂组织形式来充分发挥学员的主体作用,培养学员综合素质与履职能力,提高他们综合运用能力,从而使学员获得可持续发展。因此,本研究拟通过对干部培训教学方式的创新形式之一——互动式教学进行系统梳理和理论总结,探讨这种教学组织形式的运行环节、内在运行规律与管理过程,并将互动式教学几种操作方式的案例进行展示,为干部培训形式创新的理论研究做一点抛砖引玉的工作。

对干部培训中的互动式教学进行研究,能够使干部培训院校进一步深化对教育规律和干部成长规律的探索。从事干部培训工作的机构要推进教学改革与创新,不断增强干部培训的针对性和有效性,不断提高教学质量,就必须始终遵循教育规律和干部成长规律。本研究通过对互动式教学的研究,不仅关注干部培训院校的培训质量提升,尤其关注学员的素质能力提高和成果转换问题,有助于深化对干部培训院校教育规律和干部成长规律的探究。

（二）实践价值

互动式教学是对传统的讲授式教学的继承与拓展,促进了干部培训方式的转变,弥补了传统培训方式的不足。在干部培训中,互动式教学并不是全新的事物,它是对传统教学方式的创新与继承。互动式教学打破了以教师为中心、以"讲"为主要形式的传统教学模式,改变了以往你讲我听、一言堂式、灌输式的局面,采用新颖独特、灵活多样的教学方式,突出学员的中心地位,由教为主体向学为主体转变,实现了教学过程中教师与学员、学员与学员之间的相互启发、相互交流、相互促进，从而增进了师生、学员之间的有效互动。

在干部培训教学中恰当地运用互动式教学，能够有效地实现干部培训目标，有利于增强培训的针对性和实效性。好的教学方式不仅能够有效地传授理论和知识，而且能够极大地调动学员学习的积极性和创造性，从而有效地完成培训目标。成人的学习以工作任务或问题为中心，以解决现实问题为导向。互动式教学常常把工作中发生的问题作为培训的内容和学习的载体，通过一种学术研究的氛围而非行政会议的氛围激发出学员更多智慧，研究出更有价值的成果。互动式教学正是以学员自己工作中的问题为学习的载体，通过找到解决问题的方案这一过程来学习，一切学习都是围绕找到问题的解决方案来进行，针对性和实效性有了保证。

本研究有助于进一步提高从事干部培训工作的教师和管理人员对互动式教学的认识。通过对干部培训互动式教学整个活动过程的梳理与总结，为干部培训乃至成人教育领域开展互动式教学提供实践经验。

三、相关研究综述

（一）国外研究现状

国外的公务员培训发展比较早，培训体系、培训制度、培训内容、培训理念和培训方式等相对比较成熟和完善。在国外对于公务员培训的研究，是以20世纪50年代以后西方经济学的"人力资本"理论（Theory of Human Capital）为理论基础展开的。人力资本理论最早由芝加哥大学的美国经济学者西奥多·舒尔茨（Theodore W. Schultz）提出。舒尔茨认为，人力资本是劳动者身上的一种资本类型，以劳动者的知识程度、技术水平、工作能力、健康状况等方面来表示。[1] 人力资本通过投资而形成，在社会发展中具有重要的作用。目前，国外公务员培训开发的研究都是基于人力资本的理论来进行的，西方现代政府人才理论认为，公务员培训不是公务员个人的私事，是政府人才资源开发的需要，是与经济和社会发展密切相关的一项重要任务，应该有相应的法律保障。例如，美国政府于1958年正式颁布《政府职员培训法》，1970年又颁布了《政府间人员法》，1974年通过《雇员综合培训法》；法国颁布《公务员总章程》；日本也颁布《国家公务员教育训练规则》等。

20世纪七八十年代以来，世界各国都对公务员素质和能力提出更高的要求，

---

[1] 王昊旸. 美国公务员培训制度及对中国的启示 [D]. 长春：东北师范大学，2010.

人们都期望建立小型、高效的政府。如自美国开始的"重塑政府"运动以来，主要西方国家开始重视公务员培训，并且逐渐作为一个专门领域进行研究和实践。现在，公务员培训已经成为各国政府面向未来、建设未来和塑造未来的重要战略投资行为，尤其在西方国家非常受重视。有些发达国家还将私营部门的一系列管理理论、方法及技术运用到公共部门人力资源管理与培训中来。

为保证公务员培训实效，西方许多国家重视培训的针对性和灵活性。首先是重视培训的针对性，对公务员的培训需求进行调查研究。根据公务员任职不同及自身情况不同，制订培训方案。在满足个人发展的同时，还注重培训内容与岗位需求、本职工作的实际问题相联系，注重运用案例教学解决工作中的实际问题，或就当前政府面临的重大问题、难题组织研讨。其次是各培训机构都采用灵活多样的教学方式，除继承与创新传统的课堂讲授式教学外，还注重采用现代的培训理念，运用互动式教学，充分调动学员的积极性，发挥他们的主观能动性，引导他们积极参与到培训中来。大量使用启发式和研讨式教学，提高学员分析问题及解决问题的能力、表达能力和独立思考能力。此外，还广泛地采用了情景模拟教学、管理游戏、现场观摩、角色扮演等方式。

（二）国内研究现状

国内学术界也从不同角度对干部培训工作做了大量研究，形成一些重要的理论研究成果。

1. 几代中央领导同志的干部教育思想和理论综述

几代中央领导同志都非常重视干部培训工作，把干部培训作为推进党的事业发展的重要基础工作。他们在不同时期对干部培训工作提出了不同的要求，在理论和实践上做了深刻阐述，形成、发展、完善了党的干部教育思想和理论。毛泽东强调培养革命干部的重要性，甚至把干部培养看作是关系到党的生死存亡的政治问题。1955年3月，他在中国共产党全国代表大会上进一步强调了中共领导干部理论教育和理论队伍建设的重要性："我们要做出计划，组成这么一支强大的理论队伍……"邓小平指出干部是经济社会发展的推动力量，干部是要通过有计划地教育培养和在实践中锻炼成长起来的。他强调在社会主义建设新时期，干部培训是保证国家长治久安的重要因素。江泽民也十分重视干部的教育、培养、使用和发展工作，他强调干部培训的内容应包括传统教育、知识教育，要突出时代特色。胡锦涛强调干部培训要在培训规模、培训效果上下功夫，不断增强干部培训工作的针对性和实效性。党中央还在"十八大"上作出建设学习型、服务型、创新型马克思主义执政党的战略部署，对加强和改进干部培训、提高干部素质和能力提出了新的更高要求。习近平在2008年任国家副主席期间就负责干部培训工作，也非常重视干部培训问题。他围绕党的建设等工作，特别是建设高素质执政骨干队伍，发表了一系列重要讲话。他强调指出："实现党的十八大确定的各项目标任务，关键在党，关键在人。要建立一支宏大的高素质干部队伍。"认真学习、深刻领会、准确把握习近平总书记系列讲话精神中有关干部教育培训工作的主要论述，从巩固党的执政地位、培养造就好干部队伍现实需要来看，必须不断加强干部培训工作。在干部培训中，要坚持把理想信念教育放在突出地位，使广大干部坚定对马克思主义的信仰，毫不动摇对社会主义和共产主义的信念；必须大力发扬马克思主义优良学风，切实提高理论政策水平和领导科学发展的能力。

我国学术界对党的几代领导人的干部教育思想和理论进行了认真总结和概括，形成了许多研究成果。如西南大学樊蓉的硕士学位论文《毛泽东干部教育思想及其现实意义》(2010)，郑州大学王艳的硕士学位论文《新民主主义革命时期毛泽东干部教育思想探析》(2010)，渤海大学于春雷的硕士学位论文《邓小平干部教育思想研究》(2013)，湖南师范大学王赞辉的硕士学位论文《论江泽民的干部教育思想》(2010)，四川省社会科学院易小平的硕士学位论文《胡锦涛的干部教育思想研究》(2014)等。

2. 关于互动式教学问题的研究

(1) 互动式教学的研究现状

从教育学专业角度看，互动式教学诞生于1918年的哈佛大学，这是作为教学方法的一种创新模式被运用的。在西方教育学中，互动式教学作为一个专门的研究领域，起源于20世纪70年代的美国，最早是由美国教育心理学家布朗和帕林萨（A. L. Brown & A. S. Palincsar）提出的。他们的"交互式课堂教学"，是一种旨在改善学生阅读理解和自我学习能力的教学方法，之后又得到了进一步的研究和发展。20世纪80年代初，互动式教学法引进我国后，受到越来越多的重视，自1995年以后，研究成果日趋增多。国内大多学者的研究是关于师生互动活动的探讨。其中学者王康宁等人提出的对课堂互动行为类型的探讨比较有代表性。"互动式"教学研究最初是从小学"互动式"教学研究开始的，研究成果丰富，但是大部分互动教学的改革的尝试科目主要集中在文科语言科目上。自2000年以后，互动式教学引起了高校的广泛关注，研究的成果也逐年增加，最初涉及英语教学等语言类教学，发展到现在许多学科和专业都有较多涉及。当然，目前对互动式教学研究的深度和广度也在不断推进，有些学者还对

"互动式"教学模式进行了有益的扩展研究。互动式教学也从教学领域推广到职业培训、成人教育、干部培训、广播电视、医疗技术等领域。① 并且,在西方成人培训中广泛采用互动式教学,其特点是以学员已有的经验为基础,倡导合作学习以实现经验的共享。这种教学方式更符合成人教学规律,更适应干部实际需求,更有利于推动干部立足岗位成才。

众多学者更热衷于在普通教育领域中研究互动式教学,并且从理论、实践两方面对其进行了系统的梳理和总结,而干部培训中的互动式教学则缺乏系统的论证和分析。中国期刊网上以"干部教育 + 互动式教学"为题的论文 11 篇,以"公务员培训 + 互动式教学"为题的论文 4 篇,以"干部培训 + 互动式教学"为题的论文 3 篇;以"干部教育 + 互动式教学"、"干部培训 + 互动式教学"或"公务员培训 + 互动式教学"为题的学位论文只有 1 篇。这也充分表明我国干部培训中关于互动式教学相关问题的研究欠缺。

(2) 互动式教学的发展趋势

通过理论研究与教改实践的相互推动,互动式教学呈现出良好的发展态势:

一是互动式教学日益得到教育界和学术界的重视,并成为教学方法的主流。互动式教学在培养学生的主体性、积极性方面有着显著的优势,有利于学生素质和能力的提高。

二是互动式教学能充分发挥教师的主导作用和学生的主体作用。学习和讲授是一种交互作用的过程。教学活动最终必须转化为学生个体内在的学习活动,才能够得以实现和完成。教师在教学过程中起着导航、导演的作用,只有充分调动学生的积极性,教学效果才能达到最好。

三是互动式教学使用现代信息技术作为支撑。现代信息技术包括多媒体、互联网等高科技手段。现代信息技术加快了信息的传递速度,便利了信息的双向流动和反馈,助推了互动式教学的前进步伐。

创新是干部培训事业得以发展的生命力所系,而教学方式作为重要的教学创新元素,是实现培训的针对性和有效性的重要途径。要紧紧围绕提高干部的素质和能力来谋划教学方式的创新。在干部培训中要创设以解决学员思想实际与工作实际为重点的培训方式。大量采用互动式教学,切实解决干部所思考、所困惑、所急需解答的现实问题。在培训中必须坚持理论联系实际的教学方针,

---

① 刘东江,李婷婷. 对"互动式"教学应用研究的分析 [J]. 科技咨询导报,2007 (10):251.

通过收集大量的现实性案例,通过学员分析问题解决问题的能力。创新干部培训教学方式是今后一段时间教学改革的一项重要任务。

四、核心概念界定

(一) 党政干部

1. 干部及党政干部概念

在西方各国,干部一般泛指"由纳税人供养"的人员。现代汉语中的"干部"一词于清末民初自日本传入中国。1922年7月,中国共产党第二次全国代表大会制定的党章中,首次使用了"干部"一词。1982年9月,党的十二大制定的党章明确规定:"干部是党的事业的骨干,是人民的公仆。"① 这是对我国干部本质特征所做出的科学概括,也是区别于任何剥削阶级官员的根本标志。现阶段,在我国一般所说的干部有广义和狭义之分。广义上的干部上至党和国家领导人,下至中小学生的班组长。但狭义的干部即为"国家干部",是指处于管理国家公共事务岗位上的工作者,也即各级党和国家机关、人民团体、经济和文化组织中,担负一定领导职务和一定管理工作和专业技术工作的公职人员。本书中"干部"的概念是指党和国家权力的行使者,即所有党和国家机关中负有一定领导责任的工作人员,也就是习惯称谓的党政干部。在我国的干部培训中,培训对象一般包括党政干部、专业技术人员、企业管理人员等,而本书研究的对象主要是党政干部。

对中国的"干部"的研究必然会涉及一些概念,如"公务员"。根据我国的《中华人民共和国公务员法》的相关规定,我国的公务员指的是"依法履行公职、纳入国家行政编制、由国家财政负担工资福利的工作人员"。这个概念和西方一些国家的公务员的概念有所区别。

在一些西方国家,"公务员"一般指的是通过非选举程序,从而被任命,负责担任政府职务的工作人员。公务员这个词最早翻译自英文"civil servant",它的原意是指"文职人员"。比如,英国的公务员一般指的是政府中常务次官职位以下的所有的文职人员。这些公务员经公开考试择优录用,按规定不与内阁共进退。另外,经过选举或政治任命的国家工作人员不是公务员。再例如,美国的公务员则是中央政府机关中所有的公职人员,这样一来,与公务员含义比较相近的就是"政府雇员","政府雇员"大概包括三部分:职类公务员、非职类

---

① 中国共产党第十二次全国代表大会文件汇编[M]. 北京:人民出版社,1982:100.

公务员和军事人员。另外一些国家，如法国，该国从中央到地方的所有国家公职人员都被统称为公务员。该国公务员包括三大类：国家公务员、地方公务员和医疗卫生机构的公务员。另外，日本的公务员分为两类：国家公务员、地方公务员。这两大类公务员又被分为"一般职"和"特殊职"。其中，一般职公务员是经过公开考试择优录用产生；而特殊职公务员则是经过选举或政治任命产生。所以，前者适用《公务员法》，而后者不适用《公务员法》。

根据我国的《公务员法》的界定，我国国家公务员的范围包括下述的七类机关的国家工作人员：第一类，中国共产党的机关的工作人员；第二类，人大机关的工作人员；第三类，行政机关的工作人员；第四类，政协机关的工作人员；第五类，审判机关的工作人员；第六类，检察机关的工作人员；第七类，民主党派机关的工作人员。

由上述可见，我国的"党政干部"和"公务员"这两类人员是既有联系又有区别的，相比而言与西方一些国家的公务员的区别更加明显。第一，中国共产党领导的多党合作和政治协商制度是我国的基本政治制度，所以，中国共产党是执政党，而我国的各民主党派是参政党，同时，中国人民政治协商会议被视为具有广泛代表性的统一战线组织。众多的国家机关，如中国共产党机关、政协机关同人大、各民主党派机关、检察院、政府、法院等都是我国政治制度中重要且不可缺少的部分，这些国家机关各自依法发挥着特定和重要的作用。这是中国政治制度的基本特点和特色，这也使得我国的公务员的范围包括了上述的这些部分，这也是我国的公务员范围与西方一些国家相比较而言所具有的一个中国特色。第二，在我国真正拥有公务员身份的人员还必须要"纳入国家行政编制"。具体来说，就是党政机关里的国家工作人员也需有干部身份和工人身份，干部身份里又被分为行政编制和事业编制，而公务员则是党政机关里具备干部身份的那部分人员中，又具有行政编制的那部分人员。第三，是否由国家财政负担工资福利是属于公务员的第三个条件。具体来说，也就是由国家为这些人员提供工资、福利和退休等保障。国家公务员是属于国家财政供养的工作人员，但是反之，并不是财政供养的人员都是国家公务员。比如，财政供养的很大一部分人员，如公立学校的老师，还有科研院所的教研人员等，这些人员虽然由国家负担他们的工资福利，但是他们不具备另外上述的两个条件，因此不属于公务员，也并不属于党政干部。但是在法国、日本等国这些人员却属于公务员。

2. 党政干部的社会角色

社会角色是指与人们的某种社会地位、身份相一致的一整套权利、义务的规范与行为模式，它是人们对具有特定身份的人的行为期望，它构成社会群体或组织的基础。我们可以借助社会学、政治学、管理学和组织行为学的理论，来确定党政干部的社会角色。从社会学角度看，党政干部在我国社会中具有多重角色含义，他们具有多重社会属性，既是社会成员的组成部分，属于社会中素质能力较高的群体；又在社会分工中占据特别的地位，属于社会学意义上的精英群体，是公共权力的掌握者和公共资源的支配者。在社会这个多维系统中，党政干部的核心角色是人民公仆。从政治学角度看，党政干部是社会各领域活动的主要的宣传者、引导者和示范者，是政治生活的核心力量和最活跃的群体，属于政治学意义上的社会治理者群体。从管理学和组织行为学的角度来看，党政干部大体属于社会中的领导者群体，他们担负着加快经济发展、注重政治建设、加强文化建设、落实基本国策、维护群众利益等重要职责。

3. 党政干部的政治定位

我国党政干部群体的形成，经历了一个较为复杂的历史过程。在国际共产主义运动史上，马克思、恩格斯主要提供了理论武器，而列宁和斯大林则通过组建有严密组织和革命纪律性的革命政党，来领导工人运动和社会革命。革命政党是工人阶级的先锋队组织，组织中的成员具有社会生活的知识、社会发展规律的知识和阶级斗争的知识，能够领导工人阶级。

以毛泽东同志为代表的中国共产党人，在将马克思主义中国化的过程中，也对来自苏俄的革命政党组织形式进行了改造和发展，融入了中国传统特色的领导者和管理者的文化元素。邓小平同志在改革开放以后，针对我们党从革命党转变为执政党的客观现实，提出了干部队伍"四化"要求，即革命化、年轻化、知识化、专业化。20世纪90年代以来，江泽民同志对新时期经济社会发展对党建工作提出的新要求，提出了"三个代表"重要思想。进入21世纪以来，胡锦涛同志针对我们党面临的新形势、新任务、新挑战，多次强调党员干部要加强学习，从而加强党的执政能力建设。党的十八大以来，习近平同志特别强调要加强党的组织建设，尤其要建设高素质领导干部队伍。要巩固党的执政地位，切实提高党政干部的综合素质和领导科学发展的能力，努力把我们的党建设成为学习型、服务型、创新型的马克思主义执政党。这些重要论述构成了我们党有中国特色的干部队伍建设思想。

(二) 干部培训

1. 干部培训的一般概念

干部培训属于成人教育的一种,是一种自我导向的学习,是以解决问题为目标的学习,是丰富多样的人格化的学习,是团队的学习,是整合已有知识,分享已有经验的学习。从狭义上讲,干部培训主要根据党和国家的要求及社会与个人发展的需要,并结合党的各个历史时期的中心任务,以提高理论政治素质、整体知识水平、履行岗位能力为目标而对党的各级干部进行的多种层次、多种形式、多种渠道的一个继续教育和发展、培养和训练的活动,也就是通常所说的"干部教育培训"。本研究采用的就是狭义上的"干部培训",也称"干部教育培训"。

2. 当代干部培训的基本内涵

随着时代的发展、党的中心任务的转变、干部培训需求的变化,干部培训面临着前所未有的机遇和挑战。当今干部培训的内涵日益丰富——"能本、自主、创新"。

"能本"——干部培训要着力提高党政干部执政能力和行政能力,促进干部知识的更新、态度改善和能力提升。传统的教育重在"增长知识",现代干部培训要"提高能力",使学员在培训过程中不断完善自我。

"自主"——现代干部培训强调干部的"自我"感悟和"自我"提升,培养他们"学会学习"的能力,提高可持续学习、终身学习的能力和本领,促进学员自主学习。这是符合当今知识爆炸时代以及干部自身的特点。所以,现代培训应该以学员为中心,激活他们的学习热情,采取多样化的教学方式。

"创新"——面对干部培训出现的新问题、新情况,只有通过不断地创新工作思路、创新教学方式,把创新贯穿在培训的方方面面,渗透在培训的各个环节,我们的培训才能紧跟时代发展,才能真正为学员解决问题,才能真正让社会满意。

通过以上的分析,可以让我们更好地认识干部培训的内涵,其外延非常广泛,既包括干部培训院校如各级党校、行政学院、高校干部培训基地所进行的培训活动,也包括一般教育机构所进行的带有干部教育性质的培训,本文主要探讨专业的干部培训院校的干部培训问题。

(三) 互动式教学

1. 互动的含义

"互动"一词是德国社会学家齐美尔于1908年在《社会学》一书中提出的,

它主要指人和人或者群体和群体之间在从事某项社会实践活动的过程中，通过彼此之间的交互动作而产生的一种高效率的活动过程。

在干部培训过程中，互动包括师生彼此间的一切相互作用，其组织形式可以是灵活多样的。就教师来说，有教师与个别学员、教师与小组中的学员或教师与全体学员的互动三种不同方式；就学员来说，有学员与教师的个别的互动，也有学员与学员之间、学员与小组成员、学员与全体学员之间的互动。此外，互动交流的内容也是各式各样的，对教师来说，可以对学员进行理论知识的传授、开展情感的交流、对学员的行为进行指导等；对学员来说，可以是实践经验、价值观、学习态度、能力等的相互促进、相互影响。

2. 互动式教学的含义

在教学过程中，每一位教师、每一位学生（学员）都是相对独立、具有主观能动性的主体，都是有价值、有意义、充满智慧的资源源泉；每个主体之间通过互动交流所形成的关系，不是"主体—客体"的关系，而是"主体—主体"之间相互作用的关系。互动式教学非常重视教学过程中"教的主体"和"学的主体"，强调教学过程应该突出学员的中心地位，由"教为主体"向"学为主体"转变，注重"教"与"学"两个主体的相互促进、互动整合。

互动式教学的含义有广义和狭义两种。从广义上讲，互动式教学是指各种干部培训院校和培训机构在教学中一切相关事物的相互作用与影响，如备课活动互动，讲、评课互动，课堂讨论互动，生（员）作业互动，测验互动，案例分析互动，情景模拟互动，现场训练互动，等等①。从狭义上讲，互动式教学是一种强调教师与学生，学生与学生，以及师生与教学环境，教学材料之间相互联系，相互协调，相互影响的教学信息传播方式。在教和学双方平等交流、探讨过程中，形成和谐的师生互动、生生互动，多种观点的相互碰撞与融合，从而促进学员学习的积极性、主动性和探索性，进而达到提高教学针对性和实效性的一种教学方式。

3. 干部培训互动式教学的界定

干部培训中的互动式教学（简称"互动式教学"）是指干部培训院校及其教师遵循干部培训的教育教学规律，按照教学目的的要求，以互动式教学为方式，将学习者引入特定的互动情景中，多元互动、交流的教学组织形式。在互动式教学实施过程中，可采取多种多样的组织形式，比如，分组研讨、对策研

---

① 戴维新. 互动式教学的理性认知 [J]. 宁夏党校学报, 2007 (5): 94.

究、管理游戏、情景模拟、真实体验、角色扮演等方式。互动式教学强调培训内容上要引人入胜、培训方式要活泼新颖、培训过程要轻松愉快，通过一系列有针对性的活动，激发学员积极主动参与到教学活动中来，在参与中体会、在体验中感悟，通过不断的反思、交流，可以促进学员学习的积极性，增强培训的针对性和实效性。有学者认为，互动式教学是在教师的指导下，利用合适的场地和工具，以一定的理论研究和实践经验为基础，以提高学员理论水平和分析解决问题的能力为目的，采用教员与学员共同参与，教与学双方交流、沟通、协商、探讨，在彼此平等、彼此倾听、彼此接纳、彼此坦诚的心态下，通过理性说服甚至辩论，达到不同观点碰撞交融，激发教学双方的主动性，拓展创造性思维，以产生思想激荡、情感共鸣效果的教学活动①。

互动式教学根据干部培训由素质培训向素质和能力相结合的培训转变的新要求，着眼于发挥教师的主导作用和学员的主体作用，创新教学方式，为学员发展提供优质的教学生态环境。互动式教学是以探索和解决工作和生活中的难题为前提，从具体的问题入手关注学员利用已有的知识和经验对现实情况进行研究和分析，通过互动交流促进学员获得新知识和新观点，掌握相关技能，转变思想观念的过程。干部培训的教学活动实际上是主体与主体之间的互动交往活动，我们应该以交往为切入点重新审视干部培训的教学改革工作。在这种交往活动中，教师与学员、学员与学员之间进行着密切的互动交流。也就是说，教学即交往，没有教师与学员之间的交往就没有互动，也就不存在或发生教学活动。由此可知，干部培训的教学过程实质上就是一种教师与学员之间的交往互动活动。这种教师与学员、学员与学员之间的密切交流，促进了学员学习的主动性、积极性，提高了学员的综合素质和岗位履职能力。在教学过程中，师生关系是民主、平等、和谐的，相互交流、相互启发、相互促进，共同探讨热点问题、现实问题和理论问题。领导干部是一座蕴藏着丰富教学资源的活"金矿"，干部培训院校要搭建一个平台，让教师和学员的优势得到碰撞和互补。为此，在干部培训中采用互动式教学，强调从学员中引入"源头活水"，广泛开展教师和学员、学员与学员之间的"多向互动"，通过多种形式的思维碰撞、思想交锋和探讨争鸣，充分调动教与学两方面的积极性，达到教学相长、学学相济、互动提高的良好效果。

---

① 戴维新. 互动式教学的理性认知 [J]. 宁夏党校学报，2007 (5)：94-97.

4. 党政干部培训中互动式教学的几种常见形式

在党政干部培训中采用的互动式教学形式是灵活多样的，常见的有以下几种：

（1）案例式教学

这是一种利用工作实践中的真实事例作为教学工具的教学方式，通过学员对案例的思考、研究和相互讨论，使学员掌握某一方面理论和知识，进而提高学员分析和解决问题的能力。教师向学员提供事件发生的起因、环境、经过、观点等主要概括，供学员参考和讨论研究。通过这些典型的真实的案例，为理论与实践之间架起了一座桥梁，学员利用已有的知识和经验解决案例中的实际问题。这种方法包括学员提前阅读案例文本、撰写个人报告、教师对案例进行理论铺垫、讲解案例、小组讨论与汇总、全班交流与碰撞、教师点评与总结等程序。通过学员积极主动地参与小组研讨来引导大家对案例的深刻理解，逐步分析案例中的潜在问题。学员通过参与到真实的矛盾冲突之中，在相互讨论与争辩的氛围中发展自己的技巧，从而产生解决问题的新思路和新方法。最后，教师再进行系统的讲解，帮助他们分析问题，启发学员自己去做分析判断。因此，案例分析比课堂讲授更加生动、更加真实。

（2）互动研讨

互动研讨是深受学员欢迎的方法之一。通常会把学员分成若干小组，每个小组 6~10 人，并且在规定的时间内以经济社会发展中遇到的热点问题、在实践工作中发生的难点问题作为议题，在小组内就议题各自发表见解，再由各小组代表在全班做汇报交流，最后是由教师进行点评总结。在小组讨论的过程中，教师要进行积极的引导，为小组研讨营造一个宽松、和谐、友好的交流氛围，让学员乐于表达、积极思考，能够设身处地站在对方的立场上考虑问题，这样可以提高研讨的质量和效果。

（3）角色扮演式教学

角色扮演是一种生动活泼的培训方法。教师创设一种与真实情景类似的场景，组织学员扮演其中的不同角色，在真实的体验中，设身处地地进入角色情景中，处理现实工作中的具体问题和矛盾，并讨论和分析在类似情景中如何应对。教师要积极引导学员参与到特设的情景之中，在"身临其境"中进行有效的学习和用心感悟，扮演各种实际工作中的角色，引导学员积极思考、自我监测、多向交流，从而达到能力和素质的提高，以及人生态度的转变。通过角色扮演与体验，培养学员从多角度看待问题的能力，从而帮助学员提高应对突发事件的态度和解决疑难、复杂问题的能力。这种教学方式与领导干部培训的特点要求相契合，在情境中提升能力，同时复合了多种教学形式，是领导干部培训课堂教学的必然选择。

（4）程序模拟

1957年，美国管理协会首次把工作程序作为一种培训方式。这个协会针对总经理培训项目开发了一种程序。具体做法是：把所有参与人员分成5个小组来竞争市场，每个小组分季度做出12轮的决策，运用计算机汇总决策的结果，最后举办一次交流总结会，各个小组把决策结果与各种战略进行汇报交流。交流总结会是学习过程的关键一环，每个小组代表表达各自的学习收获，在相互交流、相互启发中，各种观点不断碰撞，通过这个平台分享了大家的研究成果。当前，程序模拟是培训中使用最方便的培训方法之一，已广泛地应用于学校、军队、银行、保险公司和政府部门等机构。这种模拟式的程序为许多部门提供了一种系统性的观点，这是别的方法所无法达到的。在预先创设的场景中，让学员提高亲身体验去应对各种矛盾和问题，可以探讨针对模拟的各种状况的反应，还可以提供关于应对措施的反馈，当然在模拟中允许学员犯错误。通常来说，程序模拟作为一种培训方法，越是模拟得接近实际工作，培训的效果就越好。

5. 党政干部培训中互动式教学的特点

（1）互动性

互动式教学的最大特点就是互动性，在具体的教学过程中着重实现了三个"互动"：一是在教师与学员之间、学员与学员之间发生的一种人际互动。坚持以"教师为主导，学员为主体"，充分调动"教"与"学"两方面的积极性，大力开展的情景模拟、案例分析等课堂教学方式，留下充分的时间加强与学员间的"互动"，不断启发学员自主思考。二是学员在亲身感悟中实现心境与情境的互动。通过模拟游戏、角色扮演等新的教学形式，让学员亲身体验和感悟，并不断提升感悟过程，达到提高素质和能力的目的。学员在教学过程中，锻炼了心智，提高了应对能力和反应能力，也加强了相互之间的沟通协作能力和团队凝聚力。三是学员在体验中实现理论与实践的互动。为了促进理论与实际的结合，教师会精选案例，把经济社会发展中的典型事件变成干部学习的素材，引导学员对典型案例的研究、不同角色的体验、分组研讨，在这个过程中实现理论与实践的互动，提高理论联系实际的能力。

(2) 参与性

互动式教学的关键就是教师和学员直接参与，它通过调动教师与学员的积极性、主观能动性、参与性，从而达到师生之间双向交流，营造出一种宽松、和谐、民主、平等的对话氛围，使那些蕴含在潜意识的智慧能够被挖掘出来，能够迸发出闪烁着智慧的火花，从而实现教学相长、学学相长，使教学双方获得最佳收益。

(3) 活动性

每一次的培训课程都要筹划和运用一定的活动来组织教学，或者进行案例分析，或者采用角色扮演，或者开展课堂游戏，或者安排小组讨论等，让学员在各种活动中领悟相关理论，增长公共管理知识，掌握领导技能和修炼心性，促使学员全面提高个人综合素质和能力。

(4) 分享性

依托培训活动，提供有效的课堂交流模式，引导学员谈谈自己在工作实际中的经验教训、感悟体会，使学员们相互启发，开阔视野，吸取精华，各得所需，实现每位学员把自身的经验为全体学员分享，把个人的所思所想转化为教师和全体学员的集体智慧。

(5) 合作性

在互动式教学的实施过程中一直强调合作，培养学员的团队合作意识。互动式教学通常都是由小组的合作交流共同完成教学任务，通过分组讨论、共同商讨、组际交流、全班汇报总结，相互启发，增加教师和学员之间的知识、信息交流，从而促进师生双方深度理解疑难问题，拓宽思维的深度和广度；同时，学员在分组讨论过程中，形成宽容、民主、友好的人际氛围，培养了学员团结合作、互帮互助的精神。

(6) 生动性

互动式教学采用多种的教学组织形式，改变了传统教学方式的呆板和单一，使人耳目一新，整个课堂都充满了惊喜与挑战，寓教于乐，情感融洽，在教学实施过程中每个学员都能参与其中，故而能调动学员学习、交流的积极性，活跃了课堂气氛，所以互动式教学具有生动性。

(四) 创新文化的内涵

最初的"创新文化"主要指的是企业文化。在国外，创新文化的研究最早起源于经济学，是通过熊彼特提出法人创新理论而逐步发展起来的。其中，创新文化也逐渐成为创新理论的重要组成部分。每个国家要发展必须用新的发展方式和理念来适应这些变化,不但要技术创新,还要坚持社会创新、管理创新、制度创新和文化创新,形成创新氛围,实现国家自主创新。现代管理学之父彼得·德鲁克也对创新做出了更为详尽的阐释。他倡导将创新充分运用到人们的创业精神中,并强调社会、经济、产业、公共服务机构以及企业要保持高度的灵活性和不断地自我更新,也提及为什么要进行创新文化建设。

创新文化并不是单独存在的,并没有独立存在着的关于创新的文化形态。创新文化是创新融入文化的结果,而非文化走向创新的结果。创新只有渗透到民族文化、社会文化、区域文化、团队文化等的整体之中,才能以文化的形式而存活。因此,创新文化其实只是民族文化、社会文化、区域文化、团队文化等的一部分。创新既是一种能力,又是一种精神。只有将这种创新的精神不断融入民族、社会、组织、群体的文化之中,才能形成一种适合创新的社会文化生态环境。

文化对整个民族、整个社会、整个区域以及整个组织的创新思维的发展、创新理念的养成、创新制度的凝练、创新创业能力的提升都起着至关重要的作用。创新精神和创新意识正是一个民族、一个社会兴旺发达的不竭动力。

文化的内涵和外延非常丰富,从广义上讲包括人类社会在其发展进化过程中所创造的物质和精神产品的总和。而狭义上的文化特指一个民族、一个社会其精神财富的总称,它应当包括文化、艺术、习俗、教育、制度等。由柏林科学技术研究院编著的《文化与技术创新》一书提到,"文化是一个系统体系,它应包括民族、社会、群体、团队共同拥有的行为规范、价值观念以及表达方式等,以及这个民族、社会、群体、团队共同创造的并且能显示其文化特色的法律制度、城市建筑物、艺术品等"。[①] 那么,文化的本质就是一个民族、社会、区域、群体、团队中的成员所共同遵循的一套价值观念、社会行为制度和信念等。文化反映了这个民族、社会、区域、群体、团队的传统、习惯、气质和性格,并通过他们的制度体系、行为模式等表现出来。而在整个的文化体系结构中,价值观是其中的核心内涵。文化对于整个民族、社会、区域、群体、团队的作用,以及对于每个人的意义评价和行为规范,都是围绕着一定的价值体系为核心而展开的。因此,这里提到的创新文化一定是围绕着特定区域、一定群体、某一民族的人民关于创新的价值体系。我们在创新活动当中所营造的创新氛围

---

① [德]柏林科学技术研究院. 文化与技术创新 [M]. 吴金希,张小方,朱晓萌,等译. 北京:知识产权出版社,2006:36-37.

和创新环境，从根本上讲是受大家对于创新的价值观的影响。只有将崇尚创新、鼓励创新的理念植根于普通民众的思想深处，我们整个社会、整个民族才能形成有利于创新的文化氛围和环境。

创新文化这一概念伴随着创新的发展而渐为人知。我国创新文化的发展相对较晚，是伴随着国家实施创新驱动发展战略和构建创新体系发展创新型国家才逐步发展起来的。1998年，中科院院长路甬祥首次提出创新文化的概念。创新文化一经提出，就引起了全社会的高度重视和积极响应，并在此后得到进一步发展。随后，2006年国务院第一次将"创新文化与科学普及研究"作为一个独立的议题提出来。金吾伦（2004）将创新文化分为观念文化和制度文化两个层面；许庆瑞等（2004）提出创新文化是以鼓励创新、容忍失败为核心价值观；水常青和许庆瑞（2005）基于整合视角提出创新文化能够激发个体创造力；方本新（2005）认为创新文化是价值理念、行为习惯、意识形态与社会环境等的集合体；陈依元（2007）指出创新文化包括主体创新文化、制度创新文化、环境创新文化三个层次的内涵；眭平（2013）描述了创新文化的五个特征；高锡荣等（2016）基于价值观视角认为创新文化是人们对待创新的一种心理状态；王辉龙（2019）倡导创新文化是建设现代化经济体系的内涵要义，营造创新文化氛围需要政府制度供给。

从以上对创新文化的定义可以看出，主要从创新文化的功能、组成界定、表现特点等方面介绍的。从创新文化的功能上界定，是有利于激发创新动机、提高创新能力、积极开展创新活动的良好的人文生态环境；从创新文化组成界定上看，能够在创新实践活动中产生并有利于创新活动开展的一系列价值观念以及相对应的行为规范、工作环境等的多方位的组合体；从创新文化的表现特点上看，有引发新思想、鼓励多元创新、推动新实践、激励冒险、鼓励创造性等。文化体系大概包括三大块内容：精神文化、制度文化和物质文化。其中精神文化属于内核，物质文化处于最外层，制度文化次之。价值理念、理性、信念、科学精神、道德作风等精神因素是创新文化的内核，这些因素具有相对稳定的特征。创新文化的精神层面反映的是一种社会精神认可和崇尚，推崇民主精神、进取精神、批判精神、创新精神；突出反映了创新活动主体之世界观、价值观、科学观、人生观，及其在创新实践活动中所形成的科学精神、道德风尚、学术作风，鼓励探索、开放竞争、勇于超越。创新文化的精神层面从根本上影响着创新活动所处其中的氛围和环境的性质，它受民族、社会、组织等文化背景、意识形态影响，而长期形成的精神成果，是创新文化的核心实质，是创新文化制度层面、创新文化物质层面的灵魂。除了有利于创新的精神文化体系外，能够促进和激励创新的制度层面也是创新文化的关键组成部分。创新文化的营造一定是在相应规则的制度下开展的，既要遵循现有的规章制度，又会促进更加优化的新制度新规则的产生，新的规章制度反过来也会提升创新文化的发展。因此，规章制度是创新文化精神层面之外的内层体现。创新文化制度层面是创新活动主体在创新实践过程中共同遵循的行为规范，比如，组织体制、管理制度、运行机制等形式的制度规则，它是精神文化的制度化和具体化的体现，具有约束、规范功能。一个民族、一个区域、一个组织和团体的规章制度是否有益于创新，决定了这个民族、这个区域、这个组织和团体可否为创新实践活动提供适宜的制度平台。创新文化物质层面是创新实践活动的外在平台及其显性形式。通常指可支配的资源、物质、行为、活动等，包括地理环境、工作环境以及可视标识等。创新文化的物质层面是精神层面的物质凝结，是制度层面的物质基础。

那么，干部培训中的创新文化，是指干部培训院校在其发展历程中积淀下来的由特定培训群体所共享的精神价值及其物质载体。它既有一般文化的共性，也有其个性。干部培训中创新文化的内涵主要包括三个方面：一是以习近平新时代中国特色社会主义思想为指导的培训理念。干部培训的最终目的，就是要培养造就忠诚干净担当的高素质专业化干部队伍，不断把新时代中国特色社会主义推向前进。要实现培训的目标，就必须把加强党员干部的党性教育、理想信念教育和先进性教育作为第一任务，把提高政治站位、提升政治觉悟、增强政治能力贯穿教育培训全过程，坚定不移以学习贯彻习近平新时代中国特色社会主义思想为主线，坚持不懈用中国特色社会主义理论体系武装头脑、指导实践、推动工作。其主要内容，是有关培训目标和如何实现培训目标的价值判断。它反映了培训院校对共同价值观和发展愿景的追求，指引着培训工作的方向，为培训工作者和培训对象提供内在的精神动力和价值认同。二是体现培训价值的行为规范。其主要内容，是在习近平新时代中国特色社会主义思想的指导下，内化为培训者自觉习惯的行为规范和制度设计。它为培训教学和管理工作提供行动标准和行动指南，并对培训理念的实现及培训对象价值观的形成具有长效的保障作用。转变方式，找准"切入点"是提升干部培训质量的重要途径。形式单一、手段呆板、内容枯燥，干部培训就难以达到预期。基于创新文化的引领，要创新培训方式方法，改进方式方法，开展研讨式、案例式、模拟式、体验式等方法运用的示范培训，加强干部参加培训的灵活度和针对性，充分调动干部参与的积极性和主动性，把培训由"要我学"变为"我要学"，解决干部"不愿学、不想学"等问题，通过现场教学、互动交流、共同研讨等方式，激发干部参加培训的内生动力，让他们在参与中产生兴趣、在互动中获得提升。三是彰显培训特色的人文环境。它主要是为满足学员内在需求而营造的精神氛围、校园环境、交流平台和服务保障，对学员素质和能力的提高产生潜移默化的影响。

五、本研究的理论基础

（一）经验学习圈理论

1. 经验学习圈理论的主要内容

多位理论家，如约翰·杜威（John Dewey）、让·皮亚杰（Jean Piaget）和库尔特·勒温（Kurt Lewin）等在各自的研究中都分别强调了在学习中经验的重要作用。美国心理学家大卫·库伯（David kolb）在总结上述学者关于经验学习研究理论的基础上，于20世纪80年代初期提出了经验学习圈理论，从此这一理论就成为成人教育培训的重要指导理论。大卫·库伯认为，经验学习的过程是环形结构，这种环形结构是由四个学习阶段构成的。这四个学习阶段分别如下：第一，具体经验；第二，反思性观察；第三，抽象概念化；第四，主动实践。"成年人的学习是通过体验转化获得知识的过程。"① 在这个过程中，学习从两个相互独立的维度展开，这两个维度是经验的"领悟"和"转化"：通过让学生参与具体活动而直接领悟，并从而创造活动经验，在此基础上获得具体体验。然后学员对所经历过的活动过程进行回顾、反思，内化为合乎逻辑道理的、能够理解掌握的、抽象的经验，能够将之在实践中和生活中进行证实和运用，并且能重新领悟掌握和发展出新的经验，从而在这样不断循环往复、周而复始的连续过程中完成经验的创造、领悟与转化。也就是说，经验学习过程是一种环形结构，这种结构的四个适应性学习阶段（即具体经验、反思性观察、抽象概念化与主动实践）是循环往复的。该理论主要涉及四个步骤的循环往复的过程：①成人的学习往往由该学员有的亲身体验和经历开始；②对这种学员的具体经验进行思考、观察、反思；③整理、抽象、归纳、分析其反思结果并总结出一般规律；④举一反三，把得出的结果和结论推广于新的、类似的情境

---

① 石雷山，王灿明. 大卫库伯的体验学习［J］. 教育理论与实践，2009（10）：49-50.

和工作环境,以检验其正确性。(见图1-1)①

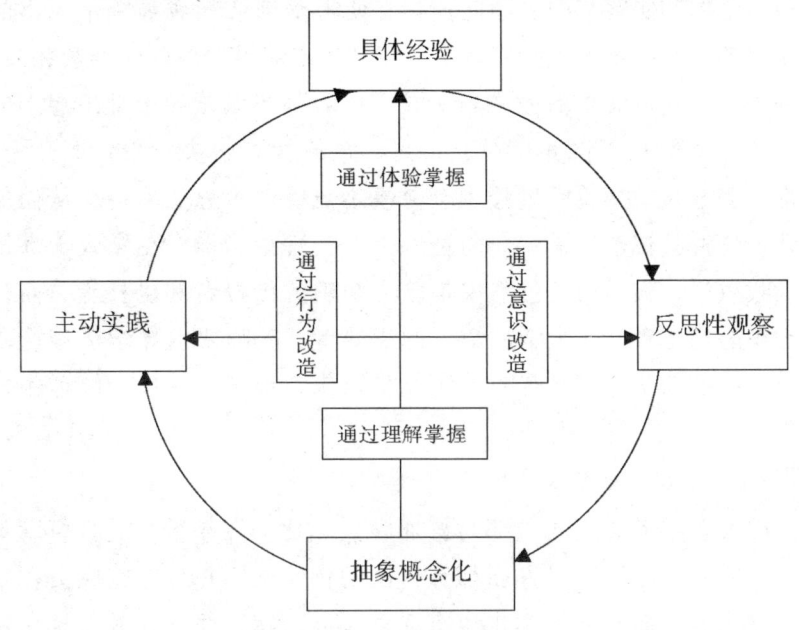

图1-1 经验学习过程结构图

2. 经验学习圈理论对干部培训工作的启示

凡参加培训的党政干部都是有实践经验的,他们从实践中来,以实践出发参与培训学习。他们在工作过程中遇到很多的实际问题,有经验,也有教训,总感到自己的素质和能力还不符合要求,所以希望通过培训来增长自身的才干,通过培训之后得到了再教育,获得了新知。经验学习圈给我们展示的就是这样一个道理,我们看到的这样一个获得新知的途径,是一个理想的途径,就是学习能够循环起来,即经验—实践—反思—新知。但是,面对具有丰富经验的党政干部,如果光凭着经验一直往前走,是不能解决工作中遇到的各式各样的问题的。教师就要采用互动式的教学方式积极引导党政干部的学习,不能让循环圈中断,以使得培训具有针对性和实效性,富有感染力和吸引力,从而使干部们不断反思以期获得新知。基于此,培训教师在设计培训活动时,需要在经验学习圈理论的指引和指导下,依照四个环节实施培训:①让学员获得体验;②

---

① [美]雪伦·B. 梅里安,罗斯玛丽·S. 凯弗瑞拉. 成人学习的综合研究与实践指导[M]. 魏光丽,黄健,张永,译. 北京:中国人民大学出版社,2011:205-206.

引导学员进行反思；③过渡上升到理论知识；④引发学员将培训所得的结论和结果应用于工作和实践当中。如此这样，使得培训活动成为一个完整的学习过程，使得学员们的学习更为有效率，并且学习成果保留的时间会相对更长，还会有助于培养和发展更有效的行为技能。教师要做领导干部思想上的引导者，帮助领导干部从不同角度分析问题，最终找到解决对策，上升为理论。领导干部在多方互动交流的过程中会分享观点，产生思想碰撞，从而加深对事物的认识，将其提炼、总结，将经验上升为理论指导。在党政干部培训中运用互动式教学，教师的角色不仅是已有知识的传授者和讲授者，而且还作为理论知识的拥有者，作为学员学习的指导者，教师要引导学员理论联系与实际相结合，推动学员将已有的工作经验转化为理论，并且能够运用理论指导实践。

（二）成人教育理论

作为成人学习者的党政干部与普通学生相比，在年龄、受教育背景、学习动机、经验、学习目标等方面都有自己的特殊性，并且这些成员在知识结构、思维结构等方面与在校学生也有显著差异。相比而言，成人具有相对更为独立自主的人格特征，同时具有更为丰富而特别多样的人生经历和经验，因而是有思想有主见的群体。因此，对于成人学习者，必须采用适合他们的教学方式，这样才能取得令人满意的结果，也做到了因材施教，满足他们的不同需求。党政干部作为成人学员，这类群体的培训方式需要彰显成人教育的特色和特点。

1. 成人学习的特点

成人教育理论是由美国教育家诺尔斯（Knowles）提出的。诺尔斯系统地研究了成人学习者的特点，提出了关于成人学习的四项基本原理等。我们综合众多研究学者的观点，总结出成人学习有以下五个特点：第一，成人有相对较强的学习自主性；第二，成人的学习会受其经验和经历的影响；第三，成人的学习意愿与其需要紧密相关；第四，成人的学习的中心是完成任务或解决问题；第五，成人学习的动机源自自身内在的需要。①

2. 关于成人智力发展

美国心理学家桑代克（Thorndike）于1928年出版了《成人学习》，这本书

---

① 李惠萍，王维利，房彤. 成人教育理论在专科护士培训中的应用 [J]. 护理学报，2008（4）：23-26.

是世界上首部论述成人智力发展的专著,并自此开创了成人教育学的研究的先河,80多年来成人教育学得到了不断地发展。桑代克通过实验研究,从而证实了成人学员能够进行有效的学习。之后,美国的心理学家们进一步发现了这样的结论:成人的智力被分为流体智力和晶体智力,其中流体智力受人的生理和遗传因素影响和制约,基本与其所处的文化环境无关,属于非言语的心智能力,比如,空间关系认知、记忆力、反应速度等;而另一种晶体智力,与后天的知识学习、经验经历积累等因素相关,比如,逻辑思维能力、问题解决能力等。这些学者还发现,流体智力会随着年龄的增长而下降,但是晶体智力会随着年龄的增长逐渐提高。

这些研究成果启示,在成人教育培训,尤其是"党政干部培训"中,不能仅仅把培训教师的单方面的理论和知识灌输作为主要培训方式,而是应该充分地重视和利用成人的特色,如成人具有较强的逻辑思维能力,有较强的问题解决能力,采用师生、生生之间的双向和多向互动形式来促成成人有效学习。

3. 成人教育理论对干部培训工作的启示

表1-1 成人教育理论对干部培训工作的启示

成人学习的特点	对干部培训启示
有较强的学习自主性、有独立的自我概念	干部自我学习的能力强
有丰富的经验	在培训过程中,干部期望尊重和发挥他们已经拥有的经验,而且这些经验可以作为其他学员或教师学习的资源。因此,在培训过程中,可以采用适当的方式发挥干部经验的作用,并且检验他们的经验是否具有普遍意义
学习意愿与需要有关	重视干部本身的角色
以问题为中心	培训过程中注重实际问题的解决
主要来自内部动机	激发干部的学习动机,使他们有成就感和自信心

(三)建构主义理论

1. 建构主义理论的主要内容

建构主义理论的最早提出者可追溯至瑞士的皮亚杰。20世纪,在皮亚杰的理论基础上,科尔伯格、斯腾伯格、维果斯基、卡茨等人的研究进一步丰富和完善了建构主义理论。20世纪80年代末,建构主义在美国广泛兴起,并逐步衍生发展成为一个学习理论群,包含经验学习理论、情境学习理论、合作学习理论等①。该理论的核心要义是:以学习者为中心,强调学习是学习者在一定的社会文化情境下,利用各类的学习资源,通过与他人的积极互动,协商交流,依据其原有的知识结构和经验进行积极主动的意义协商和知识建构的过程。因此,教学过程的实质是学习者在教师的帮助下进行意义建构的过程,在这一过程中强调学习者学习的主动性地位。教师不是传授知识的"工程师"和支配学生学习的"权威者",而是以合适的策略引导学生积极参与课堂交往的促进者、协商者、合作探究者、激励者,以及学生学习的辅助者、教学环境的导演者、教学气氛的烘托者。学生也不是外部输入的被动接受者和知识的灌输对象,而是作为丰富的培训资源,成为培训内容和形式的主动创造者。建构主义主张"以问题为中心"的学习,即让学习者在"发现问题—分析问题—解决问题"的过程中以自身已有的知识与经验为基础,主动地、创造性地建构新的知识。所以,建构主义学习理论认为学习环境中的四大要素或属性是"情景"、"协作"、"会话"和"意义建构"。

2. 建构主义理论对干部培训工作的启示

在干部培训领域,建构主义理论为干部培训课程以及教与学等提供了一种新的思路,促进了干部培训教学改革。伴随改革而来的挑战和机遇,也极大地推动了干部培训的发展。建构主义指导下的干部培训,培养对象转变为干部,因此干部们在这种环境下具备多重角色。干部的学习在新旧经验、知识之间的往复、双向互动中建构而成。学习在特定情境中发生,且是教师指导、合作交流下的主动建构过程。情境在建构主义教学中非常重要,且偏重于干部们现实基础上的"社会—文化"情境。在教学过程中,学员被引导进入活动或情境中,在情境中互动和交流,增强了学员学习的独立性、创造性和实践性。建构主义非常强调"与他人的积极互动,协商交流",将其视为知识或意义建构中不可或缺的重要学习形式。要建构自己的知识,就必须主动地参与,多方位互动交流。建构主义这些理论,从认识论的角度为互动式教学提供了指导和借鉴。

(四)主体间指导学习理论

在主体间指导教学中,教师和学生都是教学过程中的主体,师生在平等交往、相互理解、主动对话的关系中进行着教与学。所以,在互动式教学过程中

---

① 杨秀玉,常波. 教育实习的认识论分析:基于建构主义理论[J]. 外国教学研究,2010(11):46-51.

需要指导教学，首先，学员虽然是能力发展的主体，但也离不开教师的有效指导，通过教师的积极引导激发学员学习的热情，启迪学员的思维，促进学员积极主动地学习；其次，学员要构建起主体间的"老师—学生"的关系来发展能力，这种关系能保证师生在平等交往基础上的主动交流、相互沟通，鼓励学员踊跃参与教学活动，敢于提出自己的见解和思维过程，真正实现教学过程中学生的主体地位。

在主体间师生关系上，教师和学生应是一种互为主体的存在，是一种主体间的交往关系，体现为一种"主体间性"，即一方的主体性并非是以对方的客体化为条件，教师和学生同为教学交往、相互支持、合作建构的主体。在教学过程中，必须要把教师和学生的主体性都表现出来，尤其要把学员看作积极发展的主体，他们是具有独立自主人格的人，是完整的人，同时是有知识技能、有想法、有经验、有责任、有理想、有信念的人，是能动的、有创造力的人。尊重学员人格和权利，通过启发性的语言和交流、主动探究活动等方式来提高成人学员学习的积极主动性、自主创造性，能使学员积极地与教师进行交流，勇于提出自己的见解，从而促进自身积极地发展。同时主体间的师生关系有助于教师与学生进行平等对话，培训教师能真正深入了解和探究学生的想法，并能给予恰当的指导和帮助，而不是只用自己的思维方式来代替成人学员的思维方式；学生在这样的整个教学过程中，作为主体会有充分的机会来表达自己的想法，并且在教师的指导帮助下来实现整体的优化发展。在这种双向互动的主体间关系中，教师和学员相互理解、相互尊重、平等交往、主动对话，进行着思维的交流、心灵的沟通，互相学习，互相影响，达到教学相长的目的。

（五）班杜拉的三元交互决定论

心理学家艾伯特·班杜拉（Albert Bnadura）20世纪70年代以来对人在社会情境中的学习情况进行了大量的研究，在众多的实证资料的基础上建立和发展了现代社会学习理论。该理论本质上是一种行为理论，也就是三元交互决定论。这种理论是本研究的又一理论依据。三元交互决定理论认为：环境、人和行为之间是互为因果的关系，每两者之间具有互动关系和双向的决定关系，进而形成个体机能活动的三元交互决定系统。上述的班杜拉三元交互决定论模型①如图1-2所示：

---

① 高春申. 人性辉煌之路——班杜拉的社会学习理论[M]. 武汉：湖北教育出版社，1999：30.

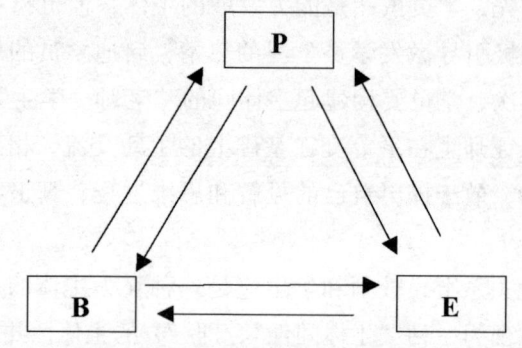

图中 B 代表行为，P 代表人的主体因素，E 代表环境，箭头代表因果关系的作用方向。

图 1-2　三元交互决定论模型

根据班杜拉的三元交互决定论，得出如下结论：环境、人及行为这三者若想发生相互作用，那么需要先发生关系。而这三者要想发生关系，那么就需要人采取某种互动式的活动。如果互动式活动不存在，那么三者之间的联系和作用也无从谈起。只要环境、人及行为这三方面的活动一启动，那么不仅个体的主体因素会自然而然地参与到三方面的交互作用当中去，而且该个体参与后会发挥举足轻重的功用。在干部培训教学中，如果教学主体、教学行为、教学环境这三方面的因素能够互动交流，使得这三方面相互交往、相互促进、相互影响，培训教学就能取得良好的教学效果，也能促进学员的发展，也就能够提高学员的综合素质和履职能力。所以，干部培训的教学过程应当采用互动式教学。

六、研究方案的设计

（一）研究对象的确定

21 世纪是倡导终身学习的时代，成人教育特别是干部培训在构建学习型社会的土壤中迸发出强劲的生命力，引起了社会各界和学者的广泛关注。由于时代发展的要求，对领导干部的综合素质提出了更高的要求，领导干部需要具备适应本职岗位所需要的专业知识和创新性开展工作的过硬本领。鉴于这种状况，要对干部培训中的教学进行创新，而教学方式作为重要的教学创新因素，是提高干部培训质量的核心。

中共中央《干部教育培训工作条例》指出："干部教育培训的对象是全体干

部，重点是县处级以上党政领导干部及其后备干部。"这里的干部包括的对象有：党政干部、专业技术人员、企业经营管理人员等，这些都是我国干部培训的对象。就党政干部而言，中国省部级领导干部有2000多人，厅局级领导干部有5万多人，县处级及县处级以下公务员数以百万计。中国具备较为完善的干部培训机构，如国家级干部培训院校有：中央党校、国家行政学院、中国浦东干部学院、中国井冈山干部学院、中国延安干部学院、中国大连高级经理学院，每个省（区、市）都有党校或行政学院，每个市县也都有党校。《干部教育培训工作条例》规定："省部级、厅局级、县处级党政领导干部每5年应当参加党校、行政学院、干部学院或者经厅局级以上单位组织（人事）部门认可的其他培训机构累计3个月以上的培训。"党校、行政学院、干部院校成为党政干部培训的主阵地和主渠道。党政干部作为我们党和国家事业的中坚力量、组织力量，在社会政治经济生活中担负着领导和管理的职能。新时期加强党的自身建设和执政能力建设，就是要求不断提高党和政府各级领导干部的领导水平、执政能力和综合素质。党政干部担当着执政兴国的重要历史使命，因而提升党政干部的能力和素质是干部培训工作的重点。党的十七大对提高党的执政能力进一步提出了"提高领导干部执政本领"的新要求。党的十八大报告提出："加强和改进干部教育培训，提高干部素质和能力。"因而本研究选取了干部群体中的党政干部为研究对象，他们参加干部培训的主阵地是各级党校、行政学院和干部培训院校，所以选取的案例也集中在这些培训机构中。

(二) 研究思路

在明确研究意义、确定选题和研究对象的基础上，本书的研究思路如下：

第一，介绍研究背景、研究意义、相关研究综述、理论基础和研究方案的设计等；同时，对党政干部、干部培训、互动式教学、创新文化等概念做必要的内涵释义，确定党政干部培训中互动式教学的含义，由此奠定本研究的核心要素。

第二，厘清创新文化与干部培训的关系。从创新文化的内涵及其在干部培训中的特点入手，阐述创新文化在干部培训中的地位和作用，以及创新文化与干部培训的内在联系。

第三，分析我国党政干部培训中的若干问题，包括干部培训的地位和作用、新形势下干部培训的自身特点和规律、今后一段时期党政干部培训的主要任务和内容等。

第四，干部培训工作中存在的突出问题，就是教学方式呆板、手段陈旧等，不适应干部培训发展的新要求,也很难有效地回答党政干部在实际工作生活中遇到的各种鲜活的问题,难以满足干部不断提高能力和素质的迫切需要。这就需要创新培训方式,而互动式教学正是在这样的背景下应需而生的。互动式教学兼备案例式、体验式、模拟式等教学方法的特征。所以,在党政干部培训中采用互动式教学,是可行的也是适切的,是干部培训方式方法的有效创新途径。

第五,对党政干部培训中互动式教学案例进行重点研究,这是本书的主体部分。通过选取几个具有代表性的互动式教学课堂为案例,展示了其培训流程和主要环节,从而概括出党政干部培训中互动式教学的四种方式:现场教学式、经典模型体验式、案例式和结构化研讨,并对每一类方式的具体运用进行了探讨。所选取的这几个案例,也是全国干部培训院校中比较有特色的、具有代表性的互动式教学典型个案。

第六,从党政干部培训互动式教学案例出发,分析干部培训中实施互动式教学的一般性问题和共同特点,包括基本策略、师生关系、组织形式、支持体系、评价方式等。

最后是对本书进行了总结,肯定互动式教学是干部培训方式的有效创新途径,是与干部培训规律、党政干部成长规律、党政干部的学习特点相适应的。

(三) 研究方法

本选题将综合运用多种研究方法,其中将主要运用文献研究法、案例分析法、调查访谈法和观察体验法等。

1. 文献研究法

文献研究一般包括文献的搜集与查阅、文献的鉴别与整理、文献的解释与分析等具体阶段,并在此基础上对文献进行仔细研究。本研究将通过手工检索、电子检索将搜集到的相关文献资料进行整理、提炼、消化和吸收,重点对干部培训理论以及互动式教学的研究文献进行整理与分析。通过对文献的梳理一方面探讨专家学者对干部培训中互动式教学研究的情况,以期形成对研究内容的科学认识,并能在认识中寻找新的突破口,推动研究的不断前进;另一方面,在对文献的分析中,寻找支撑本研究的理论基础,以期指导研究者在研究中形成合理的认识。

2. 案例分析法

分析典型案例中是如何实施互动式教学的,这是本研究主要采取的研究方法。案例分析法是结合干部培训实际,以国内培训院校的典型案例为素材,通过具体分析、解剖,展示较为全面的互动式教学的实施步骤和主要环节。笔者将通过对国内某一比较具有代表性的班次的互动式教学及其实施过程进行现场观察，探讨其中模式的运行环节、实施过程与内在运行规律，实施过程中应注意的问题等，以期总结出可以推广运用的一般规律和操作方法。列举真实的教学案例，并对其进行深入的剖析、提升和评价，充分体现本研究的可靠性和具体性。

3. 调查访谈法

访谈法是进行调查的一种有效方法，它可以弥补问卷调查的不足，"是研究者通过口头谈话的方式从被研究者那里收集（或者说'建构'）第一手资料的一种研究方法"①，分为一般访谈法和深度访谈法。一般访谈法可以利用平时工作中的合适时机进行自由访谈。深度访谈法又名深层访谈法，是直接的、个人的访问，在这种访问过程中，需要由掌握技巧、有经验的调查员深入地访谈和调查一个被调查者，以揭示和探讨对某一问题的看法、潜在动机、态度、信念和感情。深度访谈是深入了解事情真相的重要研究方法。本研究将选择干部培训机构教学部门负责人、在互动式教学成效方面具有代表性的教师进行深度访谈，在有关互动式教学的确定、设计、实施、优缺点等方面开展访谈，收集第一手实证资料，使之服务于研究。通过对各班次受训学员的有关互动式教学的开展情况进行访谈，了解实施的效果。仅通过文献调查和定量研究获得的资料和数字并不足以全面揭示互动式教学的效果且缺乏培训个体主观感受方面的信息，而质性访谈则可以很好地弥补这方面的不足。

4. 观察体验法

每次的培训教学课堂都有其特有的情境，对教师的授课进行现场细致认真的观察，这样所得到的结果就成为非常重要的一手资料。为此，笔者将亲自到一些培训机构的教学课堂和现场对几位教师的教学情境进行观察，一方面对互动式教学有一个亲身的体验，另一方面获得详细的课堂记录和照片等重要资料。

（四）教学案例选择的依据

为了进一步说明互动式教学的概念框架、教学程序和方式方法，本研究选择了一些培训院校的党政干部培训中的典型案例来印证和展示，也为互动式教学的相关理论研究提供了实践和管理基础。同时也为应用于党政干部培训的互动式教学的理论研究提供实践基础。迄今，党政干部培训中的互动式教学可谓形式多样、各领风骚，为干部培训教学实践的选择提供了较大的空间。但是，

---

① 陈向明. 质的研究方法与社会科学研究 [M]. 北京：教育科学出版社，2000：165.

一方面教学方式的选择不仅表现为一种实践操作方式,更是一系列教学理念的投射、强化和引导;另一方面教学方式的创新和改革也应视教学内容而定,视教学对象而定。所以,根据干部培训的规律,在干部培训需求的基础上,我们需要有意识地选择和倡导某种教学方式。本研究中所选择的互动式教学案例,也正是顺应党政干部学习特点,符合干部培训规律,也可看作是理念强调或倡导的结果。

1. 基本原则

(1) 坚持干部培训与干部成长要求相适应

干部培训工作的根本目的和任务,就是要通过培训提高广大干部的综合素质和履职能力,从而使他们更好地为党和国家的事业做出贡献。我们要认真把握和遵循干部培训规律和干部成长规律,积极探索采用何种教学方式,更好地服务和适应党政干部加强党性锻炼、夯实理论功底、提升素质和能力等,努力实现干部培训与干部成长的有机结合。

(2) 坚持优化培训内容与改进培训方式相促进

有效的培训方式要与培训内容相适应,以培训内容为主导、以培训方式为载体,全面把握培训教学工作的客观要求,完善发展以培训需求任务为导向的教学内容更新机制,推动培训内容与培训方式相互匹配、相互协调、相互促进,实现优化培训内容与改进培训方式的有机融合。

(3) 坚持培训方式与培训目标相适应

要实现培训目标,完成培训任务,必须借助适当的教学方式。在干部培训中,必须综合运用多种培训方式才能实现培训目标,而不同的培训方式影响着培训的效果(如表1-2所示)。表1-2显示出同一种培训方式在不同的培训目标下,其培训效果是不同的。因此,选择培训方式要与一定的培训目标相适应。

表1-2 不同培训方式在不同目标的效果比较 (1=高,8=低度)

效果 方式	接受知识	改变态度	解决问题技巧	人际关系技巧	学员接受	记忆知识
讲授	3	8	6	7	8	1
案例教学	4	5	1	5	1	4
研讨	1	3	4	6	5	2
角色扮演	2	2	3	1	3	6

续表

效果\方式	接受知识	改变态度	解决问题技巧	人际关系技巧	学员接受	记忆知识
团队活动	7	1	5	2	6	8
游戏	5	4	2	3	2	7
自学	1	7	6	7	7	1
音像	6	6	8	6	4	5

（4）坚持继承性与创新性相结合

教学方式创新是我们党开展干部培训工作的优良传统。中共中央1941年在《关于延安干部学校的决定》中明确指出："在教学方法中，应坚决采取启发的、研究的、实验的方式，以发展学生在学习中的自动性与创造性，而坚决废止注入的、强迫的、空洞的方式。"① 在总结成功经验的基础上，继承和弘扬那些已被实践证明过的行之有效的传统教学方式方法，按照习近平总书记系列讲话精神中有关干部培训工作的主要论述，进一步解放思想，实事求是，与时俱进，大胆探索，积极推进干部培训方式方法的改革与创新。要在继承中创新，在创新中发展，不断拓展干部培训工作的新局面。

（5）坚持多样性与实效性相统一

中共中央《干部教育培训工作条例（试行）》中强调："开展干部教育培训应当根据干部的特点，综合运用讲授式、研究式、案例式、模拟式、体验式等教学方法，提高培训质量。"② 针对党政干部的特点和学习需求，坚持以学员为中心，积极采取多种多样的方式方法按需施教，切实提高干部培训工作的针对性、实效性、感染力和吸引力。同时，要树立"创新培训方式体现教学特色"的理念，在丰富多彩中注重实效，在追求实效中提倡多样，努力实现多样性与实效性的有机统一，以彰显出干部培训的教学特色。

2. 选择说明

根据上述基本原则，笔者选择了一些培训院校党政干部培训中的几种互动式教学方式，即现场体验式、经典模型体验式、案例式、结构化研讨式等。这些以现场体验为主要方法的互动式教学、以管理游戏为主要方法的互动式教学、

---

① 辛爱华. 抗战时期中共延安干部教育研究［D］. 重庆：西南大学，2014：31.
② 中组部. 干部教育培训工作条例（试行）［N］. 人民日报，2006－03－31.

以案例分析为主要方法的互动式教学、以小组讨论为主要方法的互动式教学，是对互动式教学组织类型的一种例说或简单枚举。

选择和展示这几种互动式教学方式，其主要目的在于：①通过对案例的展示与介绍，进一步理解互动式教学的内涵和理论框架，以期总结党政干部培训中互动式教学模式的有效样态，并进行系统的理论总结；②了解和观摩互动式教学运作的实践过程；③为干部培训乃至成人教育领域开展互动式教学提供某种案例或样式，使培训教师能结合自身的教学情境，模仿、移植、创新实用的互动式教学；④根据干部培训的规律和特点，要适应全面提升党政干部的素质和能力，着眼于发挥教师的主导作用和学员的主体作用，创新培训方式方法，真正使互动式教学促进干部培训教学改革，而不是强化原有的培训方式。

总之，本研究所选择的这几种互动式教学案例，是全国干部培训院校中比较有特色的、具有代表性的互动式教学典型形式，之后的章节将从这些具体的案例中提炼和总结互动式教学的理论内涵与实践内容。

七、创新与不足之处

（一）创新之处

第一，在观点提炼和理论总结方面有所创新。互动式教学是干部培训的重要方式，也是落实理论联系实际教学方针的重要环节。本研究系统地分析了互动式教学的概念内涵、基本策略、整体设计、组织实施等方面的内容，并对干部培训互动式教学理论进行了认真梳理。

第二，在研究角度方面有一定创新。对于干部培训中的互动式教学而言，其先进的教学理念和教学模式就体现了全面的创新。本书的研究角度就是以教学方式的创新为视角来提高干部培训质量和效益，通过互动式教学科学的设计理念和巧妙的设计艺术，进一步提升干部的素质和能力。

第三，在研究方法方面有所创新。本书通过到培训现场观察和体验，对干部培训中互动式教学展开了多层次的分析，从而构成了一个研究特色。本研究首先使用课堂观察和体验法来获得第一手资料，笔者在经验事实的基础上通过直观考察现象问题而把握本质，并进行课堂录像，根据研究的需要在现场进行体验，对于教师和小组、教师和学员、学员和学员之间的一些谈话也比较清晰。

（二）不足之处

20世纪80年代初，互动式教学法引进我国后，受到越来越多的重视。自2000年以后，互动式教学引起了高校的广泛关注，众多学科和专业都有较多涉及。然而，当前对于干部培训领域里的互动式教学研究还不够，讨论干部培训课堂中的互动式教学的著述也比较少见。

第一，在本研究过程中，从干部培训的课堂中收集第一手资料的过程是一件非常费时费力费劲的事情。要从全国各地的党校、行政学院、干部学院等培训机构中选取几个具有代表性的互动式教学课堂为案例，展示其运作流程和互动环节。同时，通过对一些干部培训院校中有典型性、代表性的班次进行现场观察与调查，分析当前干部培训方法存在的问题。选取的案例也是广大干部学员们比较喜欢的、典型的，但由于干部培训的特殊性，加之本人的时间精力和能力有限，不能到更多的培训机构亲自聆听课堂教学，使本研究收集到的资料多多少少带有个人的主观感情色彩，很难做到绝对的客观全面。

第二，国外关于干部培训的教学成果也很丰富，但研究者的理论功底不够，很难从中汲取合理的思想观点为我所用，加之时间精力的有限，本人需要在今后的研究中多汲取国外的先进培训理念，不断充实对干部培训领域互动式教学的研究。

第二章

创新文化与干部培训的关系

近年来为适应新的形势和任务需要，干部培训工作进入快速发展阶段，干部培训院校历来是培育干部和提高干部素质的重要途径、主渠道和主阵地。党中央十分重视干部培训院校建设，建立、健全和完善了一系列有关的党校的规章制度，促进了各级干部培训院校建设，使新时代干部培训院校建设日益走向科学化、制度化和规范化。

在加强干部培训院校建设的过程中应当把创新文化建设提上日程。干部培训中的创新文化是适应新时代政治建设、经济建设、文化建设和社会建设的要求，以及新的国际格局中执政党建设的要求，充分发挥干部培训院校的政治优势和特色努力建设学习型、发展型政党的需要，也是新时代继承和发扬党的优良传统和作风的需要。

一、创新文化在干部培训中的作用及其特征

领导干部从工作实践到干部培训院校学习锻炼的过程，就是经过实际工作考验并在干部培训创新文化的引导、感染、熏陶和启发下形成高尚的道德品质、科学的执政理念及高超的执政本领的过程。干部培训创新文化外化于形、固化于制、内化于心，是干部培训院校特色的重要表征，是干部培训院校的生命所在，也是干部培训院校重要的教育资源。

（一）创新文化与干部培训的内在联系

干部培训中的创新文化与党的政治理念及干部培训的内容紧密相关。创新文化包含引导、服务、激励和升华干部培训的所有要素，而干部培训是创新文化机制的核心机能。干部培训的目的决定创新文化的发展方向和价值取向，而创新文化决定干部培训的质量、效率和效果。

延安时期和新中国成立以后，以毛泽东同志为核心的中央领导集体，注重

加强党员干部的学习教育工作,坚持以马克思列宁主义基本原理与中国具体实际相结合的方针教育干部,培养了大批领导骨干,为新民主主义革命、社会主义革命和新中国的发展建设提供了有力保证。改革开放以来,中国进入社会主义现代化建设发展阶段,干部培训院校成为坚定党员领导干部政治思想的主要阵地。"解放思想,实事求是"是中国改革开放的基本路线,干部培训院校维护和发展党中央的路线方针,为干部队伍的革命化、年轻化、知识化、专业化建设做出了重要贡献。江泽民对中国的未来发展提出了"三个代表"的重要指导思想,干部培训院校加大马克思列宁主义、毛泽东思想、邓小平理论宣传力度,并将思想内容结合中国发展实际进一步深化。胡锦涛提出了"科学发展观"的发展指导思想,干部培训院校为构建和谐社会对相关理论进行了系统化研究,并从强化党的执政能力出发,提出党员领导干部要发挥其先锋模范作用才能够推进中国更好地发展。

党的十八大以来,习近平带领中央领导集体对中国的未来发展提出了"实现伟大的复兴梦"的指导思想。中国迈入新时代,涌现出各种新事物和新思想,决定了中国的发展要从探索走上成熟发展道路,就要进一步深化改革开放。基于这一发展战略,以习近平同志为核心的中央领导班子提出"五大发展"理念,为中国的发展明确了方向。对外开放方面,中国启动了"一带一路"的对外开放策略,积极建立中韩自由贸易区。新时代干部培训,要始终把学习贯彻习近平新时代中国特色社会主义思想作为头等大事,教育引导干部增强"四个意识"、坚定"四个自信"、做到"两个维护",自觉在思想上、政治上、行动上同以习近平同志为核心的党中央保持高度一致。干部培训针对新出台的一系列中国发展指导思想,构建了系统化的教育培训机制,并从中国发展实际出发针对相关问题进行了研讨和座谈,使接受培训的党员领导干部获得准确指导。

(二)创新文化在干部培训中的作用

1. 创新文化为干部培训提供良好的文化环境和氛围

干部培训事关党和国家发展大局,是一项崇高而光荣的事业。进入新时代,世情、国情、党情和干情等诸多形势的不断变化,对中国共产党的执政能力提出了新的挑战,对党的干部队伍发展也提出了新的要求。尤其是党政领导干部,担负着重大的社会责任和历史使命,更需要不断地培训与学习,以提升应对国内外复杂多变形势的能力。为此,着眼于党的十八大以来干部培训的新形势、新任务和新要求,干部培训院校应当遵循干部培训的规律,把握党政干部学习的特点,适应现代干部培训发展的趋势,不断创新干部培训方式,进一步增强党政干部培训的针对性和实效性，形成更具特色的干部培训模式，是切实提高干部培训质量和效益的关键环节。

干部培训院校经过多年的发展而塑造了自身特有的文化环境，这种文化在创新的环境中孕育、升华，并逐渐抽象为与社会发展同步的文化格局。在干部培训院校接受教育的所有领导干部都基于培训院校形成的文化氛围而提升自身的道德情操，要做到言行一致，使自身成为群众效仿的楷模，只有如此，才能够成为党员的代表形象。干部培训院校在培训中就要以文化为土壤，通过以文化为指导激励领导干部的内在驱动力，推进整个领导干部集体健康、积极、向上，为中国的协调发展做出贡献。文化是土壤，内涵丰富的干部培训院校自身的文化熏陶，能陶冶受训干部的情操，提升其品德，开启求发展的内在驱动力，促进干部全面、健康、协调、创新发展。

2. 创新文化是干部培训的资源载体

干部培训中的创新文化是以创新为特征的文化，是在干部培训院校从创意到价值形成过程中，发挥引领和指导作用的文化理念和价值观。干部培训中的创新文化是培训文化的重要组成部分，是具有强大引导功能的教育资源。新时期的干部培训要求将能力培养和素质培养贯穿于干部培训的全过程，这就需要干部培训院校发挥创新文化的引领作用，通过教育提高党员领导干部的执政能力，通过价值观取向的引导提高党员领导干部执政水平和领导能力。通过文化建设，突出干部培训院校的创新文化，把干部培训院校建设成为新时期先进文化的主阵地和排头兵，建设成为社会文化的先进模范和表率，使党员干部始终保持艰苦奋斗、开拓创新的精神风貌。

在以上各方面，党校都可以通过文化建设，搭建平台，凝聚人心，激发活力，增强干部培训的针对性和时效性，增强干部队伍的创造力、凝聚力和战斗力，形成党放心、群众满意、政治过硬、作风优良的干部队伍。同时，通过干部培训院校创新文化建设，充分发挥文化的社会功能，将创新的、先进的、进取的文化从校园辐射到社会，为加强社会主义精神文明建设做出贡献。

（三）创新文化在干部培训中的特征

我们在干部培训实践中认识到，创新文化具有如下特点：

一是传承性和发展性。它既要传承中华民族的优秀文化教育传统，继承我们党和国家在长期培训工作中形成的优良传统和作风，还要凝聚培训院校在长期办学过程中积淀形成的价值观念和价值追求，反映社会发展进步和时代特征。在革命建设和改革进程中，党校继承了中国共产党理论联系实际、密切联系群众、批评与自我批评三大优良传统作风，贯彻党章对党员的高标准、严要求，坚持从严治党、从严治校、从严施教、从严管理的方针，形成团结、紧张、严肃活泼的校风，以及具有遵守纪律、艰苦奋斗、勤俭办校的优良传统。创新文化所蕴含的创新性不能脱离长期的传统文化的积淀，通过继承并发扬传统文化，从而塑造出适应新时代的培训文化。

二是主导性和包容性。干部培训中的创新文化要以我们党和国家主导的核心价值体系为统领，同时，要吸收借鉴国外的文化教育智慧和一切文明成果。通过教育培训，让党员干部始终坚定正确的政治立场，坚守对马克思主义的信仰、对中国特色社会主义和共产主义的信念、对党和人民的绝对忠诚，坚持党性和人民性的统一，坚守为民务实清廉的价值取向，说老实话、办老实事、做老实人，做到平常时候看得出来、关键时刻站得出来、危急关头豁得出来，让先锋模范作用得到充分发挥。

三是时代性和导向性。干部培训中的创新文化具有很强的时代感，要反映国家政治经济文化社会发展的时代风貌，在各个历史时期围绕党的中心工作开展干部教育和培训。体现教育事业发展的时代风尚，引领方向，启迪思想，催人奋进。要突出干部培训院校的政治优势，引导广大领导干部在政治上贯彻执行党的路线、方针和政策，保证全党在思想上和行动上的高度统一性。目前，干部培训坚持以理想信念、党性修养、政治理论、政策法规、道德品行教育培训为重点，并注重业务知识、科学人文素养等方面教育培训，全面提高干部素质和能力。在教学方法上，应当根据内容要求和干部特点，综合运用讲授式、研讨式、案例式、模拟式、体验式等教学方法，实现教学相长、学学相长。特别要注重培训方式的创新，积极推进互动式教学，通过案例教学、情景体验、研讨交流等培训方式，拓宽学员的视野，提高培训的质量。

四是主体性和能动性。培训文化要以学员为中心，一切为了学员，依靠学员，服务学员，充分发挥学员在培训中的主动性和创造性。创新文化最大限度地激发人的创新精神和创新意识，从而创造价值，而应当体现人的价值高于物的价值，以人为中心。创新文化要以人为对象，不断激励并发挥人们的创造力和独特性，积极鼓励更多的人参与创新发展活动。因此，要充分展现人本性，让大家能够充分发挥自我能动性并从中获得感悟、信念和支持，这便是创新文化应有的特征。当创新文化具备了人本性的特征，才能不断发挥人的积极作用，逐渐达到激励人进行创新的目的。而进行干部培训互动式教学的创新研究，就是充分发挥学员的主动性和能动性，通过现场教学、互动交流、共同研讨等方式，激发干部参加培训的内生动力，让他们在参与中产生兴趣、在互动中获得提升。

构建培训文化，是一个从不够自觉到比较自觉的认识和实践过程。干部培训工作实践使我们逐步认识到，加强干部培训创新文化的建设，有助于培训机构核心竞争力的聚集、教育培训特色的形成和培训目标的实现，有助于参训学员思想境界的升华、共同价值观的凝聚和人文素养的提升，有助于培训者文化底蕴的积淀、培训理念的更新及团队精神的塑造和形成。

二、加强干部培训中创新文化建设的针对性和实效性

干部培训工作中，要注重发挥创新文化的引领的作用，能够将干部培训的政治、组织优势发挥出来，促进教育内容有所创新，培训方法不断改进，使得干部培训更具有时效性。

（一）基于创新文化塑造培训理念

干部培训中的创新文化必须以习近平中国特色社会主义思想为指导，发扬改革、开拓、创新的精神，要发扬开拓创新精神、努力探索教学和管理的新体制、新途径、新方法；要加大与境内外合作交流的力度，吸收先进的现代教育培训理念和方法；在科研方面要加强对中国特色社会主义经济建设、政治建设、文化建设、社会建设和党的建设的重大现实问题的理论研究，不断开拓马克思主义理论发展的新境界，同时，要提高教学科研一体化水平，出名师、出名著、出名课。而这都需要塑造创新的培训理念，培训理念是创新文化的核心，培训理念主导着创新文化，有什么样的培训理念，就会形成什么样的创新文化。干部培训院校要紧紧围绕提高参训领导干部能力素质这一根本目的开展各项工作。因此，干部培训机构一定要牢固树立以学员为中心、全心全意为参训学员服务的理念。

一是坚持"以学员为本、按需施教"的理念。许多干部培训机构对参训学员的需求进行调研，针对培训对象具有类型多样、岗位多类、需求各异等特点，坚持以学员为本，按需施教。我们要把干部培训的普遍性要求与干部系统不同类别、不同层次、不同岗位干部的特点和实际结合起来，增强培训工作的针对性和实效性。

二是坚持"知行并重、经世致用"的理念。这一理念强调，在加强理论学习研讨的同时，要与现实的国家经济社会发展形势结合起来，与国家社会改革发展实际结合起来，与参训学员的思想和工作实际结合起来，做到学以致用。

不断提升学员的理论思维、文化素养、人格涵养等综合素质，促进了领导能力和管理水平的提高。

三是坚持"质量至上、追求卓越"的理念。以质求生存、以质量谋发展，是干部培训工作必须始终坚持的基本理念。多年来，干部培训院校坚持"质量至上"，将培训质量与培训院校的生存和发展紧紧联系在一起，视质量为其生命线。围绕学员需求优化教学内容，以开发核心课程为重点加强课程体系建设，加强研究性、互动式等教学方法的实践探索，深化培训教学模式改革，提高专兼职教师的能力水平，全面提升培训教学质量，取得了较好的成效。

四是坚持"开放多元、整合优化"的理念。所谓"开放多元"，就是要坚持开放办学、兼容并包，即在社会主义核心价值体系的引领下，广泛吸收古今中外文化教育传统，走开放化、多样化办学之路。所谓"整合优化"是指围绕培训工作需要，广泛吸纳来自国内外大学、企业、政府的各种教育资源，并进行综合利用。

五是坚持"实事求是、求新应变"的理念。解放思想、实事求是，与时俱进、勇于创新，是我国干部培训事业蒸蒸日上、持续健康发展的根本保证，也是我国干部培训的优良传统。面对新的发展形势和发展机遇，干部培训院校既要继承过去的优良传统，还要增强忧患意识和开创精神，抓住发展机遇，全力促进干部培训事业的新发展。我们要以习近平中国特色社会主义思想为指导，全面落实《2018—2022年全国干部教育培训规划》，全面总结改革开放四十年来干部培训工作经验，深化对干部培训规律的认识，凝练干部培训特色，明晰发展思路，全力打造核心竞争力。

（二）基于创新文化完善干部培训制度

制度文化是干部培训创新文化建设中的重要组成部分。培训理念和培训目标的实现，制度和机制是重要保障。各个培训院校要对干部工作整体规划，制定相应的干部培训制度以规范干部管理职能。将干部培训的权益保障制度建立起来，并配套制定考核激励、监督机制，使得培训院校的干部培训工作科学而规范。

关于干部培训制度的创新，在进行办学体制改革的同时，还要注意对培训院校的资源进行整合，提高干部培训质量，提高干部培训效率。比如，建立省领导和省直部门领导到培训院校做报告的制度等；建立干部培训的考核和激励机制，将干部的培训学习情况作为干部考核的内容和任职、晋升的重要依据之一；为了端正干部接受培训时的学习态度，将考核激励机制建立起来，让干部有竞争意识,提高解决实际问题的能力。

此外,还要对培训院校的教育管理工作积极探索,不断地完善培训形式。建立和完善有助于激发教职员工内在动力的人事管理制度。近些年来,不少干部培训院校都根据自身特点建立和完善了一些重要的人事管理制度,主要包括以人尽其才为导向的教师和各类人员的聘任制度、以提高专业素质和能力水平为导向的教师及管理干部培养制度和以激励为导向的分配制度等,不断优化了干部培训院校的教师队伍,提高了教师的授课教学和科研能力,增强了培训院校的人力资源整体水平。干部在不断成长,时代也在不断进步。面对知识的日新月异、形势的不断变化,干部培训不仅要紧紧跟上,还必须常抓不懈、持续发力。通过常态长效的培训,让广大领导干部履职的基本知识体系不断健全、知识结构不断改善、综合素养不断提高。要建立健全习近平新时代中国特色社会主义思想学习教育长效机制,完善理论学习考核激励机制,强化述学、评学、考学措施,把学习贯彻习近平新时代中国特色社会主义思想情况作为考核领导班子和衡量领导干部思想政治素质的重要内容,推动教育培训由"软指标"变成"硬约束",引导广大党员干部把学习作为一种自觉习惯和精神追求。

(三)基于创新文化进行教学改革

干部培训院校要不断更新知识、更新思想观念,以适应经济社会发展对高素质党政干部的需求。以求新、求实、求活的精神,完善教学布局,创新教学内容和改革教学模式,突出主题,突出特色,突出重点,把理论基础、世界眼光、战略思维和党性修养同提高执政能力紧密结合,切实提高干部的执政素质和能力,增强干部培训的针对性和实效性。

我国的干部队伍已经初步实现了年轻化、知识化、专业化的目标,加之信息时代获取知识的途径多元化,单单靠讲授式教学已经不能满足干部培训的需求;而提升党政干部的素质和能力与传统的党政干部培训教学方式存在不足之间的矛盾,需要我们在教学理念的指导下改革教学方式,以提高干部培训的质量和效果。互动式教学正是在这样的背景下应运而生的。现代培训理念强调挖掘学员自身资源库,注重突出培训活动中学员的主体性和参与性,互动式教学正是贯彻这一理念的一种有效途径。互动式教学符合党政干部这个特殊群体的学习特点,顺应干部培训规律,应用在党政干部培训中是可行的也是适切的,是干部培训方式的有效创新。党政干部培训中的互动式教学旨在通过问题探究、经典管理型游戏、情景模拟、角色扮演、互动研讨等"边做边教""训教并举"等多种形式的互动活动提高学员学习的积极性和主动性,促进学员群体意识、合作能力以及综合素质和能力的提升。

（四）基于创新文化构建特色培训文化

干部培训院校在培训工作中实施改革，就要注重创新文化的引领作用，主要目的是使干部培训工作符合时代发展的要求。干部培训是干部队伍建设的先导性、基础性、战略性工程，在建设伟大工程、推进伟大事业、实现中国梦进程当中具有不可替代的重要地位和作用。如今全世界进入了一个知识化、信息化、科技化的新时代，这对广大党员干部提出了新要求，广大党员干部需要紧跟时代的步伐，不断地学习进步，才能胜任实现中华民族的伟大复兴重任，创新又是干部培训工作保持生机与活力的必由之路，对于干部培训工作，除了按照既定要求外，更应该结合党的中心工作实际，创新培训方式方法，努力开辟一条符合实际、行之有效的新道路。只有重视创新文化建设，才能够不断致力于干部培训工作的创新与探索，学员作为培训文化的主体，教职员工是校园文化的主导者，领导是校园文化的倡导者。教师、领导、员工、学员四者都是培训文化的建设者，打造培训文化，有赖于他们的共同努力。必须凝聚各方力量、形成整体合力，培育一种精诚合作的团队精神，共同努力创造出干部培训院校特有的培训文化。

习近平在全国干部教育培训工作会议中针对干部培训问题强调，干部教育培训工作是干部队伍建设的先导性、基础性、战略性工程，各级党委要增强责任感和使命感，推动干部培训工作有一个新的大改进、大提高，努力为全面建成小康社会提供有力的思想政治保证、人才保证和智力支持。习近平的讲话作为全国干部教育培训工作的指导思想，使得干部培训院校在开展培训中更要发挥独特的优势，并积极地探索教学和管理的新方法。培训文化会从教育的角度出发，不断吸收先进的现代教育培训方法，注重科学研究，并不断开拓马克思主义理论发展的新境界，使得培训院校的教、科、研一体化水平有所提高。

综上所述，党校不仅要对党员领导干部开展有计划、有针对性的培训，还要以党校文化对党员领导干部实施潜移默化的教育，使党员领导干部在党校中能够深化马克思主义的理论观点和政治立场，并结合当前新的社会形势和所呈现出来的新问题实施实践教育活动。由此，党员领导干部的思想觉悟和政治水平才能有所提升，且能够灵活地运用政治理论指导实践工作。

第三章

我国党政干部培训中的若干问题

中国共产党从1921年建党开始就重视干部的教育和培训工作,之后随着革命根据地的创建和巩固,如在瑞金时期与延安时期,广泛地开展在职干部培训和干部学校教育,以此作为党的建设的一条有效途径。1978年改革开放以后,党政干部的培训工作上升到一个新阶段。邓小平根据党的"德才兼备、任人唯贤"的干部路线,创造性地提出要按照革命化、年轻化、知识化、专业化的标准,建立一支有较高领导水平和执政能力的干部队伍[①]。此后,党和政府的各级组织都加大了对党政干部的培训力度,通过党校培训、党委中心组学习、讲师团辅导、理论研讨班以及电视、广播、报刊等多种有效的方式开展干部培训活动。

进入21世纪以来,我国党政干部培训工作迈向了法治化、正规化的轨道,并完善了干部培训体系。2002年中共中央颁布了新修订的《党政领导干部选拔任用工作条例》,明确规定了提拔担任党政领导职务的干部必须经过3个月以上的培训。2006年中共中央颁布实施了《干部教育培训工作条例(试行)》,并先后建立中国浦东干部学院、中国井冈山干部学院、中国延安干部学院,2008年又创立了中国大连高级经理学院。同时,中央组织部还确立了北京大学等13所高校为首批全国干部培训高校基地,逐步形成了以党校、行政学院和干部学院为主阵地,以高校基地和境内外培训机构为补充的多方位、多渠道的干部培训体系,推动了党的干部培训工作的科学化、规范化和制度化。

中国共产党90多年的发展历程证实了"干部就是决定因素",培养和造就一支高素质的干部队伍具有战略意义,因而,我们党一直高度重视干部培训工

---

① 邓小平.邓小平文选[M].北京:人民出版社,1995.

作。遵循干部培训规律和特点,适应现代培训发展趋势,不断创新干部培训方式方法,形成更具针对性实效性的培训模式,这才是切实提高干部培训质量和效益的中心环节。中共中央颁布的《干部教育培训工作条例(试行)》指出:"干部教育培训工作要适应经济社会发展需要,创新培训内容,改进培训方式,整合培训资源,优化培训队伍,推进干部教育培训的理论创新、制度创新和管理创新。"新时期干部培训工作创新的关键,是要紧贴实际需要,在传承党的优良传统的同时,将中国特色社会主义事业近三十年的探索实践上升为理性的认识,进而更好地指导伟大中国梦的实现。本章以现有研究成果为基础,主要对我国干部培训的地位和作用、干部培训与普通教育的差别、新形势下干部培训的特点和规律、干部培训院校的教学任务和内容等问题进行讨论。

一、干部培训的地位和作用

干部培训在党和国家事业发展中具有非常重要的地位和作用。《2010—2020年干部教育培训改革纲要》中对干部培训的地位和作用做出了明确的阐述:"干部教育培训是建设高素质干部队伍的先导性、基础性、战略性工程,是加强党的执政能力建设和先进性建设的重要途径,是推动科学发展、促进社会和谐的重要保证,在建设和发展中国特色社会主义事业中具有不可替代的地位和作用。"这可以从以下三个方面来理解。

(一)从党的历史角度看

从党的历史来看,高度重视干部培训是中国共产党的优良传统。早在建党之初,我们党就建立了农民运动讲习所[①]、红军教导大队、马克思共产主义学校等,开始进行干部培训。抗日战争时期,我们党创办了中央党校、抗日军政大学、陕北公学等30多所干部学校,大规模地开展干部教育培训。这些培训为我们党夺取新民主主义革命胜利提供了思想政治保证和组织保证。新中国成立之后,为了使广大干部掌握社会主义建设的本领和知识,毛泽东同志号召全党"用极大努力去掌握过去不熟悉、不懂得的东西",全党兴起新一轮的学习热潮,

---

[①] 1924年7月,广州农民运动讲习所创立。共举办了六期,一、二期在越秀南路惠州会馆,三、四、五期在原东皋大道一号。1926年3月第六期迁到中山四路番禺学宫,毛泽东同志任所长,萧楚女任教务长,周恩来、瞿秋白、吴玉章、澎湃、邓中夏等同志担任教员,讲授有关农民运动的各种课程,为中国革命培养出了一批重要的骨干,后来许多重要的农运干部都在那里学习过。

干部培训为新中国的建设和巩固，培养造就了一大批精英人才。十一届三中全会以来，党中央多次号召全党加强学习、加强培训，干部培训为解放思想、推进改革开放和建设社会主义现代化做出了积极贡献。实践表明，我们党总是在我国发展的重要历史关头，把干部培训工作放在重要位置，将它作为着眼未来、积蓄力量的战略举措，作为应对新挑战、实现新目标的有力抓手。

（二）从国际经验角度看

从国际经验来看，重视人才培训是世界各国增强综合实力和竞争力的重要做法。当今是知识经济时代，各国之间的竞争，说到底还是人才的竞争，从某种意义上说，人才的竞争就是学习力的竞争。一个政党执政力的强弱，关键取决于能否培养造就大批优秀的领导人才。现在，世界许多国家都高度重视培养人才。美国国会通过了《职员培训法令》，把文官培训问题列入法定范围。日本每个文官的年平均培训经费为数万日元，而且有专门的拨款途径。法国把培养综合素质高的文官放在重要的战略地位，并且建立了较为系统完善的法律制度，明文规定培训是文官不可剥夺的权利和应当享受的义务，以此给予法律保障。印度规定行政文官除了接受为期两年的入职培训外，还对其进行不断的在职培训，如6~9年、10~16年、17~20年不同阶段的行政文官都需再次回到拉芭斯国家行政学院进行在职培训。这种例子还有很多，但重要的一点是启示我们，世界各国都在通过教育培训增强人才竞争力，我们必须切实增强责任感、使命感，努力做好干部培训工作，为提高我国的综合国力和竞争力服务。

（三）从现实需要角度看

从现实需要来看，干部培训在我国的现代化建设中具有不可替代性。我国已成为世界第二大经济体，现阶段正处于全面建成小康社会的重要阶段，信息化、城镇化、市场化、国际化深入发展，经济建设、政治建设、生态文明建设、社会建设、党的建设等方面全面推进，国际竞争日趋激烈，社会矛盾日益凸显，建设和发展中国特色社会主义事业关键在党，关键在干部。不断培养造就大批高素质干部，是确保党的中心任务落到实处、确保党的事业不断发展的根本保证。干部培训作为建设高素质干部队伍的先导性、基础性、战略性工程，必须充分发挥作用，服务于中国特色社会主义事业，为我国政治经济社会的全面发展做出应有贡献，为实现全面建设小康社会提供坚强的组织保障和人才基础。

二、干部培训与普通教育的差异性

为了更深入地了解干部培训的规律和特点，选择适合干部培训的教学方式，有必要将干部培训与普通教育进行对比：一是增强了对本研究新的认识，二是在比较中揭示干部培训的特殊性。干部培训在性质上属于成人继续教育的范畴，《中共中央关于面向21世纪加强和改进党校工作的决定》（中发〔2000〕10号）指出："'科教兴国'的'教'，包括党校教育。"曾庆红在2002年全国干部教育培训工作会议上强调，"科教兴国的'教'，不仅包括基础教育，也包括作为继续教育的干部教育培训"。然而，在理论上和工作实际中对干部培训与普通教育之间的关系，认识并非很清楚。

（一）干部培训与普通教育的共同点

普通教育也称一般教育，它是通过使受教育者掌握人类社会发展中的基础性知识、理念、工具和方法，为受教育者身心全面和谐发展打下坚实基础的教育。普通教育贯穿在小学、中学、大学各阶段，具有从小学直至博士研究生各个层次的完整教育体系，是整个教育系统中具有原生性、普遍性、基础性的要素。干部培训和普通教育有许多共同点：两者都是为了培养人、教育人、造就人的，促使他们为我国社会政治经济发展服务并做出应有的贡献，都要采取学校教育制度等；干部培训有时也要借助普通教育学校的力量来完成自身的任务。如2009年中央组织部会同教育部确立北京大学等13所高校为首批全国干部培训高校基地，北京、江苏、陕西等许多省（区、市）也陆续建立自己的干部培训高校基地。同时，中央党校、国家行政学院等干部培训院校也招收和培养研究生，举办学历教育等。作为一种成人继续教育，干部培训要遵循教育的一般规律；作为党自身建设的组成部分，它又必须严格按照党的关于干部及干部队伍建设的路线、方针、政策进行。这些共同点，都是在它们作为一般意义的教育基础上形成的，说明它们各自都具有教育的一般属性，而不能说明它们之间具有从属关系。① 然而，干部培训与普通教育的区别也是很明显的。

（二）干部培训与普通教育的不同点

从教育对象上看，干部培训的对象被称为学员，普通教育的对象则称为学生。干部培训以全国党政干部、企业经营管理人员、专业技术人员为主要对象的继续教育事业。2006年中央颁布的《干部教育培训工作条例（试行）》（以下简称《干部教育条例》）依据宪法、党章和公务员法的有关规定提出："干部教

---

① 吴林根，石作斌. 中国共产党干部教育研究［M］. 哈尔滨：黑龙江人民出版社，2001：240.

育培训的对象是全体干部，重点是县处级以上党政领导干部及其后备干部。"①这是中央第一次以法规的形式明确规定干部培训的对象。培训的对象是各级各类的干部，干部最大的特点是从实践中来，具有丰富的经验，因此干部培训要以解决问题为目标，要具有针对性。着眼点是现实工作的需要，培训过程中以学员为中心，以问题为导向，采用互动式的教学方法。而普通教育的对象是青少年学生，他们要继承全人类传承下来的很多知识和智慧，主要是从德、智、体、美、能等方面入手，对受教育者进行全面、综合、通用的培养，培养他们准备从事社会活动的本领，着眼点是使人获得全面发展，目标是指向未来的。学员从实践出发学习，学生从理论出发学习，根据库伯的"经验学习圈"理论，可以从中间横向划分，上部分偏培训，下部分偏教育（如图 3-1）。干部培训与普通教育的对象有很大的差别，一定要把他们区别开来，这对于做好干部培训工作，更好地履行干部培训机构的职责，同时也为科学地认识干部培训的规律奠定了基础。

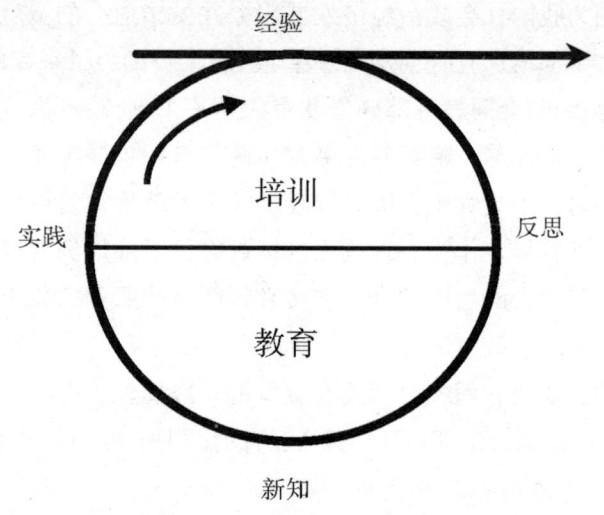

图 3-1 培训与教育的区别

从教学内容上看，普通教育是对学生进行以知识和技能为主的学历教育，并具有一定学段的连续性；而今天的干部培训虽然承担着一定的知识教育的任务，但主要是能力和素质教育，即工作能力、执政能力和党性锻炼的教育。干

---

① 干部教育培训工作条例（试行）[M]. 单行本. 北京：人民出版社，2006：6.

部培训重"训",训练思维、训练行为,普通教育重"教",教理论、传播知识。干部培训侧重于干部职位所需的专业知识和技能、政治理论、党性教育,强调政治培训与能力培养并重,所以培训必须贯彻学以致用、讲求实效的原则。干部培训中的教学内容是以实践为导向,学习的知识也是综合交叉的,这就要求培训教师具备综合素质,要以超学科思维,开发职能型知识,探讨整体有机解决方案。通过培训增强了党政干部们的实战能力、沟通协调能力。而普通教育则侧重于一般的基础知识的教育,涉及的学科、专业、课程相当广泛。普通教育中的教学内容是以知识为导向,学习的内容是分门别类、按学科体系来的,通过系统全面的学习达到知识的累积。普通教育以系统的、理论的学科知识教学作为主要内容,这是它的一个最显著的特点。它强调打牢基础,使受教育者在掌握基本知识的同时具备基本技能,形成健全的人格,养成良好的行为习惯。

从教学目标上看,干部培训是为了提高干部的综合素质和履职能力,使他们能够更好地做好本职工作,更新干部的知识,使干部的科学文化知识水平与经济社会的发展相适应;而普通教育主要是教知识和技能、学知识和技能、考知识和技能,使受教育者健康全面和谐地发展,为今后的工作生活打下坚实基础。

从价值取向上看,干部培训是以现实工作中的热点问题为中心,这里的工作主要是党和国家的事业,通常以组织需求和岗位需求为主,其目的是使参训学员掌握推动党和国家的事业发展所必备的本领,主要包括党性修养、理论素养、道德品行、作风养成、业务技能、知识水平,以提高不同岗位、不同类别干部的工作效率、工作能力和管理水平,它对改进工作的作用是直接的。党政干部参加培训是需要解决具体问题的,是来补缺新知的,利用培训这样的平台,来相互交流,来弥补自身经验缺陷,通过互动式教学,真正实现教学相长、学学相长,达到经验共享,这就是培训的价值;而普通教育则是以受教育者为中心,其主要目的是系统传授知识,以提高他们的一般文化水平和道德水平,通过提高人的素质从而推动工作的发展,它对工作的作用是间接的。

从教学方法上看,干部培训需要根据学员的特点、班次的不同、专题的不同采取灵活多样的形式,而一般学校教育中的教学方式相对整齐划一,统一性很强。普通教育传授知识,以讲为主。讲授法、讨论法、演示法、实验法、练习法等方法通常都是普通教育使用的方法。而干部培训使用的方法比这更广泛,有讲授法、研讨法、体验法、角色扮演法、案例分析法、模拟法、游戏法等。

干部培训侧重行为训练,培训的方式以互动式为主。让学员以第一人称方式学习,把自己放进去,通过实习、练习和复习获得有意义的学习体验。干部培训采用何种教学方式取决于其教学内容,内容决定形式,有机组合各种教学形式,要做精细化设计。对于管理类的课程,更多地采用案例教学,不断概括出一些经验性的东西来,然后再反思从而上升到理论。对于一些党史、党建的课程,可以采用现场体验式教学、情景模拟教学等,通过思考历史为我们今天服务,同时也反思今天的现象,让党政干部在体验中、感受中进行反思。对于哲学类、理论类的课程,更多采用讲授式、讨论式、论坛式的教学方法,通过培训教师系统专业的教授,使得党政干部获得新知,充实自身的理论素养。从运用方法的特性看,普通教育更突出单向灌输,而培训更强调双向互动交流。

为了更直观地理解干部培训和普通教育的区别,从表格的比较中会看得更清楚,如表3-1所示。

表3-1 干部培训和普通教育的区别

区别	教育	培训
重点	重教	重训
目的	教书育人	训练培养
任务	教授理论、传授知识	训练思维、训练行为
学习主体	个体学习	团队学习
人才培养模式	知识导向	实践导向
教学方式	讲授式为主	互动式、参与式、体验式等

干部培训和普通教育都是历史范畴,通过对比教育探索培训的特点。普通教育是干部培训的基础,而干部培训则是一般学校普通教育的发展和延续。它们都是在一定历史阶段上产生和发展起来的。但是,如果从未来发展来看,普通教育担负着培养新生一代成长和延续社会生活的重任,将随着社会发展而发展,随着社会存在而存在,具有永恒性;而干部培训则将随着政党和国家的发展而发展,随着政党和国家的消亡而消亡。

通过以上论述,可以得出以下几点结论:

第一,干部培训和普通教育是一对存在交叉和互动关系的范畴,两者都应当遵循教育的一般规律。干部培训既是党的建设的一部分,又是我国经济社会发展的重要组成部分，是党建工作和教育工作的紧密结合和有机统一，两者存在着天然的联系。干部培训不仅要满足组织需求和岗位需要，同时也要注重满足干部的个人需求，不断提高广大党政干部的综合素质和能力，拓宽干部能力适应领域；在普通教育的教学领域也增加了许多实践课程，比如，开设综合技术教育课、劳动技术教育课和职业指导、职业咨询课等。另外，在许多省（区、市）也建立了许多干部培训高校基地，普通教育中的学校组织利用自身知识资源，承担部分干部培训的任务；干部培训机构也通过各种方式加强与普通教育学校的沟通和联系，从而间接利用普通学校的教育资源（比如，聘请高校的知名专家学者进行讲学），以达到提升干部培训质量的目的。

第二，干部培训具有普通教育所不具有的艰巨性与复杂性。进入新世纪新阶段，世情、国情、党情正在发生深刻变化，这些变化对我党的执政环境带来了巨大的影响。而当前中国，信息化、城镇化、市场化、国际化深入发展，经济、政治、社会、文化以及党的建设全面推进，我国正处于发展的重要战略时期。在发展中，我国仍存在不少的矛盾和难题，并呈现出新旧矛盾相互交织、可以预料和难以预料的矛盾相互交织的复杂局面。全面地、科学地把握这些变化和矛盾对党政干部能力和素质提出的新要求，对于我们科学合理地开展干部培训，切实做好新形势下的党政干部培训工作具有重要意义。面对新形势、新要求，干部培训工作具有普通教育所无法比拟的艰巨性。干部培训工作千变万化，教学方式不固定、教学内容不固定、培训期限不固定，这种不固定性增加了干部培训工作的复杂性。

第三，干部培训更加注重政治性。普通教育的目的是促进受教育者德智体美全面发展，为受教育者进入社会做好基本的思想道德和知识技能等方面的准备。而干部培训以党和国家的事业为导向，以提高广大干部的综合素质为重点，把理论武装、党性教育摆在突出位置，引导广大干部坚定共产主义理想和中国特色社会主义信念，保持政治上的清醒和坚定。这是干部培训的根本目的。

第四，干部培训更加突出实践性。干部培训以解决实际问题为中心，侧重于理论与实践的结合。干部培训要有所作为、体现价值，就必须适应时代需要，紧扣党和国家在经济、政治、文化、社会等方面的战略部署，紧密联系干部的思想实际、工作实际来开展，切实提高干部解决实际问题的能力。

三、新形势下干部培训的特点和规律

干部培训有自身的特点和规律，有其特殊的运行机制。科学准确地把握干部培训的特点和规律,进一步努力探索教学方式创新,有利于提高干部培训教学的针对性和实效性,增强其吸引力和感染力,提高教学质量,具有十分重要的意义。只有深化认识干部培训的特点和规律,才能有效推进教学方式创新,扎实积极地开展干部培训工作。

(一) 干部培训的特点

研究干部培训的规律,最为关键的一方面就是研究培训对象的基本情况、主要特点等,有助于提高干部培训的质量和效益,有助于增强干部培训的针对性,有助于达到全面提升干部的综合素质和履职能力的目的,更好地服务于党和国家的事业。以推进互动式教学为主线,积极有效地进行教学方式的创新,其前提是科学地把握党政干部学习的特点、干部培训的特点。

1. 干部学习的特点

干部培训机构采用何种的培训方法,一是要适应党政干部学习的特点,二是要有效地使学员的综合素质和履职能力得到训练和提高。为此,把握党政干部学习的特点,是选择培训方法的关键。

首先,干部学习是基于问题性的学习。干部的学习是"需要什么补什么"。干部培训不仅要满足学员的个人需求,还要满足岗位需求和组织需求。所以他们的学习是以探索和解决问题为导向,尤其是为了解决实际工作中遇到的热点和难点问题。他们参加培训,是基于问题性的学习,以解决工作和生活中的难题为重点,同时还学到了新知识、新技能。最终是人的全面发展,是人的综合素质和履职能力的提升。其次,干部学习是一种自我反思性学习。干部的学习是一种基于反思的体验,他们以实际体验为基础去自我感悟;以互动研讨为方式去自我思考以获得新的知识;以心灵触动为契机去自我提升,转变思想观念。在培训过程中,他们善于思考和研究教学问题,并且重视对相关问题的关注,这是干部学习的起点。再次,干部学习是自我导向性学习。他们是能够"自我指导的个体",能够独立自主地进行学习和研究,在学习过程中充分发挥主观能动性,喜欢自己寻找答案。最后,干部学习是属于保守性学习。一般到培训机构参与培训的干部,都担任一定的领导职务,大部分领导干部会因为身份、地位、面子等方面的问题,在培训中担心说错话而下不来台,往往难于放下架子、脱下帽子、敞开心扉。这就导致他们在学习中处于保守状态,对学习往往存在潜意识的恐惧感。

学的特点是教的出发点,领导干部的学习特点也是培训的出发点,而有效的培训应建立在对学习者特点的分析基础上。运用通过以上的分析可以看出，干部学习的这些基本特点对干部培训工作提出了相应的要求，而积极有效地推进互动式教学，才能使干部培训工作真正做到有的放矢、行之有效。

2. 现代干部培训的特点

随着时代的发展，干部培训工作发生了较大的变化，呈现出以下特点：

第一，以学员为中心。"以学员为中心"是干部培训的核心理念之一。在《干部培训工作条例》中指出"以人为本，按需施教"的原则，其实就是强调"以学员为中心"。现代干部培训要坚持以人为本，树立以学员为主体，教师为主导的培训理念，充分激发干部参加学习的内在动力和潜力，教师引导学员自我反思、自主探索。具体来说，就是要突出学员的主体地位和充分发挥其学习的积极性和主动性，教师和其他培训管理人员是学员学习的引导者、推动者、辅导者、支持者和服务者。这样就实现了教师由重"讲"向重"导"转变，学员由"对象"向"主角"转变。为适应这一转变，在培训方式方法上互动式教学应运而生，打破了传统培训中教师不断灌输，学员被动接受的知识获取方式，互动式教学强调在教师的引导下，学员们积极主动地思考、实践，在互相探讨、互相交流中实现教学相长、学学相长。

第二，引导协助的教师观。干部培训是教师在培训活动中不断地多种角色转换的过程，教师的角色由重"讲"向重"导"转变。现代干部培训中，教师的角色发生了变化，充当着"组织者""促进者""引导者""导演者""催化者"。教师的主导作用具体体现在导气氛、导注意力、导问题、导结论上，因而教师要努力创设一种问题情境，引导着学员去经历、去感悟、去争论、去训练，最终得出解决问题的答案。

第三，培训与工作相结合。传统的干部培训通常以传授抽象的理论和知识为主，并在课堂中完成。而现代培训则强调培训应与工作相结合并服务于工作，培训的内容应当来源于工作实际，培训的场地也应模拟真实的工作环境，培训的效果体现于、应用于工作实践。实行与工作相结合的现代干部培训，有利于激发学员的学习动力、工作动力，通过对体验和行动的不断反思而获得新的知识，提高工作能力；有利于培养学员的沟通能力、组织协调能力和领导能力，提高互动交流达到个人素质的提升，这些都是传统培训难以达到的；而且还有利于实现学以致用，通过培训获得的新知识和新理念能够转化为工作技能，并且指导着实际工作，增强培训的针对性和实效性。

第四，干部队伍逐步年轻化和知识化。随着"60后"成为干部队伍的中坚力量、"70后"和"80后"逐步走向工作岗位，干部队伍的整体文化水平、学历层次普遍提高，他们拥有丰富的知识储备、开阔的眼界视野、强大的学习能力。总体上，我国的干部队伍已经初步实现了专业化、年轻化、知识化的目标。而在信息时代知识更新速度极快，这就对干部的履职能力提出了挑战。每一名干部不仅掌握足够的专业知识应付本职岗位的需要，还要具备多方面的个人素养，比如，沟通协调能力、群众工作的方法、时间管理的技巧等。

第五，"针对性"和"实效性"是现代干部培训的核心要求。干部培训的对象来自不同类别、不同层次、不同职位、不同地方，可谓是对象多元，需求繁多，要求更高，只有突出针对性，才能获得培训实效。增强培训的针对性和实效性是一个永恒的主题，我们要围绕教学方式的创新推动干部培训教学改革工作，以增强培训的针对性和实效性，提高培训的质量和效益。干部培训改革纲要把增强针对性、实效性作为需要解决的重点问题，目的很明确，就是要强化培训需求导向，真正做到组织需求、岗位需求和干部个人需求相结合，使干部培训更好地为干部成长服务、为科学发展服务。在《干部教育培训工作条例（试行）》中强调，"坚持以人为本，按需施教。按照党和国家的要求，把握干部的成长规律和教育培训需求，分级分类地开展干部教育培训，激发干部学习的内在动力和潜能，增强干部教育培训的针对性和实效性"。各地、各级相关部门在组织干部培训工作的时候，都把增强培训的针对性和实效性作为一项重要目标，积极提倡互动式、研讨式、模拟式、案例式、体验式等现代的培训方法。

（二）干部培训的规律

规律是事物成长发展过程中内在的本质的联系。此种联系会反复不断地出现，最终决定着事物的发展方向。规律是客观存在的，是不以人的意志为转移的；然而我们还是能够通过人类的智慧和努力去认识它、利用它。认识规律、把握规律、按规律办事，这是实现所有工作目标的重中之重。干部培训是有组织、有计划进行全面提高干部素质与能力的整体性培养实践活动，它的产生与发展，是按其固有的规律运动着的。干部培训的规律是指干部培训内在构成要素之间的本质的、必然的、普遍的联系，以及这些联系之间的发展趋势。正确认识和把握干部培训的发展规律，是增强干部培训针对性和实效性，提高干部培训质量和效益，培养更多高素质干部的基础。

认识和把握干部培训的规律，需要熟悉干部培训内在构成要素之间的各种联系。各种联系不仅表现在干部培训运行过程中各因素之间的联系，而且还表现在干部培训的管理与控制系统诸因素之间的联系，还有控制系统与运行系统之间的联系。一般而言，干部培训的规律既要反映并且遵循党的建设规律和党的执政规律，又要反映和遵循干部成长规律和一般教育规律。干部培训必须与党的事业和党的建设需要相适应，坚持理论联系实际的原则、坚持实事求是的原则，坚持用党的理论创新成果武装干部头脑，坚持提高综合素质与履职能力相结合；同时还必须与干部成长规律的要求相适应，坚持以学员为中心、以需求为导向的教育理念，坚持多种多样的培训方式，进一步促进干部全面健康成长。

1. 理论与实际相联系

理论联系实际是干部培训必须坚持的基本原则，也是中国共产党的三大作风之一。理论与实践相结合，理论指导实践，实践反映理论，是党和国家一直提倡的学习之风，同时也是干部培训工作一直为之奋斗的目标。干部培训坚持实事求是原则，坚持理论与实际相联系的基本规律，在干部培训实施的过程中要始终坚持理论联系实际。"党性是一个政党固有的本质属性，只有坚持联系实际的学风才能坚持党性的原则，才能提高领导干部的政策水平，才能确保领导干部经得起政治考验，所以坚持理论联系实际的学风是领导干部政治上成熟的重要标志。"[①] 现在的干部培训中，有一些干部将学到的理论束之高阁，造成学与用脱节的现象普遍。出现此类问题，原因在于少数干部学习及转化的动力不足。同时，也要从培训者自身的角度做检讨，在教学实施过程中担负起推动学与用的转化。干部培训不仅要给干部学员传授大量前沿知识和专门知识，还要让学员带着问题在参加社会实践中去调查、研究、操作和解决，树立理论联系实际的优良作风，使他们掌握一定的工作方法，进而推动他们形成正确的思想观念。也就是说，在干部培训中给学员知识传授、能力提高的同时，还要努力实现他们思想观念的转变，解决他们学习、转化动力不足的问题。这就要在培训过程中，努力提高干部应对信息化时代所需要的专业性知识，提升他们解决现实问题的能力，增强他们的个人素养和履职能力。而教学方式的选择显得尤为重要，采取互动式教学来推动学员完成从知识向方法和能力的转化，通过培训改变工作行为，提高工作能力。互动式教学促进了理论与实际的相结合，组

---

① 孙靓. 坚持理论联系实际的学风是领导干部政治上成熟的重要标志[J]. 湖北经济学院学报（人文社会科学版），2007（3）：11.

织学员深入企业、深入基层、深入现场,把经济社会发展的现场变成干部学习的课堂、把实践中的素材变成培训教材,引导学员实现理论与实践的互动,切实提高干部们理论联系实际的能力。

2. 用党的理论创新成果武装干部头脑

坚持用马克思主义中国化的最新成果武装干部,用反映时代特征和实践要求的中国特色社会主义理论教育干部,并根据实践的发展不断推进理论发展与创新,这是坚持和发展党的先进性、不断推进党和国家事业的根本保证。在用党的理论创新成果武装干部头脑方面,干部培训的教师和管理人员首先要真学、真懂、真信、真用,从而真情传播党的理论创新成果,将中国特色社会主义理论体系教育摆在更加突出的地位,坚持把理论武装放在干部培训教学工作的突出地位。教育广大干部在中国特色社会主义旗帜的引领下,坚定不移地走中国特色社会主义道路,坚持用中国特色社会主义理论体系武装广大干部的头脑,努力开创中国特色社会主义伟大事业的新局面,扎实推进党的建设新的伟大工程。同时,要努力使党的理论创新成果成为忠诚教育的灵魂、能力培养的核心、行为训练的指南,用党的理论创新成果设计培训班次、设计培训专题、设计培训课程,使党的理论创新成果成为教学的中心内容。干部培训工作的主要任务就是为党和国家培养、造就高素质干部队伍,干部培训的中心内容是党的理论创新成果,坚定不移地用马克思主义中国化的最新成果武装干部头脑,着力推进党的理论创新成果进教材、进课堂、进头脑,使广大干部更好地认识、更深刻地理解、更全面地把握、更自觉地运用党的理论创新成果,帮助广大干部始终保持政治上的清醒和坚定,始终保持共产党人的先进性和纯洁性。最终还是要让干部们运用学习成果指导实践工作,运用科学理论分析和解决实际问题,努力把党的理论创新成果升华为学员的信念使命、发展思路、工作举措和实际能力。

3. 坚持能力、素质培养与政治培训并重

现代干部培训不仅要提高干部的综合素质和履职能力,而且同时要提高干部的思想政治素质,这是干部培训的一条规律性原则。中央颁布的《干部教育培训工作条例(试行)》中培训内容增加了许多,其中包括政治理论、业务知识、政策法规、文化素养和技能训练五个方面,而且政治理论培训为核心内容,强调夯实理论基础、开阔世界眼光、培养战略思维、增强党性修养是除了政治理论教育之外干部培训的重要内容。通过系统学习、培训和教育,可以使各级党政干部真正成为理论功底扎实、党性修养过硬、作风务实廉洁、道德情操高尚、综合素质高、业务能力强的领导者、管理者和实践者。要把中国特色社会主义理论作为基本教学内容,突出政治培训提升能力,加强政治、能力和素养培训,造就一支高素质的干部队伍。干部培训的首要任务是提高干部政治素质,突出政治培训,坚持用中国特色社会主义理论作为基本教学内容,以理论武装培训为核心,全面系统开展马克思主义理论教育培训,深入学习中国特色社会主义理论体系,不断增强党政干部的道路自信、理论自信、制度自信。要突出能力培训,结合工作实践和岗位需要,提升党政干部推进依法行政、危机管理、科学决策应用现代媒体等方面的能力。要突出素质培训,加强社会公德、职业道德、家庭美德和道德品行教育,引导学员树立正确的人生观、培养良好的生活作风和保持健康的生活情趣。党的十八届四中全会指出,必须加强和改进党对法治工作的领导,加快建设职能科学、权责法定、执法严明、公开公正、廉洁高效、守法诚信的法治政府。强调要提高党员干部法治思维和依法办事能力,党员领导干部在社会中带头遵从法律、依法办事,把法治建设成效作为衡量各级领导班子和领导干部工作实绩重要内容、纳入政绩考核指标体系,把能不能遵守法律、依法办事作为考察干部的重要内容。这一举措为领导干部管理注入鲜明法治特色,将对领导干部带头遵法的要求落到了实处。这就要求干部培训工作的重点是增强干部的依法行政能力、依法决策能力,要用科学的理论武装干部,要用信息时代的专业化知识充实干部,优化培训结构内容,引导干部培训由政治素质培训向履职能力和综合素质培训相结合的转型,按照党和国家的要求建设成高素质领导班子和干部队伍。

4. 培训以需求为导向

干部培训的工作流程主要包括培训需求调研、确定培训目标、围绕培训目标设置培训计划和培训方案、组织实施、监督评估与反馈等若干环节,其首要环节就是确定培训需求。我们所说的培训需求主要包括三个层面的需求:干部个人的需求、社会的需求、组织的需求,即组织需求、岗位需求和个人需求。其中确定培训需求主要包括开展培训需求调查、分析培训需求两个方面。通过组织分析、人员分析、任务分析来确定培训需求,从而保证整个培训的有效性和针对性。为了得到可靠的培训需求信息,可以采取多种有效的调研方式,一是通过发放培训需求调查问卷,在征求个人培训需求的基础之上,综合分析得出干部们的整体培训需求,二是通过走访和座谈,了解社会或工作岗位对干部们的特殊要求，了解他们自身在知识和能力结构上短缺的部分，从而以满足需求为依据进行培训设计。设计好培训计划后，需要再次分析培训需求，也就是对已经确定的培训项目、培训目的进行分析，与培训目标的差距是什么？安排什么内容（专题、课程）、用什么方式方法、谁来实施（培训教师）、在什么场所实施等方面能够达到培训目标，从而实现培训目的，使培训项目取得预期效果。紧紧围绕实际工作需求和干部全面发展需求，结合干部们最想学到的知识、最想了解的情况、最想解决的问题，合理设置并动态调整干部培训工作。

5. 培训方式灵活多样

干部培训方式大多是依据培训内容来确定的。培训实施核心就是用什么培训方法传授培训内容，达到所确定的培训目标。培训内容的多样性，决定了干部培训方式必须灵活多样。用什么样的培训方式方法能够把培训内容应用于实际工作中，这才是培训真正的意义所在。干部培训以实践为基础，以问题为中心，强调运用理论知识来解决实际问题，重点是培养公务员分析问题与解决问题的能力。而培训对象大多是具有较为丰富的人生阅历和工作经验，他们的学习是在已有的知识和能力基础之上的再学习和再培训，学习目的很明确。这对干部培训方式方法提出了特殊的要求，在培训方式上需采用灵活多样的策略。在培训过程中穿插讨论、训练、游戏、演示、角色扮演、案例分析、情景模拟等，注重培训方法的多样性和互动性，综合运用多种教学方式，引导学员积极主动参与，充分挖掘学员的潜力，充分发挥学员的智慧、经验和能力。培训方式注重与实际相结合，采用灵活多样、互动性强的有效培训方法是我们需要持续关注的问题，而互动式教学恰恰应运而生。

作为成人教育的范畴，干部培训要遵循教育的一般规律；作为党和中国特色社会主义事业发展的有力保证，它不仅要严格按照党的关于干部队伍建设的路线、方针、政策进行，也必须依据干部的自身特点来开展工作。认识和把握干部培训规律，按规律的要求开展培训工作，这些是推进互动式教学等教学方式创新的前提。只有科学地把握了干部培训的规律，认清了干部培训和普通教育的区别，才能合理地开展互动式教学的改革创新工作。

四、干部培训院校的教学任务和内容

新中国成立前，党的干部培训主要是围绕着中国革命的历史主题而实施的。新中国成立后到改革开放前，党的干部培训主要是围绕社会主义建设主题进行的，虽然一度偏离了正确的方向，但也积累了丰富的经验和教训。改革开放以来，党的干部培训聚焦在了建设中国特色社会主义事业这一主题上，重点围绕加强党的执政能力建设，强化新知识、新技能、新本领的培训，帮助各级干部特别是党政干部提高理论素养，尤其注重在提高干部的实际工作能力上下功夫。根据新形势对党政干部履职提出的新要求，今后一段时期党政干部培训的主要任务和内容是：统筹抓好理论武装、党性教育、能力培养和知识更新，以理论武装培训为核心，全面系统开展马克思主义理论教育培训，深入学习中国特色社会主义理论体系；紧紧围绕推进党的思想建设、组织建设、作风建设和反腐倡廉建设，全面加强以理想信念、宗旨意识、党风廉政、道德作风为重点的党性党风党纪教育；党政干部要进一步坚定共产主义理想，模范践行社会主义核心价值观，重品行、做表率，引导党政干部进一步坚定理想信念和提升道德素质修养；着力加强推动科学发展、促进社会和谐能力的培养，积极开展各种知识教育，以加强党政干部履行岗位职责所需要的专业知识和相关联知识的学习，从而促进能力和素质的提升。

（一）理论教学

毫不松懈地抓好理论学习。着力提高党政干部思想政治素质，深入开展马克思主义基本原理学习培训，突出抓好中国特色社会主义理论体系的培训学习。在加强对马克思主义理论、毛泽东思想、邓小平理论、"三个代表"重要思想、科学发展观、习近平系列讲话精神学习的同时，坚持用中国特色社会主义理论体系武装头脑，提高运用科学理论分析解决实际问题的能力。使广大党政干部学会运用马克思主义理论体系指导实践、推动工作，在错误行径面前旗帜鲜明，在重大政治风浪考验面前无所畏惧，在经济利益诱惑面前立场坚定。

（二）党性党风党纪教学

大力加强党性党风党纪和党史国史教育。着眼于保持党的先进性和纯洁性，要毫不放松地抓理想信念教育。习近平总书记曾指出，"理想信念是共产党人精神上的'钙'"，这句形象精彩的比喻，深刻揭示了理想信念对一名党政干部的重要性，也说明了两者之间的内在联系。开展理想信念教育，关键是引导党政干部把理想信念建立在对科学理论的理性认同上、对历史规律的正确认识上、对基本国情的正确把握上。深入开展党史教育，加强党的基本理论、基本纲领、基本经验、基本要求的教育，深刻认识共产党执政规律，进一步坚定推进我国科学发展、全面振兴的信心和决心。强化党风廉政建设，有针对性地开展示范教育、岗位廉政教育、警示教育，引导党政干部增强反腐倡廉和拒腐防变的自觉性和坚定性，切实做到为民、务实、清廉。

（三）道德品行教学

着眼于提高干部道德品行和精神境界。开展道德品行教育，关键是引导党政干部明大德、守公德，成为一个高尚的人、一个有修养的人、一个有道德的人、一个作风良好的人、一个有益于人民的人。对党政干部深入开展道德教育、社会主义核心价值教育，特别抓好社会公德、职业道德、家庭美德、个人品德教育，引导广大党政干部身体力行践行社会主义荣辱观，讲党性修养、重道德品行、做模范表率，自觉做社会主义道德的模范者、良好作风的引领者和法治公平的维护者。

（四）知识能力教学

有针对性地加强和业务工作紧密相关的新理论、新趋势、新经验的培训，开展所在岗位必备的相关专业知识、技能和能力素质培训，帮助党政干部及时更新信息时代所需的知识，提高他们的个人素养、业务工作能力和领导能力。中共中央办公厅印发了《2010—2020年干部教育培训改革纲要》，对当前和未来的干部培训工作的重点任务、培训内容等作出了战略部署，指出"致力于提高干部的知识素养和实践能力，广泛开展推进中国特色社会主义经济建设、政治建设、文化建设、社会建设以及生态文明建设和党的建设所需的各种知识的教育培训，重点抓好提高推动科学发展、促进社会和谐能力所需知识的教育培训"。中共中央印发的《2013—2017年全国干部教育培训规划》对培训内容做了详细阐述，其中关于知识能力培训方面，有以下两方面。一是知识教育。为了提高干部的综合素质和履行岗位职责能力，结合现实工作需要，积极开展政治、经济、文化、法律、社会、生态、哲学、科技、军事、国际等方面知识，尤其是与本职岗位相适应的各种新知识、新技能的培训，帮助干部优化知识结构、开阔眼界思路、提升科学人文素养。加强国防和军队建设、公共外交、民族宗教、安全保密和心理健康等方面的教育。二是着力加强推动科学发展能力培养。加强社会主义市场经济知识方面的培训，提高干部加快完善社会主义市场经济体制和加快转变经济发展方式的本领。加强社会主义民主法治培训，加强社会主义法治精神、法治理念和法律法规教育，提高干部科学执政、民主管理、依法执政的本领。大力开展深化文化体制改革、增强文化整体实力和竞争力、提升国家文化软实力等方面的培训，提高干部推进社会主义文化强国建设的本领。加强社会管理知识的培训,在经济社会发展中保障和改善民生,妥善协调和处理不同方面群众的利益关系,提高干部做群众工作能力和推进社会主义和谐社会建设的本领。大力开展生态文明理念、优化国土空间开发格局、资源节约、环境保护等方面的培训,提高干部推进美丽中国建设的本领。①

---

① 2013—2017年全国干部教育培训规划[EB/OL]. 人民网,2013-09-03.

第四章

我国党政干部培训中传统教学方式存在的问题以及创新培训方式的必要性

中国的干部培训机构以各级党校、行政学院、干部学院为主体,其他的培训机构也承担着部分相应的干部教育培训任务。目前,党中央再三强调各级党校和行政学院要"联系实际创新路,加强培训求实效",不断提高干部培训工作的针对性、实效性,创新干部培训教学方式,以提高各级领导干部的综合素质和能力。然而纵观干部培训的实际存在的突出问题,就是教学方式呆板,手段陈旧,不适应干部培训发展的要求。已有的干部培训的教学方式在很大程度上表现为不适应,传统的教学模式很难有效地回答领导干部在实际工作和生活中遇到的各种鲜活的问题,难以满足干部不断提高能力和素质的迫切需要。为此,干部培训学院应积极探索、努力实践,遵循干部培训规律和特点,适应现代培训发展新趋势,找出最具特色的教学方式以满足实际的需求。基于这些考虑,干部培训院校应在培训理念、培训内容、培训方式方法以及组织形式等方面进行教学改革和创新,尤其是对现有的培训方式方法进行创新。而互动式教学兼备案例式、体验式、模拟式等教学方法的特征,能够适应干部培训教学改革的新要求,在党政干部培训中是可行的,也是适切的,是干部培训中创新的最有效的教学方式。

一、干部培训院校的传统培训方式

长期以来,在一些干部培训院校形成了传统的培训方式,大致可归纳为以下几种类型。

(一) 自学式

这种培训方式规定具体的学习内容和要求,由干部自己安排时间自学。学员来到培训院校后,会拿到一份必读书目和参考书目,要求学员自学,并规定写出一定数量的读书笔记。大多是深入学习贯彻马克思列宁主义、毛泽东思想、邓小平理论、"三个代表"重要思想、科学发展观和习近平总书记系列讲话精神和党的十八大、十八届三中、四中全会精神，学员先自行研读，随后会安排专门的讲座或报告。

（二）讲授式

一般是以课堂讲授的形式进行，由本校教师或请专家、学者来校做讲解，介绍新知识、新理论和新方法，进而拓展其对现实问题的阐释及应用。这种教学方式最适合基本理论灌输或系统知识传播，而且讲得比较深入，在各级干部培训院校的培训班中应用得比较普遍，为实现培训目标起了重要作用，其地位和作用不可抹杀。

（三）报告式

邀请党政部门领导，高校著名专家、教授，优秀企业家，社会著名人士到培训院校做专题报告。如陕西省县（市、区）级政府领导干部"提升政府治理能力"专题培训班，就主要以报告为主，由陕西省的相关领导和相关部门负责人以及有关专家学者做报告。

（四）实地考察

各培训机构根据各自的情况灵活安排，有些培训机构会由于培训时间、培训形式和培训经费的限制而压缩，以致取消这部分的安排。

以上四种培训方法，在各级培训院校中应用比较广泛，即使在现阶段，集中的课堂讲授式的教学还是主要的培训教学方式，从理论到理论，从课堂到课堂，其教学方法单一、机械、沉闷、独断。还有一些培训机构尽管会有学员互动交流的时间安排，然而由于对互动交流的重视程度不够，以分小组交流的形式最后往往演变成了自由活动。

二、干部培训院校传统教学方式存在的问题

传统的教学方式虽然在武装党政干部理论方面达到一定的效果，但是新时期对干部的综合素质提出了新的要求，过去行之有效的一些传统干部培训方式表现出了与现实情况不太适应的一面，主要就是教学方法呆板，手段陈旧，不能满足干部多样化的培训需求，传统的教学方法就显得心有余而力不足。在面对新世纪、新时代、新形势、新任务解决当前干部培训实际需要时却存在很多弊端。

（一）教学方法单一

传统的干部培训方法单一，培训过程中采取"满堂灌"的方式，效果不太

理想。很长一段时间，灌输式的讲授教学一直是我国干部培训中使用最为普遍的培训方法之一，现在仍在培训中较为常见。一般都是把学员统一集中到培训点开展课堂教学，培训的场地主要还是以课堂教室为主，采用课堂灌输型的教学方式，以教师为主体，这种"你教我听"的单向封闭式的传授模式造成培训质量不高，教师与学员之间缺乏必要的互动，势必挫伤学员参与教学的积极性，严重影响培训的效果。培训形式也没有根据干部的岗位、职业、年龄、文化程度、心理特点的不同而采取不同的要求，真正的培训应当采取"一把钥匙开一把锁"的方法，开展有针对性的培训。由于师资力量不足和多种条件所限，培训方式单一，培训形式不活。要改变传统灌输式的培训，积极进行经验交流、视频讲授、专家论坛等多种生动活泼的方式方法，注重互动性、实践性和情感性相结合，将培训期间所学的理论知识与学员工作中的具体问题相结合。

（二）忽视学员的主体地位

培训过程中不能充分发挥学员的主体作用。传统干部培训的教学过程中，教师讲什么、学员就听什么，学员始终是被动的听众，没有太大学习压力和自主性，带着一脸轻松而来和一番议论而去。这样教师和学员之间只关注于知识的单向灌输，教师和学员、学员和学员之间相互交流程度低，学员往往只是处于被动接受的状态，完全没有凸显学员的主体地位。这种状况直接导致党政干部参加培训的积极性不够，往往表现出"要我学"的心态，从而对培训产生一种完成任务的思想，又使培训效果大打折扣。现代干部培训必须打破传统的以"教为主体"的局面，实现由传授式教学向案例式、研讨式、引导式、开放式、互动式教学转变，充分突出学员的主体地位，由"教为主体"向"学为主体"转变。

（三）教学方式针对性不强

教学方式针对性不强，突出表现在培训过程中忽视党政干部的需求。在传统教学方法里，干部培训教师在三尺讲台上进行注入式讲授，学员被满堂灌，学员处于被动地接受状态，这就使得教师与学员缺乏足够的交流，也无法从学员那里得到及时的反馈，从而不能很好地改进教学设计、采用合适的教学策略，大大降低了培训效果，这使教师与学员易形成负担。培训与需求脱节。因为对培训内容和方法不满意，觉得学习对自己收获不大，从而容易造成厌学的现象，这不仅影响学员对所学知识的理解运用，而且极大地影响了教与学的积极性，从而难以实现预期的效果。学员的需求是干部培训的出发点，因而，在培训中要紧紧围绕实际工作需求和干部全面发展的需要，结合学员最想学到的知识、最想掌握的情况、最想解决的问题,采取灵活多样的教学方式。

(四)教学方式重理论轻实践体验

传统的培训过程中难以提高党政干部的实际操作能力。传统培训中,只要学员能够认认真真地接受课堂传授的知识,也就达到了培训的效果,但事实上,知识和信息的获得不可能自动转化为工作技能,也不能直接改变学员的工作行为,党政干部所掌握的知识和理论并没有转化为实际的能力,这就造成了学与用脱节。培训中忽视学与用的结合,也就是说,参加培训的干部理论知识与工作能力的提高没有结合起来,因此造成"学时激动,归来浮动,实际不动"的结果,很难做到理论联系实际、学以致用的目的。而现在的领导干部既要掌握一定的理论知识,又要着眼于知识的运用,知道如何行动,教师要培养学员解决各种各样具体问题的能力,掌握运用理论指导实践的思维方式、工作方法。

干部培训要采用科学的培训方法,我们要认真研究干部培训工作的内在规律和发展方向,大胆探索创新,克服传统教学方式的弊端。根据现代成人教育的基本理念,领导干部的学习已发生了多层次转变,一是获取知识的途径多元化,信息社会知识更新较快,获取知识的途径也很多,领导干部更注重去直接体验而获取知识。二是教师角色的转变,更多地充当引导者、组织者、协调者。三是突出学员的主体地位,从以教师为主导向以学员为中心、教师为主导转变。四是学习中更注重理论与实际相结合,从提升理论素养向理论与实践相结合、增强实际工作能力与技能转变。这一系列的转变直接影响着干部培训的教学方式从传统的灌输式教学向互动式教学的转变。因而,应着力发挥教师的主导作用和学员的主体作用,全力推进互动式教学,从而实现学员的素质和能力双提高。为了不断提高培训的针对性和实效性,必须以干部的实践经验为出发点,引导学员积极主动地参与到学习中来。在2008年中央组织部开展干部培训万人问卷调查中,75.1%的被调查对象认为案例式是教学方式改革的重点、45.3%的被调查对象认为体验式是教学方式改革的重点。据统计,相对"讲授式"教学,领导干部更倾向于研讨式、案例式、体验式、模拟式等以互动交流、体验参与为主要手段的教学,这样更能有效促进态度的改变和能力的获得。

三、目前党政干部培训中创新教学方式的紧迫性

教学方式的改革创新,是干部培训事业得以发展的生命力所系。教学方式作为重要的教学创新元素,是提高干部培训质量的不竭动力和关键一环。干部培训要适应新形势、新任务、新情况的需要,更好地满足党政干部多样化的培训需求，创新教学方式势在必行。

(一) 创新培训方式是对传统教学方式革新的需要

传统的教学方法被生动地比喻为"灌输式""填鸭式"教学，以上已经叙述了其存在的种种问题，根据新形势、新发展、新要求，要积极推进教学方式创新。由于党政干部知识层次的提高，并且干部队伍逐步实现年轻化、知识化、专业化的目标，他们已经不再满足于传统的讲授式教学，在改进和提高传统教学方法的同时，大力推行互动式教学，以丰富多彩的组织形式促进培训效果的提高。相对于传统的教学方法，互动式教学能够很好地弥补传统教学的不足，注重利用学员已有的知识和经验，能够有效地调动教师和学员的积极性和参与性，实现教学相长、学学相长，提高教学质量；能够有效地改善课堂气氛，变乏味为有趣，变枯燥为生动，提高培训的针对性和实效性。

(二) 创新培训方式是遵循干部培训规律的必然选择

创新培训方式是提高干部培训质量和效益的关键环节，对于深化干部教育、增强培训的实效性有重要的意义。当前，干部队伍的代际转换、年龄结构、文化程度、成长经历等方面呈现出新的特点，对党政干部培训工作提出了新要求，传统的培训方式已不能满足党政干部队伍的需要。创新党政干部培训方式方法是遵循这些规律的必然选择，也是大势所趋。

随着20世纪60年代出生的干部成为党政干部队伍的中坚力量、70年代乃至80年代出生的干部逐渐成为党政干部的主体，党政干部队伍整体文化水平、学历层次普遍提高，但党的执政基础面临不容忽视的考验，一些党政干部学历较高但缺乏党内生活锻炼、缺乏对困难生活的体验、缺乏重大政治风浪考验，党性修养不足、群众观念淡薄、求真务实的作风不够。尤其是在市场经济环境中，各种利益的引诱，冲击着党政干部们的理想信念、道德操守和工作作风。面对这些问题，我们需要深入研究党政干部队伍的代际转换特点，把理论武装、党性修养、理想信念教育摆在首位，把握干部成长规律和干部培训规律，创新培训方式方法，把新一代的党政干部培养成为德才兼备的人，成为党和国家的中坚力量。

(三) 创新培训方式是实现按需培训的有效途径

坚持以人为本、按需培训，是干部培训的发展方向和改革任务。面对新形势，传统的培训方式已经不能适应现代干部培训的目标，满足不了学员的实际需求，这对传统的培训方式产生了强烈的冲击，所以必须把改革和创新培训方式作为一种新常态，改变并探索新的教学方式。传统的教学方式从课堂到课堂，从理论到理论，适应性不强、创新能力不足、知识信息传达效率低，已经不能满足干部发展的需要，这就迫使我们必须改变传统的培训方式和教学理念，走创新之路。

实际上，党政干部的培训，应当属于成人教育、终身教育或继续教育的范畴，它与普通教育不同。因为党政干部所从事的工作本身就要求理论联系实际，而且应以党和国家的工作和事业为中心，不断增强自身的理论素养、党性修养、道德品行等，针对组织需求、岗位需求和个人需求的不同要求，它具有培训对象的年龄、岗位、知识背景存在差异，培训内容必须有针对性且与时俱进，培训方式灵活多样等特点。但是，各培训机构仅仅只是简单地沿用传统的教学方式，对于究竟如何开展党政干部培训工作，如何提高培训教学的质量和效益，都缺乏一定的理论研究和实践的探索，尤其是教学方式的单一、枯燥、缺乏创新，影响到党政干部培训的教学质量，使培训工作不能满足党政干部的实际工作需求，这俨然成为制约党政干部培训质量提升的瓶颈，甚至影响参训学员的积极性。党政干部培训要坚持以党和国家发展为中心，党政干部素质能力提升需要什么就培训什么。只有创新培训方式方法，才能更好地满足党政干部全面成长的个性化、差异化需求，提高党政干部培训科学化水平。

四、在党政干部培训中采用互动式教学的适切性

（一）互动式教学在党政干部培训中具有独特的优势

互动式教学在党政干部培训中有它独特的优势，这种优势是传统教学方法所不具备的。

第一，变被动为主动，提高培训的效果和质量。互动式教学是增强培训中党政干部主动性的有效途径。当前干部培训中存在着诸多问题，培训效果不明显，其原因之一就是干部在培训中的主动性和积极性没有充分调动起来。因此，必须采取各种有效措施，提高干部参与培训的主动性和积极性，提高培训的效果和质量。互动式教学着力引导学员做教学问题的提出者、教学活动的参与者，积极主动地参与到教学过程中来，成为教学的主体。教师也从单一的知识传授者拓展为学习平台的搭建者、教学问题的设计者、问题研讨的平等参与者和引导者；学员从单向知识的接受者拓展为教学问题的提出者、问题方案的探寻者、教学活动的互动者。

第二，变孤立为合作，促进沟通与协作。互动式教学的过程，通常要经过小组、大组的讨论，在这个过程中学员之间要相互沟通、学会倾听和说服别人，在思路和观点上相互补充、相互借鉴、相互砥砺。这个过程又是团队的有效合作过程，在合作中相互沟通，在沟通中增进合作。这有利于提升学员的沟通及说服能力、人际关系处理能力和团队合作能力。

第三，变静态为动态，促进知识向智慧的转化。教师引导学员在不同的情境中进行体验，把现实问题带进课堂，通过有效的课堂组织不断解决问题和矛盾冲突，让学员在体验中反思。从而得出解决问题的办法和技巧，把已有的理论素养、知识、文化转化为领导和管理智慧。只有不断地把知识转化为智慧，把智慧转化为计谋，才能体现出领导的才能。

（二）互动式教学在党政干部培训中适合不同的教学内容

党政干部培训的主要内容包括理论武装、党性修养、道德品行教育和知识能力培训等，完善这四大块培训的内容体系，着力提升党政干部的素质和能力，根据组织需求、岗位需求和个人需求，以及不同培训内容的特点进行教学方式的创新，激发广大党政干部参加培训的积极性和主动性，提高培训质量和效果，是我国党政干部培训的基本任务。互动式教学兼备研究式、模拟式、体验式等教学的基本特征，因此根据不同的培训内容，采取合适的互动式教学类型和组织形式，是党政干部培训方式创新的有效途径。

1. 理论武装的方式

理论是行动的先导，理论武装是党的干部培训工作的永恒主题。对党政干部进行理论武装，使他们保持理论上的清醒，从而保持政治上的坚定。但在理论武装方面的培训，形势不活，方式单一，效果不太理想。如何解决理论入心入脑、真信真懂的问题，创新方式方法尤为关键。

一是注重与时俱进的灌输式培训。灌输式是一个与时俱进的培训方法，课堂讲授式一直被作为理论武装的最有效方法，因而要发展灌输式培训，摒弃传统的简单的填鸭式、命令式、教条式的说教和硬灌，科学的与时俱进的灌输式培训可以包括课堂讲授式、论坛式、视频讲授式等多种生动活泼的方式方法。随着信息化建设、多媒体手段逐渐成为干部培训方式创新的重要工具，可以进一步采用形式多样的教学手段，使灌输式培训成为党政干部培训理论武装的有效教学方式。

二是注重发展研究式培训。研究式培训是以现实工作中的热点问题为导向，以个人或小组的形式，教师组织学员对某个专题进行研究，引导他们积极主动参与、相互协作、共同研究问题、分享经验，并从研究的过程中主动地获取知识的一种培训方式。在对中国延安干部学院厅局级党政干部培训班的学员进行访谈的过程中,部分学员认为理论枯燥是影响学习效果的主要原因,许多学员希望改变传统讲授式教学,开展研究式、案例式教学。中国延安干部学院根据培训对象的差异和需求,积极探索多样化的培训方式,提供了可供借鉴的新方法。比如,推广课堂讲授"2+1"模式,先由教师集中讲授2小时,再留出1小时让学员就讲授内容进行提问和讨论;开展了分段式教授和研究式教学,以半个小时讲授为时间段,中间穿插研讨,有小组代表发言,有教师点评小结,授课与互动交替进行。这种教学方式,加深了学员对理论知识的理解,拓宽了思路,增强了培训的针对性和实效性。陕西省行政学院为增强培训效果,课堂教学也采用"2+1"方法,三分之二讲授,三分之一互动。并坚持专题辅导与研讨交流相结合。一天课程中,上午进行理论专题讲授,下午进行研讨交流,各位学员做好准备,踊跃发言,通过成立研究小组、确定研究主题、拟订研究方案、小组研究讨论、经验分享交流等环节,切实提高研讨质量,实现教学相长、学学相长,相互启发,共同提高。这样的教学方式能够让党政干部把理论学习与研究实际问题结合起来,引导学员积极主动地学习理论、应用理论,提高学员分析问题、解决实际问题的能力。

2. 党性教育的方式

加强党政干部的党性教育是提高其素质的根本措施。党的十八大报告中明确提出:要全面提高党的建设科学化水平,加强和改进干部教育培训,提高干部素质和能力。大会提出要全面提高党的建设科学化水平,创新干部培训工作,夯实党执政的组织基础,以增强党性、提高个人修养为重点,加强和改进干部队伍管理。面临新形势,党性教育呈现出针对性不强、实效性较差、实践性不突出等问题,要充分发挥党性教育在培养建设高素质干部队伍中的重要作用,从创新方式方法上下功夫来解决这些问题。

坚持把现场体验式教学作为党性教育的重要方法,在挖掘现场体验教学资源上下功夫,增强党性教育的针对性;在丰富现场体验教学形式上下功夫,增强党性教育的实效性;在深化现场体验教学的内涵上下功夫,增强党性教育的时代性。新形势下的党性教育既要坚持传统的教学方法,又要善于创新培训方式方法,走出"小课堂",融入社会"大课堂",充分运用现场体验式教学,在体验中深化对社会主义核心价值观的认识,从而加强党政干部理想信念教育、道德情操教育、优良作风教育和防腐防变的教育。例如,中国延安干部学院开展以"南泥湾大生产一日""抗大一日""重走毛泽东转战陕北路"等为主题的党性教育体验式教学，通过参观领袖故居和图片展览、重温革命路、与老红军后代进行座谈等形式，使学员在亲身体验中提升了党性修养，这些方式方法产生了很好的教育效果，得到学员的认同，在党性教育中能够发挥独特的作用。

3. 道德品行教育的方式

党政干部拥有高尚的道德情操，可以引领和团结群众去谋福祉、创未来，官德彰显，官民同心。党政干部道德品行，突出表现在权力运作和行使过程中所产生的道德意识、道德规范和道德实践。随着改革开放的不断深入和我国社会的转型，社会利益观念、文化价值理念和价值观念呈现多元化趋势，一些党政干部的人生观和价值观有所迷失，传统的道德观念被打破，新的价值体系尚未建立完备，对党政干部进行道德品行教育显得尤为重要。在访谈陕西省政府机关处级公务员培训班的学员时，部分学员提到"道德教育内容理想化，与社会基本道德要求不符"，这就影响了道德品行教育的效果；还有学员谈到"道德修养主要靠自律，但外力约束行为也很重要"，自律是人类道德修养的最高形式，自律可以塑造人的灵魂，从而约束外在行为。怎样引导党政干部将社会道德转化为自身道德，达到自律，将高尚的道德品行内化为从政作风，这就需要改进道德品行教育培训的方式方法。

开展典型示范式教学是进行道德品行教育的一个重要方法，可以满足党政干部道德内化的需要和情感体验。典型示范式教学是通过以模范人物的先进事迹或者具有丰富社会意义、使人产生深刻认识的事作为典型示范，以讲授、分析、讨论、辩论的方式进行，使学员在潜移默化中产生自我内化的兴趣。党政干部道德内化需要，关键是道德品行要满足自我和满足社会的价值需要。这个过程核心就是要有"体认"，这是体验的结果，也是一种心理认同，得到认同了，内化自觉性就高，程度也就越深。典型示范式教学引导学员对有争议的热点道德问题进行学习和探讨，最终形成比较一致的道德评价标准和个人道德信仰。这种培训方式多是在讨论交流的过程中主动学习，营造道德体验氛围，这样容易感悟情和理，触动心灵深处，对学员确立起正确的道德认识、矫正错误的道德观点很有效果。

4. 能力培训的方式

当今干部培训的中心任务就是提高党政干部的能力，能力就是人们认识问题和解决问题的本领，主要包括经验能力、知识能力和思维能力。针对党政干部而言，着力提升以下三个方面的能力：一是理论基础，着力提升党政干部的理论思维能力，帮助他们系统学习中国特色社会主义理论体系，深刻领会党的理论创新成果。二是宏观方面，对党的路线方针政策的学习和领会，紧密结合新时期经济社会发展中遇到的新问题新情况，帮助党政干部提高落实科学发展观、建设小康社会、促进社会和谐发展和总揽全局等多方面的能力。三是微观方面，领导能力是党政干部应具备的与其职务相适应的主观条件，帮助领导干部提高依法行政、解决复杂问题、科学管理、统筹兼顾、决策思维、维护稳定、媒体应对和沟通协调等多方面的能力。

开展经典模型体验式教学是提升党政干部能力的一个重要方法，通过多层次互动带来感性体验，形成观点碰撞，引发内心冲击，使学员在参与中树立或强化的重要理念最终内化为内心信念，从而主动探究并自觉促成自身内在思维方式及外在行动方式的改变。经典模型体验式教学相对于现场体验式教学而言，是在"课堂内"完成整个教学任务的，两者都属于体验式教学。比如，陕西省行政学院在省政府机关处级公务员培训班中安排《红与黑》的课程，运用管理游戏的方式展开，学员以讨论、辩论等方式，按照教师要求逐步共同完成对教学内容的学习及实践过程，效果比较好。经典模型体验式教学强调以管理游戏、学员讨论、小组辩论等方式，引导学员对经典模型创设的情境进行学习和探讨，最终形成比较一致的评价标准和个人信仰。这种培训方式多是在讨论交流的过程中主动学习，营造情感体验氛围，这样容易感悟情和理，触动心灵深处，这样既有极强的趣味性，又有相当的思想冲击力，通过经典模型不断提升党政干部的能力。

注重案例式教学，提高党政干部运用理论解决实际问题的能力。在案例式教学中，教师提前准备一份"特殊的教学材料"，即案例，这些案例可以是真实生活的疑难问题或疑难情景，总之来说是一个典型的事件。把实践中真实情景加以典型化处理，形成"特殊的教学材料"，同时把学员置身于这种特定的情景中，学员围绕案例进行辩论，以案说理，以理服人，在这个过程中锻炼了党政干部综合运用各种理论知识、经验，分析问题和解决问题的能力。

开展结构化研讨，不断磨炼党政干部的思维能力。传统的培训方式容易造成理论与实践的脱节，而结构化研讨恰恰可以弥补这一缺陷。由于党政干部具备丰富的生活经验、管理经验和领导经验，在研讨中以学员为中心，他们围绕教学主题并结合自身的经验进行小组讨论，这可以把实践领域丰富的经验素材及时地总结和提升，使感性认识上升为理性认知，最后通过教师的点评总结形成共识提升能力。在结构化研讨中主要是党政干部们的"说"，这一过程着眼于理性整合的"说"，学员把在培训班中学到的、看到的、听到的内容加以整理，并结合自身的工作实践和经验，通过语言表达自身获得的认识和想法。研讨，对于党政干部本身就是一种认知和提升的过程，理顺了自己的思维并获得了理性的认知。

通过以上分析可以得出，在党政干部培训中采用互动式教学是非常适合的，互动式教学是党政干部培训方式方法创新的有效途径。中央颁布的《2018—2020年全国干部教育培训规划》中强调，突出抓好干部的理想信念教育，全面推进理论武装、党性教育、能力培养和知识更新。其中，增强党性、提升能力，是干部教育培训的两大目的。两者都很重要，但增强党性是核心、重点。增强党性还要靠情感教育，提升能力还要靠行为训练。因此在下面的章节中我们将针对党性教育选择现场教学，针对能力提升选择经典模型体验式、案例式、结构化研讨等教学方式，选取的这四种典例，是为进一步说明互动式教学的实践操作方式。

五、在党政干部培训中实施互动式教学的可行性

（一）实施互动式教学是提高党政干部素质和能力的需要

中央再三强调干部培训工作要逐步从素质培训向综合素质和履职能力相结合的培训转变，要努力创新培训方式。互动式教学就是通过将现实发生的热点难点问题、干部实际工作中面临的问题搬到课堂上，通过互动交流，激励学员发现和追寻问题的答案，最终促进问题的解决，这样也就锻炼干部解决实际问题的能力。现代干部培训强调"以学员为中心"，让学员参与到培训中来，充分发挥学员的主观能动性，真正实现学员积极主动地学习。互动式教学通过"放权"的形式使学员在学习过程中不得不积极主动地进行思考和总结，长此以往，将会建立起一个从问题反映到问题解决的主动行为习惯，这样也增强了培训的效果。通过教师与学员之间的互动，可以帮助教师了解学员的整体状况以及他们的主要困惑，从而采取合适的教学方式、选取针对性强的授课内容，有效地引导学员思考，进而提高学员分析问题及解决问题的能力。通过学员与学员的互动，大家互相交流，开拓了思维，扩宽了视野，达到资源的整合与共享，能够推动工作中实际问题的解决。通过互动式教学，整合了各种教学资源，可以真正发挥培训的"扬长"功能，丰富和完善了培训本身的功能与价值。

可见，互动式教学是对传统教学方式的革新，适应了当前干部培训教学工作的特点和需要，是提高干部综合素质和履职能力的有效方法，得到许多培训机构的重视，并被大力推广。从教学过程看，互动式教学采取生动活泼的教学组织形式；从教学结果看，教师和学员都参与其中，取得了富有成效的教学效果,这些都得到了教师和学员的广泛认可,同时也为进一步推广互动式教学方法奠定了思想基础,提供了良好的教学创新环境。

(二) 实施互动式教学切合党政干部培训的实际

干部培训的对象是具有一定的理论基础和丰富的实践经验的成人学员。因此采用符合他们学习特点的培训方式来开展教学,才能取得良好的课堂效果。党政干部主要想通过参加培训来更新理念,提升技能,提高自身的素质和能力。那么培训内容就要围绕党和政府在领导经济社会改革发展中遇到的重点、难点、热点问题展开,将现场体验、管理游戏、案例分析、互动研讨这些基本的教学方式有机整合在一起,共同来研究、认识和分析这些问题。因为培训内容与党政干部的实际工作生活密切相关,每个参训学员都可以根据培训内容畅所欲言。党政干部自主意识强,管理经验丰富,具备一定的知识储备,勇于表现自己,乐于发表评论,这些特点都决定了在党政干部培训中采取互动式教学的可能。

而且,党政干部对培训中的教学工作也寄予厚望,希望能从教学过程中得到指导。例如,在实际工作中遇到的现实问题上,学员不仅需要理论的指导,还希望教师结合具体情况讲述具有实际操作性的内容;时间管理的技巧、心理调适的技能、新媒体应对的本领等在工作岗位中需要的个人素养,也需要通过培训学习来获得。现代干部培训就是要能够解决党政干部在实际工作生活中遇到的现实问题,使他们对培训工作产生兴趣,从而使互动式教学得以实施。

(三) 实施互动式教学是提高教学质量和效果的需要

党政干部普遍具有了一定基础的理论修养和分析判断能力,但由于新世纪国际国内形势复杂多变,他们容易出现以偏概全的毛病。此外,由于当今信息时代知识传播渠道多、途径广、速度快,党政干部们可以很快、很便捷地了解国内外的形势发展动态,有些时候,他们所掌握的某方面的信息量超过培训教师。因而,他们普遍不再满足教师在教学过程中对客观事实的描述,甚至出现厌烦情绪,他们迫切地希望能够从学习中得到解释现实工作中现象的根据。互动式教学可以使教师在与学员的互动交流中,了解学员的知识储备,广泛听取学员的反馈意见,从而变换合适的教学策略,进而集思广益、共同提高教学质量和效益。互动式教学为教学方式的改革与创新找到了新的突破口和立足点,改进教学形式、优化教学手段,进一步提高了教学培训的质量和水平。

在互动式教学实施过程中,充分发挥教师和学员两个主体的主观能动性,使教学过程取得更好的教学效果。教学过程中，教师和学员处于平等的地位，调动师生双方的积极性，发挥各自的特长和优势，共同交流、相互启迪、畅所欲言、拓宽视野，达到取长补短、教学相长、学学相长的教学效果。互动式教学能够充分调动学员参与的积极性，使学员主动地进入角色，根据自身已有的知识和经验，建构新的知识，从而达到学有所获的教学效果。

第五章

我国党政干部培训中互动式教学案例分析

互动式教学只是一种培训方式或教学方式,而具体的方法就要培训者根据培训需要来探索和运用。方法的选用还要紧紧围绕党政干部的学习特点以及培训内容来设计和选择。增强党性、提升能力,是干部教育培训的两大目的。针对党政干部的主要培训内容——"党性教育"和"能力培训",本研究总结出四种互动式培训方式:现场教学、经典模型体验式教学、案例式教学和结构化研讨。

一、互动式教学案例一:现场教学

党的十八大对党性教育提出了新的更高要求,全国干部教育培训工作会议、《2013—2017年全国干部教育培训规划》也对全面深化干部教育培训改革作出了总体部署,明确提出了大力加强党性党风党纪和党史国史教育的要求。党性教育是一个综合过程,既要有理论学习,也要有情感体验,同时离不开亲身实践,只有融会贯通才能达到培训效果。运用现场教学开展党性教育,正是新形势下将传统性教学与时代性教学相结合的好形式。

(一)概念理解

1. 现场教学的内涵

最初,组织医学类专业的学生进行"生理解剖"和"临床教学"被称为现场教学,后来是地质、考古、矿冶等专业的学生运用现场教学的方式开展教学实践。现场教学就以其特殊的资源优势,在干部培训中发挥独特的重要作用。这些年来,各级党校、行政学院和干部院校等干部培训机构都纷纷试行现场教学。中国浦东干部学院、中国延安干部学院、中国井冈山干部学院三所干部学院都对现场教学进行了专门研究,也积极探索,运用独特的资源、独特的视角、独特的教学内容和方式推出一批别人不可替代的课程,最重要的一种形式就是现场教学。中国延安干部学院在现场教学的实践方面做得有声有色，通过"身临其境"的真实体验，将鲜活的人物形象与生动的历史事件凝练成一个个感人肺腑、印象深刻的"小故事"，再由教师进行理论的升华与点拨，使学员用心灵去触动历史、感悟历史，让学员在心灵的共鸣中产生省思的体验，提升培训的实效性。

现场教学是相对于课堂教学而言的，它是一种情境教学、体验教学，根据一定的教学任务和目标，教师将教学安排在有关现场，组织学员深入现场、参观现场，结合现代化建设和经济社会生活、历史事件等现场条件展开教学实践活动的教学组织形式。现场教学是以实际现场为"课堂"，通过组织学员到实际现场，突出实地感受，进行现场参观、现场体验、专题讲授、互动交流、总结点评等一系列相关教学活动的总称。现场教学是互动式教学的一种组织形式，也是干部培训教学方式与教学内容创新的统一，它不同于一般的课堂讲授，也不同于教学实践，而是发挥"现场"优势，抓住"教学"本质，是党政干部进行党性教育的有益尝试，也是干部培训课堂的拓展与延伸。

2. 党政干部现场教学的界定

党政干部现场教学①（简称"现场教学"）是指培训者遵循党政干部的学习规律，按照教学目标的要求，组织学员到现场进行实地参观学习，开展现场体验、现场介绍、现场互动交流、现场专题讲授、教师点评总结，通过参观、体验、感悟让学员产生情感上的共鸣，进而接受革命传统教育、树立理想信念、提高作风修养、提升思维能力、开阔视野等的一种教学方法。现场教学根据党政干部具备丰富的实践经验和厚实的理论基础这些实际情况，在教学中将理论与实践、历史与现实、现场与课堂、互动与研讨相结合，注重学员的独立活动，在一个个生动鲜活的"现场"中真切地体验，学员在学习中体验，在体验后感悟，在感悟中升华。

目前，现场教学可归类划分为三个类型：一是红色资源类。选择曾经发生过的重大革命历史事件和革命旧址旧居，通过现场体验触动学员灵魂深处，中国的革命先辈们留下了大量革命历史资源，也留下了一笔厚重而珍贵的精神遗产，通过现场体验帮助他们精神寻根，寻找老一辈共产党人身上为共产主义信念牺牲生命的高贵品质，达到净化灵魂、坚定公仆意识、努力践行共产党人先

---

① 党政干部现场教学不同于通过实地生产或作业体验来了解科学知识、掌握职业技能的现场教学。

进性的目的。二是技术创新类。选择技术创新突出、设施先进的企业，注重将改革开放的实践资源转化为教学资源，通过现场教学深化学员对改革开放、技术创新、管理理念创新的学习，启发学员树立思维创新的理念，不断进行技术创新。三是管理类。选择成功典范的国内外企业和单位，把改革开放和现代化建设的经验转变为课堂教材，通过学习先进的管理模式、管理方法和管理经验，以帮助学员查找所在部门存在的问题和差距，以便提高管理水平，创新管理模式。

（二）实践活动

无论是重走万里长征路，还是回顾烽火硝烟的革命战争年代，都为现场教学提供了必要的教学环境。各级党校、行政学院以及浦东、延安、井冈山干部学院都积极选取特色现场教学点，开展现场教学。在一次次的探索中，采用现场教学的方式使得党政干部积极学习的热情日益高涨，也切实加强了党政干部的党性修养和理想信念教育。本书中选取的现场教学案例，来自中国延安干部学院。2005年3月，中国延安干部学院建成并开办，它经党中央、国务院批准成立，是一所国家级干部培训院校，其培训对象主要包括党政干部、专业技术人员、企业经营管理者和军队干部，主要培训内容为党性、党史和党风教育。从教学特色的角度讲，中国延安干部学院始终突出现场教学，学院也致力于建设成为党性、党史和党风教育的品牌院校。延安干部学院采用现场教学的方式对党政干部开展党性教育的实践，诠释了干部培训进行改革创新是一个永恒主题，进行教学方式的创新是提升干部培训质量和效益的有效途径。延安是中国革命的圣地，党中央和中国共产党在延安的13年，在中国革命的历史和党的历史上都占有非常重要的地位。中国共产党在延安时期的活动，留下了丰富的红色资源，这些革命传统资源记录着中国共产党一步步走向胜利的历史轨迹，利用这些资源是中国延安干部学院开展党性党风党纪教育的"红色"宝库。在历史情景中学习，在现场体验中受教育，以现场教学的方式对党政干部进行革命传统教育、党性教育和理想信念教育，延安干部学院通过这种生动的、富有感染力的教学方式，实现了传承历史经验与弘扬时代精神相结合，在教学过程中寓理于情、寓理于史，这是中国延安干部学院的教学优势。

1. 基本流程

现场教学是党政干部最喜欢的培训方式之一，它是一种有效组织形式。随着现场教学的广泛运用，它在党政干部培训中发挥了十分明显的作用。现场教学不是参观考察，应有规范的流程体系。为了充分体现现场教学的优势特点，以便现场教学能普遍地在各级各类干部培训中推广使用，非常有必要建构清晰的规范的现场教学流程体系。本书构建的干部培训现场教学流程体系如图5-1所示。

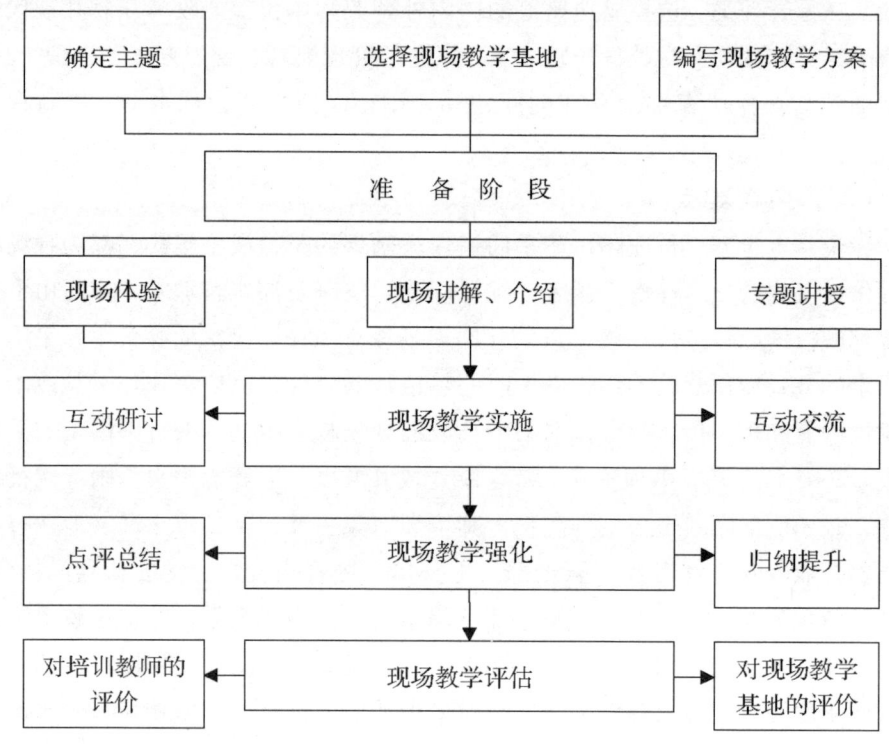

图5-1　干部培训现场教学流程

2. 实施环节

（1）教学准备环节

在准备环节中，包含确定主题、选择现场教学点、编写现场教学方案三方面的内容。确定培训主题，主要围绕培训对象和培训任务对培训主题进行拟定，对党政干部进行党性教育的培训，那么教学主题就是"党政干部党性教育专题培训班""领导干部'延安精神再教育'培训班"等。选择教学基地，是现场教学的硬件条件，就如同课堂教学的教室一样，需先确定。现场教学基地的选择应围绕所在培训院校本地党委政府的主要工作，根据干部培训设定的目标，选择当地具有典型性、特色性、先进性、代表性、创造性的地点和项目。各级党校（行政学院）可以互相利用现场教学的资源，实现共享，相关教学单位现场教学资源共享的运行机制的建立，为教学基地资源共享的开展搭建了平台，但还需政府发挥推动力的作用,要加强教学基地资源投入布局的整体把握和宏观调控,要对教学基地资源共享进行技术层面的规范化设计,要对教学基地资源共建与共享多方进行统筹安排。① 在选择现场教学基地的过程中,要对参观的路线、每个参观点的主题、能容纳的人数、讲解人员的确定等现场教学涉及的方方面面都要精心地设计和安排。编写现场教学方案,包括培训教学主题、教学目的与要求、教学具体内容、现场教学点的确定、讲解人员的邀请确定、现场教学组织安排、现场教学专题内容、教师的点评与总结等,教学方案是用于指导编写现场教学任务书的。

中国延安干部学院的努力方向是,把学院建设成一个全国性的革命传统教育基地、红色资源教育基地和基本国情教育基地,成为提高广大领导干部素质和能力的熔炉,开展国际培训交流合作的窗口。根据中央领导同志的一系列指示精神,延安干部学院功能更加明确,即建设成为党性、党史和党风教育的品牌院校。通过全面收集、整理、深挖老一辈无产阶级革命家在延安13年的历史资料,整合资源,深入挖掘,中国延安干部学院着眼于延安精神的阐释与学习,明确各教学基地的教学主题。中国延安干部学院把革命传统资源、基本国情资源转化为教学资源,凝练教学主题,丰富教学内涵。比如,在杨家岭革命旧址,教学主题设计为"延安文艺座谈会与先进文化建设""刘少奇与《论共产党员的修养》""毛泽东的《新民主主义论》与党的理论创新";在枣园革命旧址,安排学员朗诵《为人民服务》,教学主题为"坚持执政为民";在南泥湾大生产展览馆,教学主题为"发扬艰苦奋斗精神";在"四·八"烈士陵园,组织学员为"四·八"烈士陵园敬献花圈,教学主题为"学习革命英烈,坚定理想信念";等等。对现场教学点的主题和内容的开发,为深化教学内容、优化教学设计奠定了基础。对现场教学点的选择上,延安干部学院组织专家、教授,对延安及周边地区革命旧址旧居进行全面考察和调研,按照突出重点、有序开发的原则,截止到2015年6月现场体验课教学点为72个,中国延安干部学院网站(http://www.celay.org.cn/)公布的教学资源如图5-2所示。

(2) 现场教学实施环节

在这一环节中,包括现场体验、现场讲解与介绍、专题讲授、互动交流与研讨、归纳提升等。现场教学的实施环节是整个运作流程的重要环节,是现场

---

① 张品茹. 地方高校科技资源共享的政策体系构建研究 [J]. 中国高校科技. 2014 (10): 25.

已投入使用现场体验教学点

1. 延安革命纪念馆
2. 凤凰山革命旧址
3. 杨家岭革命旧址
4. 枣园革命旧址
5. 王家坪革命旧址
6. 南泥湾革命旧址和大生产展览馆
7. 中国人民抗日军政大学纪念馆
8. 延安"四·八"烈士陵园
9. 洛川会议旧址
10. 毛泽东故居（志丹县）
11. 延安新闻纪念馆（延安广播电台旧址）
12. 中共中央党校旧址
13. 党的六届六中全会旧址 鲁迅艺术文学院旧址
14. 陕甘宁边区政府旧址
15. 延安县南区合作总社旧址
16. 陕甘宁边区银行旧址
17. 九龙泉
18. 桃宝峪干休所旧址
19. 刘志丹烈士陵园 保安革命旧址
20. 延长县西北军委会旧址
21. 瓦窑堡政治局扩大会议会址
22. 谢子长烈士陵园
23. 甘泉县下寺湾毛泽东旧居
24. 红大旧址
25. 延安炮校旧址
26. 三五九旅烈士纪念碑

2007年重点建设现场体验教学点

1. 安塞县王家湾旧址
2. 黄龙县瓦子街战役旧址
3. 富县直罗镇战役旧址
4. 永坪红25、26、27军三军会师旧址
5. 延安解放日报社旧址
6. 陕甘宁晋绥联防军司令部旧址
7. 陕甘宁边区政府交际处旧址
8. 延安解放日报社旧址
9. 陕甘宁边区高等法院旧址
10. 美军观察组旧址
11. 西安事变旧址
12. 八路军办事处

图5-2 中国延安干部学院现场体验教学点

教学成败的关键。现场教学实施环节可概括为"看、听、问、议"四个阶段，环环相扣。"看""听""问""议"这几种基本认知路径统一于"思"，通过这一系列的基本认知，使党政干部不断约束自己，不断提升自己。

"看"——简单地说，就是走进现场察看。现场教学的魅力就在于"看"，既要对现场教学点直接考察，也要对这里曾经发生过的历史场景回顾；既要看到现场所展现的直观事物，更要领悟现场背后所蕴含的历史意义和时代内涵。学员进入现场要用心看、细致看，要以现场责任人的心态察看现场。

"听"——简单地说，就是听取讲解员的介绍和教师的专题讲授。现场讲解人员解说现场教学基地情况。介绍人可以是培训班的班主任、教师或教学点讲解人，在聆听讲解员介绍的同时又加上直接观察现场的实际情况，将这两者结合起来，从而获得置身现场之外所无法获得的真实的、丰富的感性认识。在这个环节中要将"看"的过程中得到的感性认识进行深化和提高。有关人员在介

绍现场教学点的情况时，必须做到"有备""有心"。所谓有备，就是现场讲解人员必须认真准备解说材料，使讲解内容充实、条理清晰，这样才能满足学员的需求。再者是有心，要有足够的耐心和细心回答学员的各种提问和疑问，与学员进行深入交流。

在这个环节中，"听"的另外一方面是专题讲授。学员们聆听了讲解员对现场教学点的生动讲述后，为了进一步深化认识，还会安排针对主题的专题讲授。

"问"——简单地说，就是学员与现场工作人员进行问答交流。学员与讲解员或现场教学点的工作人员进行互动交流，现场工作人员回答学员的提问，进一步讲解学员想要了解的事情，使得学员能够进一步全面地、真实地、客观地了解事实材料。通过学员与讲解人就主要问题开展问答式的研讨、互动、交流，帮助学员深入了解该现场教学点，深化教学主题，能够让学员进一步把握教学主题的历史方位和现实意义。通过"问"的环节，使学员深化对该教学点的感性认知和了解。

"议"——简单地说，就是开展现场讨论。组织教师与学员、学员与学员之间的互动交流，让学员深入挖掘其中的深刻内涵，总结经验，提炼规律。在"议"的这个环节中，教师要调动学员的积极性，围绕教学主题，针对教学点的经验、思路积极展开讨论，充分发挥教学相长、学学相长的优势，互相启发、畅所欲言、共同提高，从而总结经验、启发思维、提炼规律。在这一环节中使感性认识与理性认识进行碰撞，深化认识，深入挖掘现场教学点背后所体现的历史意义、时代内涵、理念创新、精神实质、实践创新，并在总结经验中使感性认识上升为理性认识。

（3）现场教学强化环节

这个环节可以概括为"评"——简单地说，就是教师进行归纳点评。在现场体验、听取讲解、专题讲授和现场互动交流的基础上，由教师进行理论分析，通过横向比较和纵向分析，从不同视角引导学员进行思考、研究和分析。教师的总结和点评要实践抽象化、理论具体化、具有启发性，善于从事实材料中归纳、提炼出理论观点，这是对现场教学进行深化和内化的过程。

在现场教学实施和强化这两个环节中，要充分考虑讲解人员与教师、革命旧址旧居与历史人物、具体事件与历史经验、历史与现场之间的关系，根据培训对象的特点，可以把"看、听、问、议、评"五个方面进行适当的灵活组合，即把现场察看、现场解说、专题讲授、互动交流、归纳点评五种基本方式，根据现场教学点的特点，按照不同班次进行合理配置，以增强党性教育针对性和实效性。让学员把看、听、问、议、思、悟这几个方面统一起来，激发学员感悟历史真谛，思考时代问题，深化认识，实现培训目的。

（4）现场教学评估环节

评估是现场教学的最后一个环节。相对于课堂教学而言，现场教学是开放式的教学，它作为一种新的教学组织形式，其效果如何？怎样对其进行评价？一是学员要对现场教学基地进行评价。现场教学资源是否具有代表性、典型性、丰富性，现场教学点与干部培训机构的合作是否顺畅？二是学员对讲解员和教师进行评价。通过这个评价了解学员对教师、讲解人员、教学组织安排的反馈意见。教师是现场教学这一幕剧的"总导演"。首先，教师的现场表达能力很重要，从对专题的讲授，到问题的分析与解决，还有现场的归纳提升，这不仅需要教师拥有坚实的理论基础，还需具备较好的语言表达能力和引导能力；其次，现场教学各个环节环环相扣，要使教学顺利推进，必须要教师现场协调组织好。对现场教学的评估可采用问卷调查、学员座谈、非正式交谈等方式。现场教学评估环节完善了现场教学的流程体系，这样可以对前面的所有环节都起到一个反馈作用，最终促进了现场教学的不断改进和完善。

2014年以来，中国延安干部学院共举办了10期厅局级干部加强党性修养专题培训班，教务部针对每期班次都召开教学质量评估座谈会，收集整理了学员们大量有益的建言，并做出了及时、有针对性的教学工作调整和改进。

3. 具体设计

现场教学的过程是开放式的，在实施的过程中某些因素也是无法预料和掌控的，但这不意味着现场教学的环节处于完全自由状态。为了使现场教学的效果达到预期的目标，培训组织者和教师必须明确和掌握一些关键因素的设计：编写现场教学方案、把握现场教学点的典型性问题、教师有启发性的点评。

（1）编写现场教学方案

一堂好的现场教学需要事先制订完备的现场教学方案，提前预想许多可能出现的状况和设计最佳的解决方案，只有这样，培训组织者才能正确引导学员完成预定的教学目标，也才能对现场教学点的状况应对自如。编写现场教学方案，关键设计在于以下三个方面。一是落实授课教师，并分配教学任务，根据教学主题开展专题讲授。在现场教学中，教师的角色不仅是讲授者，更是充当着组织者、控制者、协调者的角色；教师不仅要关注专题的讲授内容，而且要注意整个现场教学的安排、进展；教师不仅要控制自己授课时的站姿表情、语速语调，而且还要调控教学实施过程中教员与学员、学员与学员之间的互动交流。这就意味着现场教学对教师提出了更高的要求。二是详细设计教学内容，教学主题和教学内容的选择必须与现场教学基地的选择相对称，只有它们紧密相连才能使现场教学取得良好的教学效果。对现场教学课程进行整体设计，并安排学员的学习计划和操作技术，整体评估师资力量、学员需求、现场教学资源等因素，系统分析优劣势，并在此基础上制订教学内容实施方案，将教学内容的开展与整体培训主题、教学目标和要求紧密结合。这一部分是现场教学方案的核心。三是提前与现场教学基地的负责人和讲解人进行沟通协调。一方面，提前和现场教学基地的负责人取得联系，落实好现场教学基地的具体参观地点、参观路线、容纳人数、讲解人员的确定等现场教学涉及的诸多方面。只有得到现场教学点的支持，现场教学活动才能取得良好的教学效果。另一方面要求现场讲解人员以培训主题和现场教学内容为中心，紧扣教学主题。另外，现场教学具有开放性的特点，不管如何细致地设计现场教学方案，在实施过程中总会出现一些无法预料的问题，这就需要培训组织者和教师运用雄厚的理论基础、丰富的教学经验来灵活应对，因此，培训组织者和教师的教学经验直接影响着现场教学的效果。

（2）把握现场教学点的典型性

现场教学之所以受到党政干部的欢迎，最大的魅力在于将平常的讲授课堂搬到了真实鲜活的现场教学点，因此现场教学点的选择显得尤为重要。现场教学基地是生动鲜活的现场，包含的信息量巨大，这就要求教学组织者根据干部的培训需求和教学目标，合理设置现场教学的主题，从而选择具有典型性的现场教学基地。党中央在延安的13年间，留下了大量的红色资源，也留下了许多历史经验和大量厚重而珍贵的精神遗产。因此，紧紧围绕"延安十三年革命史"和"延安精神"两大主题，充分挖掘延安丰富的红色教育资源，设置不同的教学主题，选取革命旧址等作为现场教学点无疑具备典型性和代表性。延安蕴藏着丰富的红色教育资源，主要有以下四大类：一是革命旧居旧址；二是革命历史文献资料；三是老红军、老干部、老八路等还在世的革命时期的亲历者，讲述革命战争年代的工作、生活、学习和战争经历；四是在改革开放的新时期，陕北革命老区的实践与发展经验等资源。对党政干部开展党性教育，针对以上不同类型的红色教育资源，通过合理的设计，构建主题鲜明、内容丰富、结构合理的教学组织形式。选择的教学点一定要具有典型性和代表性，因为这是实施现场教学、增强培训效果的重要依托和有效载体。

(3) 教师有启发性的点评

现场教学点的典型性就体现在通过这个"点"的现场感悟、睹物思考,提升到学员可为工作、生活的借鉴具有普适性、一般性的规律和经验,从而完成从特殊到一般的演化过程。因而,教师要把握现场教学所具备的启示性作用,不断引导学员感悟、启发和思考。现场教学不仅是对培训内容的感性认识与提升的过程,更重要的是要及时启发学员,在体验中感悟、思考,逐步上升到理性认识的高度。① 教师在这个过程中就是一个顾问,一位帮助学员发现问题、发现矛盾观点的人,做好互动交流的总结提高工作,要做到认识有前瞻性,思想有深度,提炼有高度。最后的总结点评主要是启发学员进行深层次的思考,在感悟中触动心灵,它无法给出一个标准的、可以直接回答现实问题的答案。教师最后的总结和点评,是对现场教学的升华、深化和内化,点评要让实践抽象化、理论具体化,并且具有启发性。

(三) 教学效果评价

现场教学以生动活泼的组织形式激发参训学员的情感共鸣,这正符合了新形势下对教学方式的创新,它是将教学的传统性与时代性相结合的好形式。一个现场教学基地就是一部鲜活的教材。现场教学的教学效果,受到教师和学员们的广泛好评。

在谈到中国延安干部学院选择将现场教学作为主要教学方式之一的原因时,一位院领导谈道:"从教学特色的角度讲,延安干部学院始终突出现场教学。我们把学员带到当年的革命旧址,在历史的发生地,让学员亲身感受这些历史事件的发生,以及老一辈革命家当年在这块土地上奋斗的历程,触发干部自身强化党性、坚定理想信念的思考。"

在谈到党性教育适用现场教学的方式时,中国延安干部学院的一位领导表示:"党性教育不是知识性教育,而是对于党的价值观的认同。通过体验式的教学,创造历史的氛围,可以让干部融入其中,增强对党的光辉历史和价值观的认同,为自己是党的队伍中的一员而骄傲,从而对老一辈革命家开创的事业倍加珍惜。"

在现场考察中,与培训班的学员一起交流想法,也访谈了部分学员,学员

---

① 广西社会主义学院教学改革课题组. 加强实践教学环节,不断提高培训实效——广西社会主义学院开展现场教学的实践与体会 [J]. 广西社会主义学院学报, 2012 (2): 91-96.

代表普遍认为，这种现场教学方式特色鲜明、主题突出，教学安排合理，教学形式多样，师资配备精干，培训组织有序……在教学中将理论与实践、历史与现实相结合，通过零距离接触历史，深刻感悟延安精神，在一定程度上解答了大家思想上的困惑。

来自中国延安干部学院省部级干部专题研讨班的学员们认为，学院充分利用延安革命历史资源进行培训，把理论、历史、现实结合得很好，同时采用现场体验式这种生动、直观、新颖的教学方式开展培训，把大家带进历史的意境，冲击力和震撼力强。

这是一次入耳、入脑、入心的学习教育，每一次教学活动都感人肺腑、每一项学习内容都直击心灵。在延安、在中国延安干部学院，我们对"坚定正确的政治方向，解放思想、实事求是的思想路线，全心全意为人民服务的根本宗旨，自力更生、艰苦奋斗的创业精神"的延安精神有了零距离的接触和感受；在这里，我们与信仰对话，与时代同行，更加坚定了对中国特色社会主义的理论自信、道路自信、制度自信，更加坚定了为实现中华民族伟大复兴的中国梦奋斗终身的理想信念。

来自中纪委的一位学员认为，亲身体验革命圣地，使我们进一步感知了革命时期的艰苦岁月，增进了与人民群众的感情，同时，也进一步体会到要发展经济，完善基础设施，提高老区人民生活水平，反哺老区人民的重要性与紧迫性。

中国延安干部学院的教学实践证明，现场教学通过各个环节的有序推进，在现实世界的真实环境中去感受、去体验；同时聆听教师对于该主题相关知识的系统介绍和讲解，在教师与学员、学员与学员互动交流中实现教学相长、学学相长，也使学员思考与感悟事物的特点、规律、性质以及该事物与其他事物之间的联系与区别。现场教学就像一个流动的大课堂，学员在真实体验中深化认识，获得其他教学形式所无法比拟的良好的教学效果。在接受访谈调查时，大部分学员感到正是有这种身临其境的真实体验和互动交流过程，才使他们能够感悟到平常在课堂教学中体会不到的东西。归纳教师和学员对现场教学效果的反馈意见，主要有以下几点：

第一，现场教学将真实的历史变成了教材，实现传承历史经验与弘扬时代精神相结合。利用革命传统资源对党员干部进行党性教育和理想信念教育。中国延安干部学院在教学过程中，一直努力地把传统的红色资源转化成为教学资源。让学员在现场体验、激情教学中有所学，有所思。现场教学通过让历史告诉现在，让历史警示未来，把传承历史经验与弘扬时代精神相结合，有效提高学员运用理论解决实际问题的能力，加深对党的革命历程、深刻内涵和精神实质的理解，不断增强教学的感染力和吸引力。

第二，现场教学将真实的现场变成了课堂，让学员在亲身感悟中实现自我的提升。现场教学以实际体验为基础去自我感悟，以互动交流为方式去自我思考，以心灵触动为契机去自我提升，从而达到培训的目的。现场教学中特别强调党政干部的亲身感悟和自我提升，这是符合干部自身的特点的，因为培训毕竟是外在的，属于外因，外因只能通过内因才能起作用，才能让自身发生变化。学员在党的历史中感悟，增强了革命热情，提高了思想政治素质，提升了党性修养，坚定了理想信念，使干部能够把握执政规律，提高执政能力。

第三，现场教学将填鸭式的教学转变为互动式的交流，是干部培训的一种有效方式。这种组织形式能让学员产生深刻感悟和启发，使得教师和学员摆脱了传统教育死板固定的模式，走出"小课堂"，融入现实"大课堂"，通过把学员带入现实的逼真而宽松的教学情境中，通过组织学员参观旧居旧址、敬献花篮、重走毛泽东转战陕北路、在教学点激情演唱红色革命歌曲、重温入党誓词等形式，使学员产生强烈的思想冲击、真实的历史震撼，在教师的引导下进行互动交流，在亲身体验中提高认识，在潜移默化中提高党性修养，从而引导学员实现理论与实践的互动，提高理论联系实际的能力。

总之，现场教学就是为适应新形势新任务和党政干部新特点而大力开展的一种创新的教学方式，中国延安干部学院的实践证明，运用现场教学开展党性教育，具有很强的针对性、实效性，教学效果良好，是党政干部开阔眼界、更新知识、锤炼党性、激发热情的好课堂。

（四）现场教学的互动环节

进行互动交流是现场教学的关键一环。现场教学的成效主要体现在学员的参与度以及现场互动交流进行得是否顺畅。教学组织者和教师要对现场互动交流这一环节做好充分的准备，尤其是要重视以下四个方面的互动：

一是学员与现场教学点的负责人和讲解员的互动。学员与现场教学点的工作人员都具备丰富的实践工作经验，但由于他们学历、经历、工作背景、工作岗位等诸多方面都不尽相同，即使是面对同一个问题，提出的方案策略也会往往有所不同。针对听取了对现场教学点的基本情况介绍后，学员可以与讲解员展开交流，从而获取更多相应的背景知识和资料。现场教学点必须有专门的工作人员与学员进行交流探讨,以帮助学员解决困惑。教师要创造条件鼓励学员和现场教学点的负责人从多个方面开展交流探讨,分析交流实践中遇到的困难以及各种解决问题的办法、方案和思路,使问题得到更圆满的解决,并在相互交流探讨中,各抒己见,促进双方共勉共进,扩大双方对认识和解决问题的视野。

二是教师与学员的互动。现场教学中要充分体现学员的主体作用、教师的主导作用,这两者缺一不可,双方进行充分的互动交流,可以提升学员发现问题、分析问题和解决问题的能力,以便更好地达到现场教学的目标。教师在这里更多的是一个启发者、推动者的身份,引导学员进一步深化所看、所思、所想,激励学员将思路延伸到更深层次的问题上来。另外,教师也要充分准备自己的专题讲授,紧紧抓住学员最关心和最为棘手的问题,所选择的专题必须具有一定的典型性、示范性、权威性和说服力,从而激发学员的互动交流兴趣,这样能够突破仅停留在现场简单介绍的表象上,使现场教学点的特色与专题讲授紧密结合,为学员互动交流提供更多的素材,使学员增强对问题的感性认识,进而上升为理论认知。

三是学员与学员之间的互动。在对现场教学点的基本情况有初步了解后,教师要组织学员结合工作情况和生活经验,就此次现场教学过程中所涉及的相关问题,在学员之间开展互动交流,让学员之间畅所欲言,互相进行交流体会、发表意见,学习他人的优点,弥补自身的不足。学员之间的"互动"并不是自由随意无序的各自漫谈,这就要求做好现场教学的预热准备,提前对本次教学活动的内容、主题进行有意识的熟悉,做到思考深入,有备而来。

四是在现场体验中实现历史与现实的互动。通过以延安时期的党史和伟大的延安精神、革命传统教育和优良作风教育为主要内容开展党性教育,努力提高学员的思想政治素质和党性修养,激发学员的革命热情和工作热情,坚定理想信念,产生精神动力。如何把这些丰富庞杂的历史资源转换为现实的教学需要,用什么样的方式把历史资源中蕴藏的深刻的内涵给挖掘出来,然后用符合时代特色的阐释服务于当今的教学中。简言之,就是怎样实现历史与现实的互动,现场教学就是一个很好的途径,通过具有典型性和代表性的现场教学点这样一个载体,让学员身临其境,现场感悟,触景生情,用系统的理论武装学员头脑,用体验式的感悟去触动学员的心理,从而实现历史与现实的互动与衔接。因此,把握好现场教学中的观看和体验,这是推进现场教学发展的一个重要环节，也是现场教学的魅力所在。

（五）对现场教学的理论分析

现场教学是对干部培训教学方法的创新，受到广大学员的普遍欢迎，我们应大胆实践，认真总结现场教学的特点和经验，把握现场教学的几个关键要素，分析现场教学的理论支撑，更加有力地指导干部培训的工作实践。

1. 把握现场教学的三个关键要素

现场教学是新时期干部培训教学方式的探索，为了更好地开展现场教学，提升教学质量，我们需要进一步认识现场教学的内涵。现场教学的三个关键要素是"现场"、"教"与"学"。

（1）"现场"要素——现场教学的每一个环节和步骤都与"现场"密切相关。进行现场教学活动的地点是在事物发生发展的现场；现场教学的教学素材取之"现场"，现场教学点为教学活动提供了源源不断的生动鲜活的材料；根据教学目的选择相关的现场教学点，以现场教学点具有典型意义的教学元素设计教学主题，形成教学主题与现场教学点紧密结合。现场教学中的"现场"不只是提供一种真实的教学情境，更为重要的是要值得看，要耐看，"现场"要综合参观考察的直观性、典型性和代表性。利用红色资源开展现场教学，必须根据时势发展的需要，深化和拓展现场教学的内涵，以增强党性教育的时代性、人文性。在现场教学的资源中，要突出规律性的内容，引导学员透过历史现象，增加对中国革命史、近现代党史和革命传统文化的认识，进而深刻认识中国革命规律、党的发展规律和老一辈无产阶级革命家的成长规律。透过对红色资源的深入了解，学习革命先辈们的领导艺术、决策能力和工作方法，弘扬老一辈革命家的优秀品格和高尚情操，使党政干部受到形象生动的理想信念教育、道德情操教育、优良作风教育和拒腐防变教育。

（2）"教"的要素——承担现场教学"教"这一任务的主要有三类，教师、现场教学讲解人员和现场教学点负责人。他们的分工各不相同，教师扮演的角色为现场教学活动的顾问、组织者、导演、协调者；现场教学的讲解人员一般带领学员参观考察，介绍现场教学点的整体概况、发展历程、布局结构、软硬件设施等；现场教学点的负责人主要和学员进行互动交流，为学员答疑解惑等。从"教"的内容看，现场教学的内容更多的是叙述性的、概括性的、点评性的、总结性的等。从"教"的形式看，现场教学包括听取讲解人员介绍、观看影视资料、倾听经历人讲述感人事迹、听取教师专题讲授、与现场教学点工作人员互动交流等。

教师在现场教学中扮演着重要的角色，针对教师在现场教学过程中的作用进行探讨。一般而言，教师在现场教学中应当成为教学活动的"总策划"和"总导演"，负责教学主题的确定、课程体系的设计、专题的讲授、点评性的分析以及教学活动的组织。在现场教学过程中的"教"，更多的是一种引导、启发和激励。一方面是积极引导，学员是现场教学实施过程中的主体，为了更好地发挥学员的主体作用，教师必须进行积极的引导和激励。通过引导学员将看到的、听到的、体验到的这些问题背后的共性的、本质的东西总结提升为普遍性、规律性的内容，为学员在今后的实际工作生活中加以灵活运用，打下扎实的基础。通过现场教学的观与看，引导学员在讲经验、谈问题的基础上，重点是理思路、探启示。并且要鼓励学员从各自的工作实际出发，进行自我反思性学习，并将学习收获转化为工作的思路、措施、本领等。另一方面是总结点评，主要是对现场互动交流、分析探讨所获取的知识进行提炼、归纳和概括，这是一个总结性的环节，通过点评总结加深学员对本次现场教学活动的印象，同时这也影响着现场教学的成效。

（3）"学"的要素——现场教学充分调动了学员的积极性，让他们在现场体验中参与到教学活动中。现场教学的效果主要来自学员的亲身体验、感受和交流，为了达到培训目的，必须充分调动学员的主观能动性，引导他们积极参与到现场教学活动中来。现场教学的难点就在于如何在专题讲授的基础上，围绕教学主题，充分调动学员研究探讨问题的积极性。一方面，让学员在现场教学开展前进行热身活动，熟悉整个教学过程、现场教学点的相关资料，熟悉现场教学内容，带着问题看、听、问、评。现场教学重视在感性认识的基础上对学员的能力培养，通过党史教育和革命传统教育，让学员在特定的教学情境感知感悟，坚定学员正确的价值观，激发工作热情，产生精神动力。加上现场教学点讲解人员的精心介绍、培训组织人员的现场辅导、现场教学点负责人的答疑解惑等，张弛有度、寓教于乐，使学员充分参与其中，主动学习，乐于学习。学员学习过程是在已有知识和经验的基础上，在多层次多元互动过程中完成的。与现场教学点的负责人座谈交流是最能激发学员热情的重要环节。另一方面，针对现场教学点和教学主题开展有说服力的专题讲授，激发学员研讨兴趣，并给学员提供充分的研讨材料。在现场教学点的参观考察、座谈交流结束后，教师需要对整个现场教学活动做一个总结点评，回应学员的困惑，这本身也是学员"学"的过程。

2. 现场教学的理论支撑

（1）杜威"五步教学法"

1916年，美国著名的教育学家和实用主义哲学家约翰·杜威（John Dewey）在其著作《民主主义与教育》一书中指出把理论和实际贯穿起来，在教学过程中，应在直接经验的情境中发展学生的思维。依据思维发展的五个基本阶段他提出了相应的教学五个步骤①，后来学者总结其为"五步教学法"。具体而言包括以下五个方面：第一，教师要给学生准备一个与其实际经验相联系的真实情境，对现场教学而言，就是选择好具有典型性的现场教学点；第二，在这个情境中要有一个真实的问题，要有刺激思维的刺激物，对现场教学而言，依据现场教学点和教学内容确定一个恰当的教学主题显得尤为重要；第三，通过观察和可利用的资料以做出解决疑难的假设，对于现场教学而言，现场教学点负责人和讲解员的介绍以及教师的专题讲授，加之身临其境的体验都可以作为学员进行答疑解惑的依据资料；第四，学生必须亲自验证他的想法和答案，而且要从活动去检验假定，对现场教学而言，教师积极引导学员进行互动交流，正是检验假定的最后办法；第五，通过应用来验证他的想法，根据验证成败得出结论，对现场教学而言，教师有启发地点评归纳，从而提升认识、形成思路。这里所提出的"五步教学法"的概念可以说是今天所理解意义上的现场教学的雏形了。

按照杜威"五步教学法"概念，现场教学在实施过程中，也具有五个教学环节，即"准备阶段""现场体验""专题讲授""互动交流""归纳总结"。其实这五个教学环节和前面叙述的"干部培训现场教学流程"是吻合的，是对准备阶段、现场教学实施、现场教学强化这三个主要流程的细化。在具体的现场教学实施过程中，根据不同教学点的主题和内容目标要求，五个环节之间并不存在严格的界限，每一个现场教学点在教学形式上也未必都完整地经历这几个环节，关键是要让学员回归实践中，体验一种真实的情境，并形成有效的、自我转化的、自我改变的效果。"五步教学法"将理论与实践、历史与现实紧密联系起来，改变了传统机械、呆板、单一的教学方式，通过走出小课堂、走进"大课堂"，拉进了教学与实际工作的距离，在一定知识引导下开展有目的的实

---

① ［美］杜威. 民主主义与教育［M］. 王承绪，译. 北京：人民教育出版社，1990：25.

践。从实践哲学的观点出发，实践在前，认知在后，实践是认知的唯一来源，实践处于基础性与决定性的地位，但并不是任何的实践活动都使人获得经验，只有当行动和结果两方面以特有的形式结合起来，才能成为经验，进而指导实践。恰恰是现场教学这种组织形式，有效地促进了知与行的结合。以学员为中心，为党政干部学习创设丰富且典型的学习环境，使党政干部的学习成为一种有意义的活动，有助于学员从实践层面加深对党的革命史的理解和感悟，促使学员达到感性认识与理性认知的辩证统一。

（2）体验式学习理论

加拿大著名教育专家马克斯·范·梅南（Max van Manen）主张，教育活动具有反思性、理论性、情境性、实践性的特点，只有真切地体验才能很好地把握教育情境，要体验学生的生活世界，体验可以提升我们的理解力，使我们对事物的认知具体化。这里所指的"体验"正是指"体验性的活动"、"生活体验"或"直接体验"。党政干部培训需要加强直接体验，而现场教学这种组织形式正好提供了直接体验的一种"现场体验式教学"。李源潮同志在第十一次全国干部教育联席会议上指出："普通高校的教学体系是以'知'为中心的。党校、行政学院、干部学院的教学体系应以'行'为中心，在学习和实践中达到知行统一。"以实践为中心组织教学，应在"知行统一"的同时，突出强调以"行"为中心，激励学员在亲身体验中对知识进行主动建构和理解。通过激活学员们的潜能，使得教学活动更生动活泼，从而达到"知与行的统一"、理论联系实际的目的。

1971年美国心理学家库伯按照成人学习理论，提出了体验式学习的理论，认为"成年人的学习是通过体验转化获得知识的过程"。真正的学习应该从学员的体验开始，通过学员积极主动地探究，进而获得经验，然后进行反省，最后形成理论并应用于实践当中，在这个过程中，学员不断获得知识和技能与其自身的成长是相关联的。在第一章的理论基础中已经详细叙述了体验式学习循环圈，这些都说明了体验式教学实质上是一种非常适合干部培训的教学方式，这也为现场教学的运用和开展提供了足够的理论依据和支撑。从哲学角度来说，党政干部培训和学习是对客观规律的认识和把握，在此过程中，更是一种自觉的改造世界的活动，更是一种合目的性的、积极的、自觉的实践。现场教学强调以学员实践经验为生长点，这里不仅尊重直接经验，而且寻求间接经验，两者结合共同构筑学员的整体的经验。因此，现场教学重视学员的亲身体验，这样有利于教学内容的传授以及对教学内容更高层次的理解和把握。现场教学引导学员对直接的体验进行研究、反思、感悟、交流、内化、经验共享,从而提升认识、获得真知,最终建构自己的知识结构和能力结构。

(六) 案例展示

1. 流程模块

表5–1 "四·八"烈士陵园现场教学

时间安排	教学活动环节	责任人	教学活动要求
7:45前	先遣人员提前到达"四·八"烈士陵园,落实有关工作	培训部、组织员	1. 与"四·八"烈士陵园负责人取得联系;2. 检查教师和讲解员、花圈、武警等到位情况;3. 准备录音机和哀乐;4. 在陵园入口处等待学员
7:45—8:05	整队并清点人数	培训部、组织员	1. 学员排整齐队列,撑院旗,系识别带,着正装,强调相关纪律;2. 所有工作人员均佩戴识别带,列于学员之后
7:45—8:10	前往"四·八"烈士陵园	组织员、联络员	工作人员注意交通安全
8:10—8:20	在"四·八"烈士陵园入口台阶上集合	组织员、联络员	1. 介绍教师和讲解员、教学内容、教学线路、教学时间安排等;2. 要求所有学员和工作人员关闭手机,并维持现场秩序,保持整个瞻仰过程庄严、肃穆、安静
8:20—8:40	由武警抬花圈走在队伍前列,学员列队,从阶梯通道走向纪念堂	组织员、联络员	1. 排队顺序为:抬花圈的走在队伍前列,旗手撑院旗次之,学员列队再次,工作人员走在最后,组织员注意在前引导;2. 庄严、缓慢走上台阶
	烈士纪念堂前整队	组织员、联络员	在烈士纪念堂前整理队伍
	烈士纪念堂前肃立	组织员、联络员	庄严肃穆

续表

时间安排	教学活动环节	责任人	教学活动要求
8:20—8:40	由学员代表顺挽联	组织员、联络员	放哀乐,声音由大逐渐变小
	宣誓	组织员、联络员、领誓人	组织员提前准备好宣誓誓词
	组织学员进入纪念堂	组织员、联络员	整理队伍,确保有序进入纪念堂
	向革命烈士敬献花圈	学员、代表	放哀乐,声音由小逐渐变大
	默哀	组织员、联络员	放哀乐
	三鞠躬	组织员、联络员	放哀乐
8:40—9:20	进行现场讲解	讲解员×××	1. 讲解员介绍"四·八"烈士陵园的概况;2. 组织员负责维持现场教学秩序,控制教学进度和教学时间;3. 教学时必须使用扩音器;4. 在纪念堂、纪念塔、纪念亭、陈列室分别预留自由活动时间5分钟
9:20—10:00	专题讲授:学习革命英烈,坚定理想信念	教师×××	1. 组织员负责维持现场教学秩序,控制教学进度和教学时间;2. 教学时教师必须使用扩音器
10:00—10:30	现场互动交流	教师×××、讲解员×××、全体学员	1. 组织员积极协调教师进行分组讨论;2. 学员应在提前准备的情况下,围绕主题展开讨论;3. 教师和讲解员应积极和学员进行互动,针对他们想要了解的东西进行详细讲解
10:30—10:50	归纳点评	教师×××	1. 学员代表发言;2. 教师根据学员的讨论有针对性地点评与归纳
11:00	列队集合,学员上车返回	组织员、联络员	感谢教师和讲解员

2. 教学主题

学习革命英烈忠于理想、无私奉献的崇高精神。

3. 教学目的

紧紧围绕教学主题，运用多种教学手段和教学方法，努力营造庄严肃穆的教学氛围，通过对革命烈士可歌可泣感人事迹的讲解和渲染，形成对学员心灵强烈的冲击和震撼，并使他们在心灵震撼中进行理性的反思，从而认识到革命来之不易。同时，使他们自觉用革命先烈无私无畏的牺牲精神来对照自己，从而更加明确自己肩负的历史责任，更加坚定自己的理想信念，增强党性修养。

4. 教学用具

党旗、誓词、扩音器、耳麦、花圈等。

5. 教学实施

（1）庄严宣誓

学员代表或请武警战士抬着花圈走在队伍前面，学员们心情沉重，迈着缓慢的步伐拾级而上，气氛凝重、庄严、肃穆。

到了纪念大厅前，学员列队，由现场教学人员组织宣誓：学员们面对鲜红的党旗，面对革命先烈向党、向人民庄严宣誓。

（2）凭吊先烈

学员们进入纪念大厅后，由学员代表向烈士献上花圈，在低沉、雄浑、悲壮的哀乐声中，学员们向烈士默哀一分钟，而后向烈士们深深地鞠上三躬，以表达无尽的哀思。

（3）讲解员讲解

凭吊完后，学员们分别到纪念塔、纪念亭、陈列室和陵墓台，听烈士陵园讲解员具体而生动的讲解。

（4）教师现场专题讲授

专题讲授《学习革命英烈，坚定理想信念》。

（5）学员互动交流

在特殊氛围中体验艰难曲折的革命道路，在实景实情中学习记住延安精神。通过前面专题讲授和现场讲解，在全面系统客观地了解延安的斗争史和延安精神深刻内涵及时代价值的基础上，学员针对所观、所思、所悟，进行互动交流。

（6）教师点评归纳

教师针对学员的所思所悟，对其进行概括提升，并将其应用价值进行深挖，能够给学员以人生启迪、心灵震撼，并丰富他们的政治营养和精神财富。

二、互动式教学案例二：经典模型体验式教学

能力提升是现代干部培训追求的主要效果。对党政干部来讲，决策能力是

最重要的能力。通过对党政干部开展决策训练，以经典模型体验式进行教学活动，促进其科学决策、理性决策，是提升党政干部决策能力的有效途径。

（一）经典模型体验式教学简介

1. 经典模型的含义

经典模型体验式是成人培训和管理过程中一种常用的方法，采取参与互动的方式进行。在培训中，为了使学员主动地参与到课程学习中来，就需要加入"经典模型""管理游戏""程序模拟"等元素，拓展学员的思维，训练学员的实际操作技能。"经典模型"这个提法是根据本书选取的案例——《红与黑的决策智慧》而定的，本课程针对党政干部培训特点，对经典管理游戏——"红黑游戏"进行适度改造的结果。针对案例课程中选择的"红与黑管理游戏"，本文特称之为"经典模型"，一般也叫作程序模拟或者经典管理游戏。1957年美国管理协会首次提出将管理游戏作为一种培训方式应用到培训教学中。将"经典模型"运用于培训的教学中，使它成为一种体验式的情景模拟教学，在运用时，教师需要事先准备或选取一些经典模型或管理游戏，可以借助计算机多媒体等一些模拟设备和其他工具，将学员分成若干个6~12人的"竞争团队"，让学员体验一系列的经典游戏，在游戏开展之前为学员设定一系列的规则、方法、程序、目标和输赢标准，一般是以"竞争团队"为单位通过小组合作的方式努力达到一个共同的目标，以提高学员对解决实际问题、提高实际工作的能力。让学员在游戏中体验，充分调动了学员的参与热情和兴趣，在团队合作竞争中提升他们的协作能力、合作意识、相互沟通的技巧，通过一系列的行为训练，让学员在体验中对自己所扮演的角色由所感悟，不自觉地将感悟到的知识和方法展现在实际工作组织或群体中，这比单纯地讲授知识收获更大。

2. 体验式教学的内涵

体验式教学的重心就在于"体验"上。"体验"一词最早出现在德国的文献中，体，就是身体、体己；验，就是验证、证实。对于"体验"，我国学者认为，体验是"可以超越经验达到理性；超越物质，达到精神；超越暂时，达到恒久"[1]。从认识论的意义来看，通过体验的方式可以达到认知的目的，并加深理解；从本体论和价值论的意义来看，体验就是人对生命意义的把握。体验即是以身体之，身临其境，真切感受，通过接触实物或实践活动来感受周围的事

---

[1] 石欧，侯静敏．在过程中体验——从新课程改革关注情感体验价值谈起［J］．课程·教材·教法，2002（8）：23．

物，激活已有的经验，产生新的经验，领悟新的道理，并且使经验内化为自身的认识。在干部培训中"体验"既是一种教学的过程，又是教学的结果，强调在学习中体验，在体验后感悟。把学员的体验过程看作是教学活动的基本形式之一，让学员在体验中获得相应的认知和情感；通过体验唤醒学员已有的背景经验，并让学员对这种教学情境进行自我感知、认识和感悟，在此基础上构建成新的经验意义，这就是教学的结果，让学员从体验中获得认知结果和情感领悟。实际上，体验这个过程也是师生双方在互动交往中知识、情感的体验过程。也就是通过知识信息在教学过程中的传递，一方面教师感知知识传授后学员的选择和接受情况，如果得到了学员的认可，产生了情感的共鸣，教师就会得到一种来自情感体验的满足，实现了教师的自我体验过程；另一方面学员在接受教师传递信息的过程中，对知识的获得或情感的体验感到满足和快乐，也就证明了学员获得了体验的过程。

体验式教学强调在教学过程中，教师通过创设各种情景，学生体验参与其中并激发人的情感和思悟。体验式教学帮助学员连接已有的经验和新的知识，帮助学员从体验中完成认识的深化和升华，从而加深对事物的理解，并且体会到了别人的感受，最终达到提升综合素质、促进自我发展的目的。

3. 经典模型体验式教学阐释

现代培训方法，在能力培训理念的指导下，必须更注重体现"以学员为中心、以问题为导向、多样化的学习方式"这些特点。有学者提出，模拟式培训和研究式培训是体现上述精神、加强理论联系实际的有效培训方法。① 其中管理游戏类、角色扮演类培训即被归为此种模拟式培训的类型之一。不过笔者更认同将其称为经典模型体验式。然而，不论是将其称为"模拟式"还是"经典模型体验式"，其给教学带来的最大挑战就是必须使学员能全情投入其中。因为只有如此，学员才能获得最完整、真实的活动体验，才能为下一步的讨论分析打下基础。一旦学员不投入，整个教学就将面临"釜底抽薪"之危险。

笔者认为，党政干部培训中的经典模型体验式教学是符合互动式教学理念的新型教学方法，通过"经典管理游戏""通过破冰热身""在亲身体验中感悟"等方式，层层递进，唤起学员的情感体验，以及求知探索的热情，通过学员们自主的、积极的参与，实现观念的转换，能力的提升。经典模型体验式教学是以经典案例或管理游戏为媒体，把工作或社会生活中的实际问题引入课堂，

---

① 陈燕楠. 干部培训形式探析 [J]. 党建研究，2003（8）42-43.

通过组织学员参与体验游戏,再进行讨论分析,形成以学习理论、开阔视野、拓展思维、提高能力为目的的教学方式。教师根据具体的授课内容需要,恰当选择一个经典模型或设计一个管理游戏方案,为学员提供一个互动交流、相互学习的平台,让学员按照经典模型或管理游戏中的规则和要求,努力达成预设的团队竞争目标,通过这种寓教于乐的方式,不断提高学员解决某些特殊问题的技巧和综合素质。学员以小组辩论或团队合作的形式开展游戏教学,通过创设一定的教学情境,可以充分调动学员积极性、主动性和参与性,激发他们运用自身已有的理论知识、工作经验和岗位背景对游戏中所设置的多种多样的体验进行分析探索,综合运用各种有效方法找到解决问题的策略,最终是为了整个团队能够赢得游戏的胜利。

(二) 经典模型体验式教学的过程设计

1. 经典模型体验式教学设计原则

在经典模型体验式教学中,一般要遵循的教学原则主要包括启发原则、反馈原则、参与原则、鼓励原则、整体原则等。

(1) 启发原则

启发原则就是教师要调动学员学习的积极性,激发他们发挥自身的主观能动性,充分体现学员在学习中的主体地位,使他们在参与教学活动中,通过经典模型或管理型游戏中所设置的种种"遭遇"进行分析研究,运用相关的理论知识、原则、工作实践经验等方法分析和解决问题。启发原则要求教师在教学中以学员为中心,通过积极各种有效的方式去调动学员参与教学活动的积极性和主动性,突出其在学习中的主体地位,引导他们乐于参与到教学活动中来。在经典模型体验式教学过程中,突显了学员在学习中的主体地位,确立了以学员为中心的现代培训理念,体现了主动性、参与性、渗透性的教学特色。实现了由"教为主体"向"学为主体"的转变,学员由被动接受向主动学习转变,这也体现了干部培训以提高学员的综合素质和履职能力为主要任务。启发原则的核心理念是引导与思考,教师通过经典模型或管理游戏等素材引导学员去体验、去思考,从而激发他们的主动性,参与学习的热情与兴趣,在体验中使其认识得以深化。以"启发原则"贯穿于教学过程中,凸现学员的主动参与和自觉内化,也遵循了知识向能力转化过程中的发展规律,也就是人的认知过程是如何到达对知识的获取与更新,并且在知识管理系统中是如何组合的。通过启发性的教学活动,合理利用经典模型或管理游戏,引导学员实现知识的再次转化。知识的内化、社会化与外化阶段,就必须尊重学员的主体地位,通过各种方式诸如经典模型、管理游戏的设计等引导他们,让学员在身临其境的体验中去感悟,主动运用已有的理论知识解决实际问题,达到知行合一,实现从知识组合化到内化、社会化与外化的转化。

(2) 反馈原则

反馈,顾名思义就是信息接收一方向信息发出一方做出回应的行为。反馈是控制论中的一个重要原理。一般来讲,控制论中关于反馈的概念,指将系统中的输出对输入端的回应以某种方式返回到输出端,从而改变输入,也就影响整个系统的输入和再输出的过程。在经典模型体验式教学中,它的反馈原则是指在教学实施过程中教师与学员之间、学员与学员之间或教师、学员自身对教学活动的回应,这是一种双向多元的互动过程,既包括教师的回应,又包括学员的回应。在干部培训教学过程中,反馈是对整个教学系统的活动进行协调、调控的过程,也是保证教学活动顺利、有效、持续进行的关键一环。没有教学的反馈,教师的教与学员的学之间是单向的而无回应的,教学过程就呈现一种半封闭的状态,具体表现为只出不进或只进不出的状况,这样教师和学员之间就不会建立正常的教学关系,教学系统的运行也就只能是低效的甚至于解体。教师和学员都是具备主观能动性的主体,在教学过程中传递的反馈应当是呈双向性的,教师在传授教学内容的同时,学员会将学习信息反馈给教师,然后教师会按照学员的反馈,对学员的学习状况、学习效果作出基本的分析和判断。另外,在学员的反馈中,也给教师提出了建议,教师依据反馈及时修正自己的教学设计、教学安排、教学内容等。在反馈中教师和学员相互适应、积极调整,这样教学系统就会保持平衡和有效运转。

(3) 参与原则

经典模型体验式教学是强调学员的主动参与,以团队合作学习为主要形式,以亲身体验与实践为核心,教师与学员共同协作、共同承担完成整个教学活动的一种培训方式。它提倡学员积极参与、亲身体验、平等交流、合作互动,从而获得新知和能力素质的提升。教师要最大限度地调动学员的学习热情,充分利用他们已有的经验,使学员亲身体会自主、合作、探究学习的喜悦和困惑,使他们在参与的过程中产生新的经验、认识,以达到更新观念,改变自身的态度和行为,并将学到的知识、理论和方法运用到现实的工作实践中。只有学员积极地参与到培训过程之中时,培训效率才是最高的。

(4) 鼓励原则

教师通过巧妙的教学活动设计进行教学内容的传授,认真观察学员的反应,了解学员对教学内容的理解和掌握情况,及时给予学员反馈,并给学员以肯定、赞许、启发或指点等,教师给予学员的这些反馈行为会给学员产生推动力和正激励。教师在教学过程中,对学员学习、互动交流、发表观点等表示肯定、赞扬和鼓励,增强学员的自信心,促进他们学习的兴趣欲望。因此,在教学中要构建一个学员能够从教学过程中得到回报的积极的学习环境,从而使培训变得更有动力,更有可能继续下去。

(5) 整体原则

整体原则,就是要把干部培训教学工作看成一个完整的系统,从总体的角度考虑,从教学的总体目标和内容中出发,认真考虑和处理教学过程中每一方面、每一个环节出现的问题。任何原则的贯彻都要考虑整体效应,整体原则统领着其他原则。对于一个完整的干部培训教学,无论是教学环节、教学内容、教学组织、教学设计的任何方面,客观上都必然是培训教学工作整体的一部分。在进行经典模型体验式教学的过程设计中,应确立整体原则,对教学过程进行整体设计这样有利于从本质上提高干部培训教学质量。

2. 经典模型体验式教学过程设计

(1) 经典模型体验式教学的课堂结构

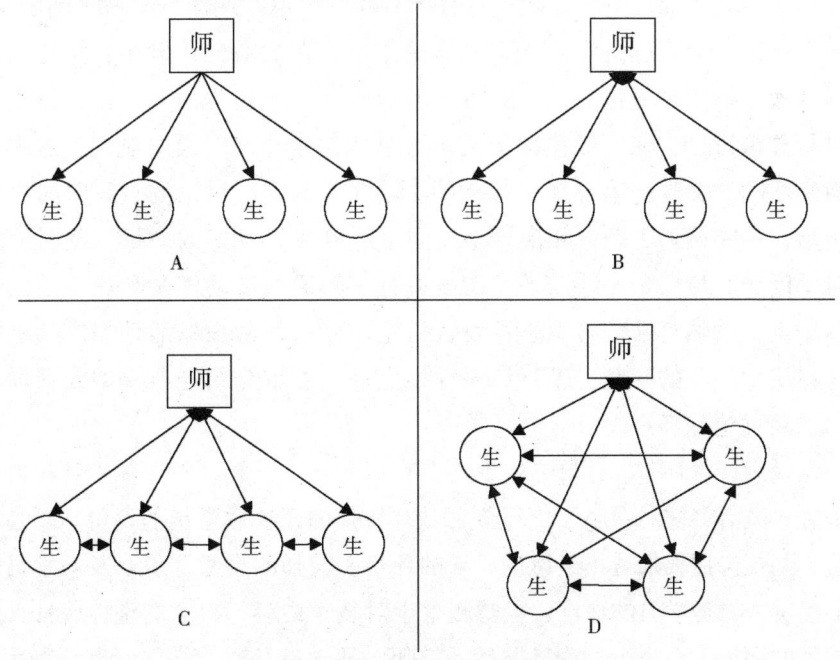

图 5-3 经典模型体验式教学的课堂结构

(2) 经典模型体验式教学的过程

一是课前准备环节。要有前期精心准备，尤其是教师要做好充分准备。在教学设计过程中，作为教师个人要做好需求调查分析与确认，应当掌握学员情况，有的放矢，为下面实施教学奠定基础。要分析学员的知识储备、心理、工作经验、情绪、工作背景、态度等因素，即对学员进行全面的分析和把握，特别要做好培训需求调研，认真分析他们的个人需求和组织需求。同时，教师也要不断学习及时更新自我的知识结构，开阔眼界，不断地积累和储备更多、更适合的教学资源。教学资源还包括教室、各种文字、案例、声像辅助设备和道具是否按教学要求准备到位。所以，经典模型体验式教学需要我们进行更丰富的准备工作，还需要借助更多的工具或教育资源。

二是课中教与学环节。首先是破冰，即教学的热身活动。它是整个教学活动的导入或引子，是课前预热活动，内容上与课程实施有一定关联性。在进入正式教学内容之前，需要巧妙地设计一个引子环节，进而再导入主题。通过破冰热身活动和团队建设等一系列活动，让学员自我介绍、相互熟悉，增强教学的乐趣，创造活跃交流的课堂氛围。其次是对经典模型或管理游戏的活动目标及规则介绍。活动的介绍一定要清楚明了，这为下一步的分组讨论打下基础，只有在明了规则的前提下，才能进行有针对性的讨论和交流。第三是问题导入。借助于经典模型和管理游戏导入本堂课的主题，在游戏的体验中，深化对问题内容的认识。第四是分组讨论。经典模型体验式教学提出团队学习，根据教学内容进行分组讨论，在一般情况下全班可分成四个小组，两两对决。这一步是整个教学活动的关键。第五是演练指导。教师要对分组讨论的过程时时进行监控和引导，不能偏离主题，并指导小组间进行和平、友好的对话，随时处理出现的棘手问题。最后是小结点评。在学员有了鲜活的活动体验和深刻的内心反思的基础上，趁热打铁，组织学员发言讨论。然后教师根据活动中反映出的问题以及讨论中涉及的问题，进行针对性地点评，着重介绍经典模型或管理游戏折射出的新理论和新理念。

三是课后评价环节。评价方式主要有自我评价、互相评价、他人评价等，评价环节方式灵活多样。课后评价环节主要有教师的评价和学员的评价。一是教师的评价，主要包括教师对小组讨论成果的评价、教师的自我评价以及对学员课堂表现的评价。二是学员的评价，主要侧重于对教学内容、教学的整体设计，以及参与程度的评价。在小组讨论环节后，教师引导学员及时总结并发言，表达自己的上课心得以及对学习内容的所有想法，这其实就是学员进行的反思评价。

(三) 经典模型体验式教学的形式设计

在经典模型体验式教学的形式设计时，主要从以下三个方面展开：

1. 教学环境

环境是经典模型体验式教学的基本条件，是对教学产生影响的物质环境和精神氛围，良好的环境可以创造和激发经典模型体验式教学的浓厚氛围、提升教学的效果。经典模型体验式教学要有合适的教学环境。具体包括软环境和硬环境两种形式，软环境，即动态环境，主要靠教师在教学过程中的临场调动和创建；硬环境，即静态环境，是指教室选择和设计。教师应注重教学软环境的建设，对于教学创设情境中的一些刺激因素，或者有意创设一种气氛能给学员带来欢愉，会使教学内容由于这种好的氛围而被看得更加积极肯定，从而增强学员参与教学活动的积极性。教师也应注重教学环境的生动性设计，可以有意识地设计一些因素，放置一些令人舒适的东西，比如，主题鲜明的图片、悦耳动心的音乐、富有冲击力的视频等，有利于学员放松心情、放下杂念，更自然地参与到教学活动中来。针对上课的教室，应创造良好的卫生条件，放置活动桌椅、音像、投影、多媒体等设备，为经典模型体验式教学开展教学活动所用。

2. 座位安排

在课堂教学中，教师要考虑学员座位的排列问题，要有利于互动、营造氛围。根据经典模型体验式教学的整体设计，应将座位摆成"菱形"（如图5-4所示）。

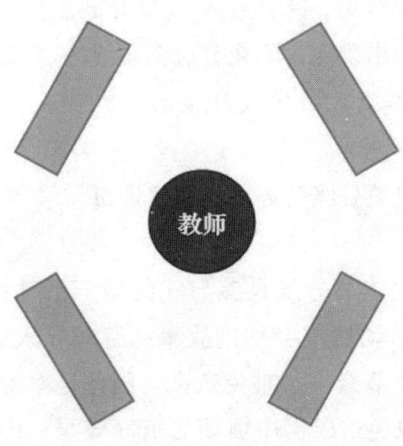

图5-4 "菱形"座位

优点：
◆利用管理学中的"距离效应"
◆活动空间大，便于互动与监督
◆教师和学员接触、交流和沟通便利
◆教师站中间讲授、指挥，站的位置有利于灵活授课
◆教师能沿"◇"形路线走动，随时引导学员讨论
◆学员按组别不同，集中坐在一起，便于分组讨论，有利于团队合作
◆学员没有压力，处于平等地位

3. 小组划分

经典模型体验式教学提倡团队学习。一般分四个组或团队，小组划分有两种形式：第一种形式，通过热身活动，根据游戏的设置，学员随机组合的四个团队，参加互动活动。第二种形式，根据学员事先编好的组，学员根据上述"菱形"座位的形式，刚好就近座位位置上的学员组成一个小组团队，参加热身活动与互动交流活动。一般多是采取的第二种形式。这种形式节省时间，能保持课堂秩序不乱。

小组规模适当。根据一个培训班学员的总体人数，灵动划分，人员一般8~10人为佳，人数过多不能使每个人都充分参与，不能达到理想的教学效果，而且难以控制，增加小组冲突的可能性；人数过少不能形成讨论、启发、相互帮助的气氛，不宜讨论，不宜形成团队力量。

选出小组长。每一个小组中都要有一名核心学员，能够起到带头的作用，并充分发挥其组织协调能力，带领小组成员开展激烈、有序的研讨，从而避免在互动讨论交流过程中出现探讨不充分、偏题或一盘散沙的现象。

（四）经典模型体验式教学设计案例①

主题：红与黑

对象：陕西省级机关处级公务员任职培训班

实施过程：

本课程的实施，主体部分虽是参与式的博弈活动，但为了烘托培训内容，在博弈活动前和博弈活动后都会加进故事、游戏导入或思考导引、总结点评。但随之带来的问题是环节众多，难免杂乱。因此，本课程在流程操作上应力求顺畅、弱化痕迹感，以免造成程序烦琐的负面效果；内容上则要加强联系，注

---

① 根据陕西省行政学院教师提供的教案改编。

重衔接,以实现各课程环节的内在统一。可供参考的课程流程表如下(某些环节还可根据临场情况进行形式和内容的适当调整)。

表5-2 《互动式教学——红与黑》课程流程
(双讲——培训师甲:马老师　培训师乙:吴老师)

项目	内容	实施人员	辅助及注意事项	时间
1. 预热故事或游戏(含自我介绍)	根据培训对象选择确定	培训师甲	培训师乙气氛配合	5~10分钟
2. 分组	根据培训对象选择分组方法	培训师甲、乙		5分钟
3. 规则介绍	活动目标及两个图表	培训师乙	培训师甲规则演示配合	10分钟
4. 红黑博弈活动开始	分发出牌卡片(每组6张)及规则图(每组1张);带入讨论室;活动情况通报及协调	培训师甲、乙	关注进展,有效协调、适当启发	50分钟
5. 博弈结果公布及思考导引	配乐启发导引	培训师乙	培训师甲配合灯光及气氛营造	5分钟
6. 学员心得	组织学员发言讨论并记录	培训师甲、乙	培训师甲组织,培训师乙总结记录	20分钟
7. 总结点评(必要时可回放往期班次博弈结果和讨论结果)	现场问题点评;博弈理论介绍;相关理念强调	培训师甲、乙	甲乙相互补充	25分钟

具体教学活动安排:

教学目的:通过博弈活动获得的体验,启发学员体会共赢、合作、沟通、诚信、规则制约等理念,在此基础上帮助学员获得与理性决策有关的博弈论方面的知识,最终促使学员反思自己的工作、生活,进一步坚定共赢、合作、沟通、诚信、规则制约的理念,同时建立博弈思维,增强自身理性决策的能力。

工具和材料:多媒体播放设备,移动麦克风两个,白板两个,黑笔、红笔若干,彩色卡片若干。

实施步骤：

1. 课前预热（内容上与课程实施有一定关联性）

（1）两名骑师与两匹马的拼图游戏。

（2）三个火枪手的博弈游戏。

2. "红黑"博弈活动目标及规则介绍

活动目标：赢。

赢的标准：博弈活动结束时，各轮得分数之和为最大正分。

如果将学员分成 A、B 两个博弈小组，各小组同时出牌，且每轮可以选择的牌色是红或黑两种，每一轮选择的得分结果都有赖于对方的选择做出后才能确定，那么根据我们对经典管理游戏"红黑游戏"的改造设计，这种博弈活动的具体得分规则与活动轮数就可以用表 5-3 表示。

表 5-3 红黑博弈得分规则

A 组	B 组
红 +6	黑 -6
红 -3	红 -3
黑 +3	黑 +3
黑 -6	红 +6

表 5-4 活动轮数①

轮数	A 组	得分	B 组	得分
1				
2				
▲3*2				
4				
5				
★6*7				
	合计		合计	

---

① 其中活动轮数表中的"▲3*2"与"★6*7"表明该轮得分会被乘以 2 倍或 7 倍。这种倍数设计经过仔细测算，是为保证最大可能的共赢机会，并以此考察学员对局势的判断和把握能力。

3. 分组进行博弈活动

（1）将学员分成若干博弈小组，每组以 7 人左右为宜，各小组间进行两两博弈。发给每小组六张彩色卡片（各小组每轮出牌方式：将其决定选择的牌色写在其中一张卡片上，再交给培训师，培训师将结果通报双方后，才可进行下一轮出牌）。

（2）选定小组长，规定每组每轮的牌色选择经由组长将记载牌色的卡片交培训师后，不得再更改。

（3）如有小组提出沟通意愿，培训师将此信息通报对方，对方同意后允许博弈双方组长在限定时间内于单独场合完成沟通。

4. 公布博弈结果并进行思考导引

公布博弈结果，借助背景音乐、调暗的灯光，由培训师结合现场活动情况进行思考导引，引发学员内心的自我反思。

5. 学员讨论与培训师点评

在学员有了鲜活的活动体验和深刻的内心反思的基础上，趁热打铁，组织学员发言讨论（最好能引起争论）。然后培训师根据活动中反映出的问题以及讨论中涉及的问题，进行针对性地点评，着重介绍决策中的博弈思维模式，强调共赢、合作、沟通、诚信、规则制约等理念。（必要时可展示往期班次博弈结果及讨论中的精彩观点，加强学员思想资源共享）最后提出课后思考题。

思考问题：

（1）树立共赢、合作、沟通、诚信、规则制约等理念对开展政府工作有何益处？

（2）作为领导人如何确定合理可行的决策方案并最大限度实现决策目标？

（3）作为领导人如何使自己做到理性决策？

（五）教学效果评价

通过体验式的教学活动，为学员树立决策中的博弈思维，强化"共赢、沟通、合作、诚信、制度和制约"等理念，促进以互动决策的思路考虑决策利益，以"沟通、合作"等积极的态度促进决策利益的实现。在管理游戏的互动交流过程中，学员们入戏很快，讨论、辩论得很热烈，随着研讨的深入推进，学员们的表述交流越来越清晰，对问题的探讨也越来越深入，尤其是运用理论知识阐述解决问题更加透彻。在谈到经典模型体验式教学效果时，大部分学员表示正是通过这样的教学组织形式，寓教于乐，大家才能在分组讨论和评述过程中学到平常课堂上学不到的东西。

在接受访谈时，有学员谈道："这种教学方法可谓是一个很大的挑战，对我的思想冲击力比较大，整堂课大家的积极性都很高，对我的启发性也很大，在不断的、一轮轮的交流、碰撞中，思想逐步达到共识。这种听课就变成了一种愉悦，一种美的享受，课堂变成了每位同学思想的一个碰碰场，撞出思想的火花，碰出同学的友谊。"

有的学员还谈到这种教学方法的特色，"采取互动式、启发式、研讨式和体验式等多种教学方法，非常有特点、新颖、有趣，这是我从来没有体验过的，对我启发很大，使我开拓了思路、增加了见识"。

在和授课教师谈话中，甲老师表示："这个课需要教师达到游刃有余的程度，这样才能控制整个课堂。同时，这种教学方法对教师的资质要求比较高，一定要有能力引导课堂方向，同时调动学员兴趣，让每位学员都有话可说，有话想说，这样才能启发出学员深藏的智慧。"

乙老师也谈道："现代培训理念强调挖掘受训者自身资源库，注重突出培训活动中受训者的主体性和参与性。无疑，互动式教学是贯彻上述理念的一种有效途径。本课程完全采用互动教学，以教学活动中学员的一系列参与行为为'教学工具'[①]，向学员渗透共赢、合作、沟通、诚信、规则制约等重要理念，着重培养学员决策中的博弈思维。"

通过访谈调查和现场听课观摩了解到，教师和学员都认为经典模型体验式教学有以下教学效果：

1. 充分吸引学员参与教学活动的热情和兴趣，突显了学员的主体地位

通过教学过程中学员的参与和师生互动、生生互动，加深了学员间的相互了解，使学员成为培训过程中的"中心"。教学中所利用的经典模型具有神奇魅力，调动学员参与的积极性，激活他们的好奇心和兴趣，让他们在参与中享受乐趣，在乐趣中实现自己当主角的目的。教学的出发点是让所有的学员都积极主动地参与到教学活动中来，目的是使每个有着不同背景、个性、阅历和知识经验的学员都能有效地参与到教学中来。

2. 能够影响和改变学员的态度和价值观

参与培训的党政干部具有丰富的阅历和经验，有较强的独立性和辨别是非的能力，有特定的知识结构和理解问题的思维方式，有强烈的表现欲。经典模型体验式教学的显著特点是让学员在体验游戏中有所触动和顿悟。这种体悟到

---

① 学员的参与行为本身就是教学讨论和分析的"活案例"，故而称其谓教学工具。

的东西，不是通过教师灌输给学员的，而是使学员在铭心刻骨中体验、感受、悟出道理，总结规律。在教学过程中，允许学员犯错误，或许在整个游戏过程中学员会误入歧途，这都不影响教学效果，等到游戏进入尾声或结束后公布答案，这样学员往往会豁然开朗，大为惊喜。这正是经典模型体验式教学的魅力所在。通过学员的互动参与，使抽象的理论生动地呈现在学员自己面前，使每位学员真实地参与其中，有所感悟，对学员今后的实际工作和生活会产生多多少少的触动和改变，从而影响和改变学员的态度和价值观。

3. 改变课堂上的沉闷气氛

通过创设一种温暖、热烈的教学环境和教学氛围，可以彻底打破以往课堂教学中那种沉闷的气氛。在进入教学主体之前，教师会运用小游戏进行课前热身活动，营造一个宽松、活泼、愉快的学习氛围，引导学员学习的积极性和主动性。在教学过程中，教师积极引导小组之间、学员之间进行辩论，整个过程扣人心弦，激发学员学习的好奇心，从而教师和学员、学员与学员、小组与小组之间相互理解、相互沟通、相互启发，共同营造出一种合作交流、共同进步的和谐氛围。在实际课堂教学中，分组讨论、合作、辩论都是基本形式，在活动中学员心情舒畅，善于参与发表观点，使课堂气氛生动活泼，效果也自然好得多。学员在这种宽松的教学氛围中发挥能力和提高认识，在综合素质方面得到了较大的提高。

学员们表示通过切实的体验，回过头来分析，看自己在哪个环节出了问题。通过这样的教学方式，在虚拟情形下犯错误，就避免了在实际工作中犯类似的错误，而且对诚信、提升决策力等有了更深的感受。学员们称这是一种"耳目一新""极具特色"的教学方法，在互动讨论、体验中都贯穿了一种新的培训理念，使学习既紧张又活泼，同时热烈讨论的气氛又非常浓厚。

笔者认为，现场教学和经典模型体验式教学都有浓郁的"体验"特色，前者是在"课堂外"，即在典型的现场教学点开展教学活动，将学员置身于现场，通过亲力亲为、观察体验，所以有深切的体悟。后者是在"课堂内"，即通过创设经典模型或管理游戏，将学员引入其中，在互动讨论、感悟体验中加深认识。两种不同的教学方法都是通过亲身体验和参与，进而发现问题、分析问题、思考问题。然后再在互动交流中形成典型性经验，再对其概括提升，挖掘其应用价值，这样才能有效地指导学员的实际工作。学员在一次次的视觉冲击下、一次次的感受体验中、一次次的心灵震撼中，实现了一次次的精神洗礼和思想升华。这两种教学方法意在突出学员主体的亲身体验，丰富学员的学习情意和价值判断，有助于学员价值的生成。根据以上的论述，要成功设计好教学活动，首先，营造或创设一种适切的教学环境。既然要在互动中体验，就要选取具有代表性和典型性的现场教学点以及管理游戏，使学员能够在这样的环境中获得较好的体验。其次，选取与党政干部生活工作相吻合的为体验内容。党政干部的培训多以挖掘和发展他们的隐性知识为重点，因为显性的知识大多是看得到摸得着的知识物，容易获取。而隐性的知识往往以态度、价值观、习惯、信念等为特征，只有通过深刻的体验才是获取隐性知识的有效途径。这就要求教师在培训中，应选择与其生活工作结合紧密的信息为体验内容，尽量避免过于抽象和理论化。最后，实现对体验感悟后的提升。体验的过程需要教师和学员根据具体的环境与他们自身的生活经历、实践经验、岗位背景、知识结构密切联系的主要方面或问题开展互动、交流、合作、体验、思考，然后形成自己认同的观点，整个过程都需要师生亲力亲为，自觉参与实践，及时反思总结。教师要关注学员在体验中的感受以及价值取向，学员自己也要在观察体验中反思、判断和总结。其目的就是要对在体验中获取的典型性经验进行概括和提升，不仅要使学员在情感态度上接受，而且要形成自己的理念和价值观，最终要在体验中挖掘其应用价值，能有效地指导工作实际。

（六）经典模型体验式教学的互动环节

活动中会有序地开展三种不同层次的互动：一是借助趣味活动激发学员与学员之间互动，二是依靠教师活动协调与点评调动学员与教师之间互动，三是通过经典模型调动小组与小组之间互动，四是依赖教师引导协调突发状况促进教师与小组之间互动，五是借助于教学中出现的新情况激发教师与教师之间互动，六是通过对问题的深入探讨激励学员与对方小组之间的互动，七是运用声像光多手段引导学员进行内心自我互动。多层次、全方位互动带来感性体验，形成观点碰撞，引发内心冲击，使学员在参与中树立或强化的重要理念最终内化为内心信念，从而主动探究相关理论，并自觉促成自身内在思维方式及外在行动方式的改变。

（七）对经典模型体验式教学的理论分析

1. 体验学习理论

既然属于体验式教学的范畴，经典模型体验式教学的重要理论依托就是体验学习理论，前面章节也做过详细介绍。库伯是体验学习理论最重要的代表人物之一。他认为，学习的过程不仅仅是信息的传递与获得，而且还是在体验中获得认知，再从认知中总结经验，最后通过经验的积累创造新知识，应用于实践中。库伯的经验学习圈把学习描述为,具体体验—观察与反思—形成抽象概念和理论—在实践中检验概念的意义四个阶段循环往复的过程。也就是说,学员在真实的情境中体验,从不同视野和角度反思、解释这些体验,运用理论整合所观所感,产生新的概念,并运用这些理论在新的情境中或新的体验中做出决策,解决问题。在本课程实施过程中,以小组为单位,以学员为中心,以问题为导向,在小组内部展开激烈的互动、探讨、质疑,激发对问题的深入研究和反思,在思考与体验中引发行动或行为的转变,这绝不是简单重复之前的行为和习惯。为了更好地进行体验式学习,库伯给出了在每个阶段中进行学习或教学所应采取的策略,如表5-5所示。

表5-5 每个阶段中进行学习或教学所应采取的策略

步　　骤	学习/教学策略实例
实际体验	模拟、案例学习、实地考察、亲身体验、演示
观察和思考	讨论、小组活动、集体讨论、指定的观察者
抽象与归纳	内容的分享和传递
积极的试验	实验室试验、工作体验、实习、实际应用

实际体验、观察和思考、抽象与归纳和积极试验这四个步骤也恰恰和经典模型体验式教学的过程相吻合,学员根据经典模型设计的规则,积极进行体验。在分组讨论的过程中引发反思,教师有针对性的点评和总结,使得大家的观点得以分享和升华,获得的新知继续指导学员和教师下一步的工作实际。

2. 公共管理中的治理理论

治理理论在公共管理中的应用已受到一定重视。有学者认为,在公共管理的理论与实践领域,都特别需要关注治理理论,其破除政府本位,树立社会本位,目的是突出"参与、互动、合作、服务"的思想。因此,在此种治理模式下,特别需要强调非政府力量的治理参与的过程,特别需要明确政府治理服务的目的,尤其要加强政府与非政府公共组织、民众的充分互动与合作。而要顺利实现社会治理上的政府与非政府组织、民众的互动与合作,就要求党政干部既要树立社会全面有效治理的共赢理念,还要认识到合作对实现共赢的重要性。同时,该治理模式对我国政府加快职能转变、完成角色重塑也提出了严格要求。笔者认为,顺应该治理模式的我国政府职能转变的基础应该是相关政府新理念的树立,比如,有限政府理念、责任政府理念、法治政府理念、透明政府理念、诚信政府理念、创新政府理念等。毋庸置疑，这些理念首先要真正渗透到作为国家公务员的"政府人"的头脑里，带来其行为方式的变化，才能在实质意义上完成我国政府职能的转变和政府角色的重塑。

所以，对党政干部来讲，共赢、合作、诚信、法治等理念的强化，是十分必要并具有重大现实意义的。采用经典模型体验式教学，试图使学员通过活动体验来深入体会共赢、合作、沟通、诚信、规则制约①等理念，加强其内心的认同。

3. 博弈论

博弈论是《互动式教学——红与黑》重点应用的理论，本课程着重关注的点是政府干部决策问题，故而在研习博弈论相关问题时亦重点关注与此有关联的问题。

（1）博弈论的两个重要假设。博弈论作为最初产生于数学领域并广泛应用于经济学领域的一项重大理论成果，目前越来越受到诸如政治学、军事学、管理学等社会科学的青睐。博弈的含义是指个人或集体做出的决议存在着相互的影响和制约；博弈的结局，不仅取决于某一个人或组织的行动，而且取决于其他个人或集体的行动。因而，博弈论又称之为对策论。总体来讲，博弈论重点研究多个理性人在互动过程中如何选择自己的策略的问题，该理论有两个重要假设：一是博弈参与人是理性的；二是博弈参与人的得益不仅取决于自己的行动，同时取决于其他人的行动。② 我们将前一个假设称为理性人假设，后一个假设称为利益依存度假设。

有人说，决策失误是当今中国最大的失误。③ 造成决策失误的原因当然是多方面的，但决策中缺乏必要理性，恐怕也是原因之一。因此，加强决策人决策的理性程度，对合理决策显然是有益的。另一方面，当今社会各利益主体之间的联系越来越广泛和紧密，没有哪一方的利益实现是可以完全不受其他社会主体影响的，这就要求决策时必须能认识到这种利益依存度，现实地选择自己的策略和行动。综上，在当今社会环境下，对领导干部加强理性决策训练，提高其在决策中对利益依存度的认识和把握，对提升干部决策能力是有益的。

（2）博弈思维下的政府公共政策与领导人决策。公共政策也是政府的一种

---

① 规则的最高表现是法律制度，某种程度上，规则制约的理念包含有一定法治精神。
② 潘天群. 博弈行为中的演绎与归纳推理及其问题[J]. 自然辩证法研究，2003（3）：39.
③ 赵光中. 领导决策力18法则[M]. 北京：中华工商联合出版社，2006：3.

宏观决策。如果将公共政策活动也看作一种博弈，前述博弈论理性人假设则提示我们，要做到尽可能准确地预测一项公共政策的后果，必须将各个利益主体一切可能的选择，包括"上有政策，下有对策"的"变通"和直接的违法行为都纳入公共政策分析的内容。以此为前提进行政策分析，对政策后果的估计才会比较真实；以此为前提确定有关的决策变量才可能是比较合理的。领导干部作为政府公共政策制定的重要参与者，促使其建立公共政策制定的博弈思维，显然有益于博弈论在公共政策活动中的有效运用。

党政干部对一项具体工作的处理过程，往往就是决策的过程。毛泽东曾经讲过，领导工作概括起来有两件事：一是出主意；二是用干部。可以说，这两件事的重点都是做选择，而选择的过程实质就是决策的过程。如果将工作的有效开展、社会公益的最大实现看作是领导人决策的最大化利益，而在博弈思维下，行动要始终围绕实现利益最大化来进行，那么，具有博弈思维的领导人就会始终围绕实现上述最大化利益来确定决策目标并采取决策行动。另外，由此衍生的涉及决策的理论还有很多可供借鉴。诸如决策目标确定、决策方案选择、决策效果反馈追踪、决策行为修正等问题；个体决策与集体决策的问题；决策时机把握问题等。

三、互动式教学案例三：情景体验式教学

中国进入新时代，各种竞争异常激烈，党政领导干部作为政府管理、社会事务的组织者、推动者和实践者，他们的个人素质以及情绪管理能力等都面临更高、更新的要求。在新时代复杂的这种社会管理的过程当中，不免会出现很多压力，那么党和国家也非常重视各级领导干部的身心健康问题，中组部、中纪委还发了一个文件，《关于关心干部心理健康 提高干部心理素质的意见》，第一次很系统地去探讨如何去关注领导干部的心理健康。情绪健康是我们重要的心理健康指标，情绪健康对我们的工作顺利开展、以及人生幸福而言至关重要，它不仅影响我们的身体健康，也影响着我们的人生态度。我们可以学习用不同的方法处理问题，合理表达情绪，以建立良好的人际关系和解决困难的能力。这些问题引起了社会各界对领导干部心理健康的关注。

因此在进行干部培训的过程中需要进一步关注领导干部的心理问题，充分对当前领导干部群体可能出现的心理方面的困扰进行了解，掌握他们的心理特点，制定更加科学的指导规划，对他们的心理问题进行引导，为领导干部心理健康发展提供条件。而情景体验式的心理健康教学，可以让学员深入不同的情

景中进行实际的体验，全面提升干部教育培训中心理健康教育的质量，保证领导干部心理健康问题的良好解决。在进行心理健康课程的学习中，情景体验式教学这种形式可以针对领导干部心理方面存在的问题开设相应的情境，让学员可以在情境中将自己的心理问题进行展示，便于教师对学生的心理问题进行更加科学的判断，制定更加适宜学员的引导计划。本部分结合笔者开发的《情景体验式教学：有效管理情绪》互动式教学课程，主要针对情景体验式教学在干部教育培训中的应用价值进行分析。

（一）情景体验式教学概述

1. 体验的内涵及其特点

（1）体验的内涵

体验是情景体验式教学的核心内容，所以要发挥情景体验式教学的作用就必须先认识体验的内涵。什么是体验？为什么要体验？对这些问题的认知，是我们了解情景体验式教学的前提。在中外的研究中，体验从不同的角度被赋予了不同的含义。

体验（experience），经验、经历、阅历等，在《新华词典》中的解释为："体验是经由亲身的实践，亲身的经历对身边的事物进行了解"。在心理学的研究中，体验不是一种简单的感知，而是一种多种心理因素共同参与的心理活动。这种心理活动是复杂的，体验活动的形成不仅离不开个体认知的参与，还与获得主体的态度、情感、想象、理解等各种心理想象密不可分。只有具备了全面的体验和感悟能力，体验活动才有意义。体验不是一种外在的、形式性的东西，而是一种内在的、独有的、发自内心的，和生命、生存相联系着的行为，是对生命、对生活的感悟和体悟：它是生命存在的一种方式——生命是一种不可抑制的永恒的冲动，处于不断生成的流变之中，人们不能用抽象的概念来表达，只能依据内在的体验加以把握。

心理学家认为，体验活动不仅是主体认识和理解事物的过程，更是在关联自身和客观事物的过程中所产生的不同的情感反应，并因此所产生的深层次的感想和更为深刻的体验。由此看来，体验从心理学角度来说是主客体在经验的引导下相互作用、关联的活动中所产生的不同的情感认知、个体感悟的生成。

那么，基于相关的研究我们发现体验首先是一种感官认知，在认知的基础上与一定的经验关联，并融入情感、态度而生成的多种心理活动的综合体。体验存在的价值在于使人在行动中去感悟生命，从而超越行动达到某种精神上的需求。

(2) 体验的特点

首先，体验具有直观感知性。体验是参与者的直接参与性活动，可以是亲身的经历，通过实践活动来实现，也可以是虚拟的场景或者是心理上的体验。无论是哪种形式的体验，给参与者带来的都是最具有直观性的感知，最具有真实性的感悟。其次，体验具有情感表达性。体验者在参与体验活动的过程中会产生与体验活动相对应的情感反应。这样的情感反应会与体验者的心理状态产生密切的关系，体验者的心理状态是积极的、高昂的，就会促使体验者积极地面对问题，理解事物；如果体验者的心理状态是消极的、低糜的那么就会对体验活动产生抗拒和排斥行为。无论所表现出来的是怎样的状态，都是对体验者情感的表达。最后，体验具有个体差异性。体验活动是体验者单独个体的经历，每一个体验者在体验活动的过程中都会因为当时的场景、个体的情感等因素而产生不同的内心感悟，这样的内心感悟有的可以表达出来，有的只可意会不可言传。也就是说，每个体验主体在同样的体验活动中所感悟受主体性水平的制约而各不相同，具有主体的差异性。对于同一体验客体，不同的体验主体完全可以得到不同于他人的体验感悟。正是由于这些感悟、体验都不一样，所以个体的体验又是可以分享和总结的。

2. 情景体验式教学的内涵

现阶段我国干部教育培训中普遍开设了一些心理辅导方面的课程，由于受到传统教学模式的影响，还是以传统的教师为主导的教学方式，从而忽视了教学主要对象——学员的主体性。教师在课堂上过于强调心理学知识的理论性、完整性，这样的方式使得整体课堂氛围枯燥乏味、形式单一、气氛沉闷，学员缺乏主动性与创造性，无法引起学员的共鸣，起不到好的辅导作用，学员还是不知道如何科学地使用各种方法对心理问题进行疏导。为了改变现状，我们需要对干部教育培训中的心理健康教育课程进行改革创新，正是在这样的背景下引入了情景体验式教学模式。这种观念最早出现在20世纪80年代，美国著名的教育家大卫·库伯首次提出了颇具影响的"体验学习"这一概念，并且在实践中得到较高的认可。库伯认为人的知识就是在不断学习与体验的过程中获得的。这些学习方法经过不断地改进与发展便逐渐演变成当今比较重要的教学方式之一——情景体验式教学。

情景体验式教学中的三大要素，一是情景，这些情景包含工作情景再现、设计模拟情景、提供音像资料、即兴问题情景等；二是协作与交流，教师与学员、学员与学员之间的资料信息共享、合作探讨问题、共同活动实验、学习成果评价等；三是意义建构，这是教学过程的最终目标。

教师在教学过程中通过针对学员心理以及其特点，有计划、有目的地创设出符合学员工作、生活和学习的具体场景，逐步地引导学员融入到具体的情景当中，将场景和学员进行融合，不断地激发学员的兴趣与爱好，让学员在真实发生的情境中将自己的问题展示出来，这样可以将心理教学课程变得更加自然，学员对于课程的认可程度进一步提升起来，使学员的能力与素质得到普遍提高，全面促进培训教学质量的提高。情景体验式教学能够帮助学员更好地构建知识，拓展学员的学习能力，调动学员的积极性和主动性。这种教学方式是"情景式教学"与"体验式教学"相统一的契合模式。结合当下对体验式教学的贯彻情况及其他研究者的相关观点可以看出：情景体验式教学是以情景模拟作为主要特征，综合运用理论讲授、直观感受、游戏体验、角色扮演等多种教学模式的一种培训方法。"互动+体验=知识+能力+感悟"，通过这种形式能够达到1+1=3的效果。教学实践也证明，情景体验式教学在干部培训的心理健康教育课程教学中的具体应用普遍受到了学员的肯定与好评。

3. 情景体验式教学的共性特点

（1）学员主体的发展性

情景体验式教学的关键词有体验、实践、环境和感悟等，让学员在体验中实现个体的自我发展，这是情景体验式教学的出发点和基础。在教学活动中，通过对学员客观的认知情况了解的前提下，根据课程的性质创设不同类型的情境活动，展现或还原工作、生活内容，使学员在体验、感悟的过程中熟悉教学内容，进而建构知识框架，同时进一步地引导学员产生情感的共鸣，重视学员在体验活动中所形成的主观感受，对学员个体的能力的发展产生积极意义。对于学员来说，不管是知识的建构、思维的拓展，还是思想、情感、态度、价值观的养成，都需要主体与客体之间的交互作用来完成，而情景体验活动正好就处在主客体的交融点上，成为了主体和客体的沟通桥梁，进而实现了学员的素质能力的提升和思维态度的拓展。那么这也就要求学员在课堂教学中要发挥主动精神，积极主动地参与，学员主动体会到的乐趣，而非教师制造的乐，这才能取得良好的效果。

（2）教学方式的主动性

实践出真知，实践是认识的来源，对于学员来说，获取的知识无论是来源于直接的经验，还是间接的经验，其最终都是实践的结果。实践对于领导干部来说更为重要。情景体验式教学需要利用不同形式的设计活动链接知识，使学员在个体不同经验的基础上去感受和认知，教师进而引导学员在情景活动中反思自己的体验，体会个体的感受，认真总结对感悟活动本质的认识，使学员的心智得到改善和建设。这就要求在教学过程中立足于学员的工作、学习、生活实践，设计的教学活动等相关情景也要符合学员的生活实践，从而让学员取得学习的主动性。通过情境的互动，让代入式的体验、自主互动式的体验、现场感受式的体验贯穿教学过程，让学员的知识、情感来源于具体的工作、学习和生活实践又抽象于具体的实践。如此，使学员成为情景体验式学习活动的主角，使学员在教学活动中更具有主动性，切实地体现学员的主体性。通过理论与实践的结合，讲授与体验的互动，进行全方位、多角度、系统性的学习。

（3）教学过程的灵活性

情景体验式教学注重课堂教学过程学员对体验的感受和参与，因而在教学过程的设计上、在体验方式的操作上可以采用合理使用情景创设法、合理使用案例分析法、科学使用情景模拟法等多样化的方式来呈现，通过不同的维度让学员去体验和感悟，注重体验活动对学生身心发展的影响。这样的体验式教学更能呈现教学过程的灵活性。

（4）师生情感的共情性

体验式教学的参与者以一种新型互动的方式呈现，强调体验活动参与者的情感的共鸣。在教学活动过程中，每一次的体验活动都是教师和学员双方分享个体经验的大好时机，不论是共同的感悟还是不同的分歧，都是教学相长的体现，都是学习和掌握新知的过程；教师和学员之间的共情，可以让彼此相互尊重，相互信任，做对方的倾听者和支持者。

4. 情景体验式的心理健康教学的个性特点

（1）以学员为主体的参与性

在课堂教学的过程中，学员不仅仅是教学的主体，同时还是教学的参与者和体验者。那么课堂教学的所有互动活动都必须围绕着学生主体的发展、深度的体验、深刻的感悟而展开。领导干部心理健康的情景体验式教学就要求学员以个体的经验、情感、认知能力、直观感觉去感悟和体验教师创设的情境，从而形成属于个体的对学习、对工作、对生活、对社会的感悟与理解。领导干部心理健康课贯彻情景体验式教学，必须注重学员主体参与性，在体验活动过程中要充分尊重学员的主体性和个体的差异性。由此可见，缺乏学员的主体参与，情景体验式教学就无法正常、有效地进行下去。这对教师有相当大的考验，在前期的备课过程中，要积累实践经验，精心设计贴合学员实际的典型情境，要利用完备的教学内容和优秀的教学设计来吸引学员，激发他们参与的积极性，让他们全身心融入情境中，从而形成深刻的心理体验。通过参与性的体验来加深学员的认知，只有这样才能引导学员转变思想观念，变被动为主动，才能在主体的参与活动中获得真知，提升感悟，才会激发出求深切的理解，才能挖掘那些隐形的知识，如此获得的知识才会更全面，印象才会更深刻。

我们常说，体验因人而异，体验总是个性化的，面对同样的情景和事物，不同的人会有不同的体验，而对这些个人化的体验又是可以分享的。面对不同主体的体验差异，学员与学员之间才有分享、交流、互动的必要。不同的呈现方式，不同的感觉体验，不同的理解阐释，经过沟通、交流就可以实现融合，碰撞出智慧的火花。可见，心理健康的体验式教学就意味着，学员通过亲身的体验、感受参与知识的建构，亲历学习与认知的过程，并在这一过程中激活体验、提升情感、唤醒感悟、重塑行为，把心理健康知识内化为个体的一种自我认知与修养。

（2）以实践为基础的生成性

心理健康课程的情景体验式教学是以实践为基础的，这是课堂教学最大的亮点。它体现了干部培训心理健康课堂教学的丰富性、即时性、开放性、独特性，能在最大程度上调动教师和学员的创造性，激发他们的智慧潜能，彰显干部培训心理健康课堂教学的魅力。干部培训心理健康教师在运用情景体验式教学时，不能用预设的、既定的教学目标去约束学员的行为，禁锢学员的思想，应该注重学员当下的最真实的工作、学习和生活状况。教学活动就其本身而言是一个动态的活动过程，学员在活动过程中因为工作岗位、生活经历、社会经验的不同必然会有不同层次的认识和情感体验，因此学员在课堂中体验的当时所获得的知识、经验就是即时生成性的。针对这当下的即时性体验，需要教师利用恰当的、有效的方法去引导，以发觉学员那些被忽视、隐藏的细节，激活更多的个体情感反应，唤醒学员们深刻的思考，揭开被隐藏在情绪背后的真实需求。在课堂教学活动中，学员会根据现有的经验和对情绪体验的理解，提出在体验活动过程中所感悟出来的、即时生成的新问题，这些问题必定会是各式各样的，甚至是超出课堂教学范围的，不论面对什么样的问题，教师都应该认真对待。教师要给学员创设一个有利于不断发展的、恰当的情境氛围，把学员自身的生命力量激发出来，促进其对知识的认知和对生命的感悟。

（3）以工作为目标的实效性

心理健康课程的情景体验式教学要以学员的工作、生活实际为蓝本，但也不能是对工作、生活情境的简单呈现,而是要求在学员体验活动之后能够内化为个体的经验与感悟,在这个过程中特别注意的就是情感的渗透与融合。心理健康教育特别注重情感教育和情感体验,只有在情感体验的基础上才能够师生共情,进一步沟通交流。在心理健康课程的情景体验式教学过程中,要运用好体验式教学离不开新颖的、合理的、有趣的教学设计,还需要充分调动学员的情绪、积极性、感知力,以引导学员关注自己的情感体验。情感是情景体验式教学的出发点,学员作为参与课堂活动的主体总是从自己的经历,从内心的生命情感积累,从已有的经验、感受出发去感悟和揭示生命的内涵,而我们引导的情景体验其最终目的也是情感的表达,深刻体验的结果往往是一种新的、准确地把握了生命活动的情感生成。领导干部的培训课堂要突出实效性,心理健康课程也不例外,通过设计切合的工作、生活情境,激活学员的情感体验就显得尤为重要。情感体验的发展源于学员的体验活动,又对学员的素质能力发展起到一定的促进作用。这就需要教师在课堂教学活动中,采取形式多样的体验活动促使学员产生各种不同的情绪反应,并唤醒他们将这些不同的情感反应内化为个体的情感认知,构建出自己的能力知识体系,在促进教学目标实现的基础上,实现情感的升华,实现情感态度价值观与工作实际相结合的目标,从而提高整个课堂教学的实效性。在情景体验式教学中,学员作为教学的主体,其体验的产生必然是离不开情感的,而通过各类情景的体验又能激发更深厚、更深层、更具意义的情感体验。当学员用心体验和感悟时,其内心深处一定充满着丰富的情感,而这种情感的升华,又使他获得对生命存在和个体存在的真切感悟。那么在心理健康课程的情景体验式教学中,教师一定要重视教师和学员、学员和学员、小组与小组之间在情感上的交流与沟通,营造良好、和谐的课堂人际关系,创设轻松愉快、灵动活泼、合作互助的课堂教学氛围。

(二)情景体验式教学在干部培训心理健康教育中的适用性

情景体验式教学是基于学习者亲身体验的一种富有内在生命力、注重交互性的教学模式,相较于传统教学模式,其更加符合作为成年人的领导干部的认知规律和行为特点。领导干部与普通大学生相比,具有自主学习的意识和能力较强,自控力较强,思维灵活,实践能力较强等优势,但是其行为习惯和学习习惯相对固化,主动参与性较差,因此,我们应主动做好学情分析,充分认识他们的特点,发挥优势,克服不足,采用更加适合他们的教学方法,以期取得更好的教学效果。而利用情景体验式教学方法,能够提高教学质量,给教学活动带来很多新的动力。

121

1. 营造气氛，调动情感

通过参与实际课堂教学以及相关研究能够看出，采取情景教学，可以有效地增强学员参与的积极性，并且可以促进学员对于自身问题的发掘，通过一系列的参与和体验增强了学员个人的智慧，进而也使得教学效果更加突出。在干部培训心理健康教育的课堂里面，营造一个和学员经历类似的情景可以有效地增强学员的学习兴趣，并且可以增强学员对于心理健康知识的认知，这样可以更好地为学员提供针对性的辅导。干部培训心理健康教育的课堂通过营造一个情景，能够增强学员对于工作、生活和学习的体验，并且通过采取一定的措施，可以营造出一个逼真场景，可以使得学员能够更好地体验到自我情感。工作、生活等情景的营造最主要的就是加入一定的情感，增加情感可以增强学员的学习积极性，这样也可以使得学员的学习情绪得到显著的提升，不仅如此，也可以使得学员能够在教学里面得到更好的体验。

2. 设计活动，增强体验

情景体验式教学在真正意义上实现以学员为主体，改变教师教学观念，设计一系列的情景体验活动，强调学员们自主意识的培养。情景体验式教学注重对学员内心情感的关注，使学员可以获得更多全方位的感受，并在体验之中感受教学乐趣，在思考之中发展创造性思维。在这样的课堂教学中学员们始终都可以保持愉悦的心情，并在这样的环境之中实现快乐的学习，有效净化了心灵，增强了自主体验，提升了学习效率。通过情景体验，教师可以更好地与学员进行互动，构建良好的师生关系，提高教学的质量。

在情景体验式教学中，教师以教学目标为中心，以教学内容为主线，有目的地创设针对教学重点和难点的教学情境，激发学员的学习兴趣，通过讨论、互动、分享等方式，触动他们内心深处的情感体验，唤醒他们的内在生命力，在思维的碰撞、情感的交流中进行学习和实践，从而养成良好的心理素质。因此，情景体验式教学在干部培训心理健康教育课程中具有很大的应用价值。

（三）情景体验式教学课堂操作实践①

1. 以真实情境切入实现情感性

情景体验式教学离不开具体情境的设计，情境设计是为了给学员一个真实的感受和体验工作、生活的支点，让学员能够获得不同的情感体验以及理性的

---

① 选取的教学案例是由中共陕西省委党校（陕西行政学院）教师张品茹和杨柳于2018年共同开发的专题课程《情景体验式教学——有效管理情绪》。

知识体系。在进行教学情境设计的时候,教师必须创设学员工作中、生活上曾经经历过的或接触到的实际的、具体的场景,这种情境的设计首先能被学员接受,他们才能积极融入到教学场景中去,并且能够引发学员的共鸣,产生共情,愿意表达自己真实的内心感受。这就需要教师为学员创设一个可以轻松表达心境的环境,可以用心去体验和感悟。

《情景体验式教学——有效管理情绪》这个专题课程围绕着情绪而展开,我们知道情绪是一种体验,一种感受,很难抽象概括。对情绪的理解也是一份感悟,很难用理性的语言去概况总结。这个课程通过一系列的真实情境希望能够达到以下三个目的:

激活体验:发觉那些被我们忽视、隐藏的细节。

唤醒感悟:深刻地思考被隐藏在情绪背后的真实需求。

行为训练:重新塑造情绪中的行为反应。

基于以上三个目的,课程设置了三个阶段的活动。

情绪认知:通过一系列的情景卡片,学员进行"我演你猜",通过对事件中情绪的表演与模仿,反思什么是情绪?情绪是如何产生的?以及情绪的表达形式有哪些?

情绪反应模式自查:通过展示"动物世界",大家进行反思"我像哪种动物"?反思不良情绪时的反应模式是什么?这种反应的影响有哪些?此活动让学员认识自己在处理冲突事件的时候表现出来的个性特点,并更好地根据自己的实际做到妥善处理与他人的矛盾。

互动中的情绪管理:情绪一定是自我与环境互动的产物,因此抛开互动过程谈情绪是不完整的。所以,通过分组进行情景模拟,认识互动中自己的情绪状态,有哪些心理诉求?觉察互动中他人的情绪状态,有哪些心理诉求?从而选择正确的行为方式。

比如,在2018年12月陕西省优秀科级公务员培训班上课过程中,有些学员对这样的一个情景表演得是淋漓尽致——"临下班前又接到了新的工作任务,第二天早上就要交"。类似的这种情景学员们都接触过,那么怎样用面部表情和肢体语言表演事先准备的情绪情景。其他组学员根据表演猜测他(她)此时的情绪状态及事件。请表演者思考:A. 当您遇到这些事情时,您的感受是什么?您是如何表达情绪的?请观众思考:A. 请问您认为表演者处在什么样的情绪状态?B. 您判断表演者情绪状态的依据是什么?在相互讨论过程中,各组学员很自然地体会和感悟了情绪是如何产生的;在引申的过程中,学员通过活动中的学习过程，了解情绪的表达形式有哪些。这样的情境设计，让学员亲自去体验、感悟，所获得的知识也会具有稳定性，印象也会非常深刻。在教学过程中设计的这一系列情境，通过学员的接触情景到感悟情景到最后享受情景，提高了整个课程的教学质量。在接触情景中，让学员对具体设计的课程情景进行了解，通过感性的了解，有一个初步的体验；在感悟情景中，强调学员对情景的理性思考，在情景中产生问题、提出问题、分析问题、解决问题；在享受情景中，强调学员对情景的升华，以达到自我认识、自我提高，最终内化为对心理活动的认知，以指导学员的行为实践。

2. 以多种方式呈现实现合理性

在情景体验式教学中要达到充分激发学员的情感体验、学习兴趣、教学效果，使学员在教师的引导下发挥其自主性和积极性的目的，就要采取多样的课堂呈现方式。

（1）情景模拟式

情景模拟是为了避免传统培训模式只重知识传授、而无法达到能力转换的缺点而产生的一种新的培训模式。比较而言，过去的单向的理论灌输更像是纸上谈兵。而情景模拟和角色扮演的方式更贴近工作场景，对解决实际工作问题启发性更大。探索情景模拟式教学，是党校将培训目的聚焦提高实战能力、发挥学员主导地位的新尝试。它的设计主要围绕情景模拟展开，通过参加演练使领导干部学员不仅还原了工作生活中的情感体验，而且实现了培训思考的课后延伸。

课程中，将课堂变成了舞台，把传统的教师授课转变成学员的模拟实战演练，让学员从"被动地听"转变为"主动地做"；从以往解决"是什么""为什么"的理论学习转变为"做什么"和"怎样做"的实践演练。这项课程分为三个步骤。

课前——培训情景的构建

首先选取工作中的情绪失控的典型案例，并按照其性质划分为上下级关系、同事关系、亲子关系等不同的类别，按照每一类关系的不同特点设置模拟演练的环境，然后根据每一类情景编写相应的情景文本。这样，一方面使学员能够置身于接近真实的客观环境中，同时可以使学员在模拟演练中实现理性分析与情感体验的高度融合。《情景文本》大致包括：角色定位、事件演变、互动过程等内容。这些基础工作使得学员在模拟演练中能够迅速找到自己的位置，最终顺利完成任务。

课上——领导干部学员实战演练

静态情景环节。也称作静态演练,即学员首先阅读情景文本,以情景为蓝本分析自己处于情景中的反应。

动态情景环节。学员在这个环节中,将按照情景文本中的角色定位,进行角色互动,体会不同的情绪反应对事件以及对方的刺激及作用。

评估总结环节。情景演练结束后,学员对自己的实战演练进行回顾分析和总结,并进行自我评估。

教师分析点评环节。在学员实践演练和自我评估基础上,教师进行整体分析评估,对学员中优秀的情绪反馈模式作为经验公开分享;对演练中发现的问题进行归纳分析和及时纠正,使学员在有限的时间内自觉完成由感性认识到理论认识的升华。

课后——专题课程和情景文本的完善

学员都是来自不同部门的党政干部,大都具有丰富的领导工作经验。在模拟演练中,很多学员的情绪管理方式很好地补充了专题课程和情景案例的内容,教师们将其及时地吸纳为课件的优秀案例,为以后的培训提供经验和多种选择。

(2) 案例情景式

案例分析也是情景体验式教学的主要方式之一,在教学过程中教师根据相关的教学内容选择一个典型案例提供给学员,引导学员参与到案例情境中,将理论知识和实践内容进行结合,全面地提升实践知识的效果,为实践和理论知识的整体提升创造良好的条件。比如,在讲授"情绪表达的基本模式"内容时,选取发生在学员实际工作的典型案例——"领导临时吩咐你完成一份工作总结报告,两天内完成,由于时间紧张再加上手头上有其他工作,没完成。假设你是这位领导,应当如何跟他沟通"。然后让学员联系自身的情景环境分析如何进行积极沟通?大家纷纷发表自己的意见,最后归纳为四个方法:一是如实描述事实,告诉对方发生了什么,不要带任何评判。通常来说,我们的情绪都是因为某个具体的事情而引发的,但很多时候,我们的大脑会根据一些相关记忆,或者自己的想象得出某些关于对方的绝对化或者一般化的结论,并把这种结论当成事实去指责对方。比如,对方仅仅是有几次没有及时回信息,你却说总是不及时回信息。这样的言语一方面夸大了事实,另一方面听上去会像指责,这就会让对方进入自我辩护和反驳的心态。所以,在表达的时候,一定要切记,要如实描述让你产生情绪的这件事情,仅仅说事实,不要夸大,也不要扭曲,更不要有任何绝对化或者一般化的结论和评论。二是描述自己的感受。描述完发生的这件事情之后，我们需要告诉对方这件事情让我们产生了怎样的感受，如果对方能够很好地体会到我们的感受，他们就会产生同理心，这是沟通最重要的情感基础。当然，这表达感受的过程中，一定要避免批评、抱怨和指责性的言语。三是解释产生感受的原因。不过仅仅是表达感受还不够，我们还需要告诉对方，自己为什么会产生这样的感受。感受的根源其实在于我们自身，我们的需要和期待以及对他人言行的看法，导致了我们的感受。我们可以通过"我（感到）……因为我……"这种表达方式，来认识感受与自身需求的关系。在不顺心时，我们通常倾向于考虑别人有什么错，这样的表达方式则能帮助我们学会从需要的角度来考虑问题。四是说出自己的具体请求。在最后，我们一定要明确地说出自己的请求，也就是告诉对方，我们希望他们做些什么，而且不要使用抽象的语言，我们提出的请求越具体越好。如果我们的意思含糊不清，别人就很难了解我们到底想要什么。比如说，"我希望你多关心我"就是非常抽象的表达，"我希望你能够每天给我打个电话"就是非常具体的请求。不过，在说出自己请求的时候，一定要避免听上去像命令的言语，那样很容易让对方感到你是在强迫他，并因此产生反抗和拒绝的心理。

总之，在案例情景教学中，把课堂话语权交给学员，而不能以教师为中心。即结合具体案例，并通过案例分析，引导学员进入案例情景，以切身体验去感知、理解和领会有关的教学内容，真正做到学以致用，使之在具体的实践中得到理论升华。

3. 以内容总结升华实现目标性

情景体验式教学在干部培训心理健康课堂运用的过程中，不仅强调学员体验行为和体验过程，而且要关注学员在体验活动对知识的理解、获得的能力、感悟到的情感。因此教师在运用情景体验式教学是不能止于体验活动，活动之后的总结也是至关重要的，总结的内容包括学员的体验结果、课堂知识的消化、情感的升华、生命的体悟。教师要把学员所形成的、零散的看法和观念进行总结升华。

比如，在 2018 年 12 月陕西省优秀科级公务员培训班上课过程中，对"早上起来由于儿子顽皮将稀饭撒在你的西装上。你今天要出席重要场合必须穿西装"这样一个情景的表演印象深刻，这组学员抽选的代表是一名年轻的未婚男士，对这个情景完全不理解，很淡然地说那有啥，再换一身衣服不就是了，完全忽略孩子的感受。显然，这名学员没有过类似的经历，然而大部分已婚学员都有过类似的经历，看似淡然的表演，却给我们很大的启示。在这位学员表演之后，教师进行了点评总结，提出一个概念叫"共情能力"，或移情能力，指的是一种能设身处地体验他人处境，从而达到感受和理解他人情感的能力。领导干部要处理很多事情，那么会跟很多人打交道，无论是上级领导，还是下面的群众，如果你只站在自己的角度看问题，你总是看不到。那么我们经常会讲换位思考，就是这种"共情"的意思。那么真正的、完整的"共情"它还强调什么呢？将心比心、设身处地、换位思考、感同身受。那么我们在这里面有个提倡，就是说，我们广大领导干部在处理这个复杂的社会管理工作当中，人人都要学点心理学，都要懂点情绪管理技巧，无论是去照顾自己，还是去应对工作，还是在处理这种亲子关系等，这是有非常重要的意义和价值的。

当然，在课程的最后需要对整个课堂活动进行归纳总结：有效管理情绪的"一、二、三"技巧：良好心态、两个角度、三个层面。"一"——良好的心态，积极乐观、保持热心、心平气和、学会安心、机智主动、适时舒心、良性暗示、懂得放心、培养兴趣、经常开心。"二"——两个角度，第一个角度是叫组织的角度，组织层面的角度，第二个角度是叫个人的角度，这两个层面都非常重要。"三"——三个层面，一个是精神层面，即"灵"，精神调节；第二个是心理层面，即"心"，情绪调节；第三个是生理层面，即"身"，身心放松。情绪的正面往往是自我驱动、增强意志、自我超越、创造奇迹，负面往往是夸大其词、颠倒是非、强词夺理、消极被动。关键是每个人如何规避情绪的负面影响，加强正面的影响，让情绪能够为我所用。正是基于此，我们以有效情绪管理为主题，以情景体验式为形式展开的课堂教学效果良好，课堂气氛活跃，学员一致反应良好，实现了既定的教学目标。

（四）情景体验式教学的有效互动

在情景体验式教学的课堂中互动有多种形式，有师生之间的互动，有生生之间的互动，有教师与所有教学资源的互动。通过有效的方式互动实现贴合性，主体之间互相促进，提高课堂教学效率。课堂的有效互动可以给学员展示自我的机会和空间，有利于他们更好地感悟和体验情境活动的内容，激发他们参与的热情，促进积极心态的养成；课堂的有效互动，有利于拉近教师和学员之间的距离，调节课堂气氛，实现民主课堂，促进教学相长；课堂的有效互动，让教师更好地完善自己的教学，也有助于教师更全面地观察学员，及时地反馈相关问题，可以使课堂教学更具有目的性和针对性。在课堂中教师要设计互动活动，让互动活动具有实效性和有效性。

1. 互动方式要合理

在情景体验式教学的授课过程中,采用最多的就是小组互动,这种互动的方式最为便捷。课前做好讨论分组,根据班级规模,可5~8人一组,可以根据背景相近原则分组,也可以采取岗位职责互补原则分组,同时也要考虑性别比例搭配。这样的分组构成可以促进学员之间在不同的背景上进行广泛地交流,易于激发不同思想,碰撞激烈观点,在不同意见的融合过程中,实现个体的不同感悟和体验的发展。同时,教师也是互动活动的主体,是引导者,积极地关注学员的互动情况,使学员的互动更具有导向性和思维高度,能够恰当地发挥教师在课堂教学过程中的主导作用。在关注的过程中积极地鼓励和引导那些不善表达,羞于表达,不喜欢参与的学员积极地参与互动活动。这样的互动体验,实现课堂教学的理想效果,才不会只流于形式。比如,在2018年12月陕西省优秀科级公务员培训班授课过程中,其中一个小组的两位学员配合默契,共同表演了一个情景卡片"一个事关自己前途的名额被别人顶替了"(如图5-5所示),一名女学员扮演他"媳妇",这位男学员声情并茂地演绎了这样一个工作中常见的场景,通过肢体表情、言语表情等把他的情绪状态表演得淋漓尽致。

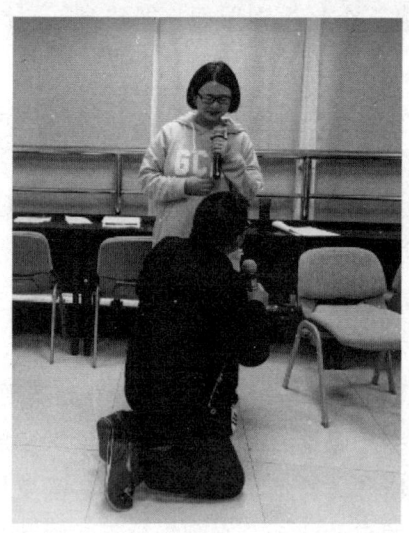 

图5-5 小组学员表演情景卡片的场景

2. 互动评价要有效

在参与互动活动的同时,教师也要积极地对学员的互动情况进行反馈,及时地、有效地进行点评总结。在参与学员小组互动活动的过程中,及时表扬那些大胆的、敢于表达的学员，引导那些慢热型，害羞型的学员（如图5-6）。在互动展示的过程中，捕捉学员在台上的表演细节，肯定和学习学员中的创新观点，不断地引导和鼓励他们向更深的思维层面去思考。要对学员的表演展示进行及时的回馈总结，围绕着设计的问题而展开，点评是对互动环节的回应，要贴近学员的生活实际，要有针对性、启发性和思维性。教师所设计的问题，要与情境紧密相连，在立足工作、生活实际的基础上，调动学员的积极性。

图5-6　教师引导小组内的互动

在互动活动结束之后，教师要在总结的基础上，给予学员或小组以肯定的评价，但是这种评价不能是浮于表面的好或者不好，积极或者不积极，要善于发现学员在互动活动中的闪光点、细节处，针对这些整体表现，给予他们积极的鼓励，这样的课堂互动活动才会更具有实效性，也才能真正地获得学员的认可。心理健康课堂的互动，必须是不同思维之间的碰撞，可以是学员与学员之间的交流，也可以是教师与学员之间的互动，无论哪种方式，只要互动的过程真实，互动的评价有效，互动的结果也必定会令人惊艳的。教学的相长就在这一次次的互动中实现了。

（五）对情景体验式教学的理论分析

1. 建构主义学习理论为情景体验式教学提供了强有力的理论支撑

建构主义学习理论强调要充分挖掘发挥学员主体的潜能，在教学活动中以学员个体的、已有的知识、工作背景、生活经验为基础，不断引导他们将已有的知识、工作背景、生活经验转换成新的知识和能力。建构主义学习理论认为，学员的社会文化背景是开展情景体验式教学的基础。在这样的背景下，通过人与人之间的交流、沟通与协作实现意义建构。建构主义学习理论认为，我们的学习不能依靠单向的灌输、简单的传授方式，而需要充分考虑每个主体的经验背景，在一系列的互动实践活动中逐步建立起来。学员对知识的理解，对生命的感悟，在自我实践活动中才能构建完成。这就需要学员不断总结自身的工作、生活经验，笃定自己的理想信念，并在此基础上理解、分析、接受建构新的知识体系。成人的学习是一个在既有经验基础上的理解新知、分析、验证、批判、建构旧知的过程。建构主义学习理论指出，对问题的呈现和解决应当是贴合真实的工作、生活情境，不能是机械的、死板的，需要构建良好的场景来解决，让学员通过工作实际中获得的知识和经验来解决问题；倡导用来自实际规则、生活场景中的问题来引发学员的深度思考，并以此来激发、鼓励学员参与的热情，进一步引导学员全身心地参与课堂教学中来；主张课堂教学既要立足本学科，又要糅合多门学科，超越学科的界限，面向工作的实际，从而使教学以工作、生活实际为出发点，以课堂为驿站，走出课堂，融入工作，发挥作用。

在干部培训情景体验式教学过程中，我们面对的学员是成年人，已经拥有个体工作、生活经验和丰富经历的个体，在呈现、解释和解决问题时，最容易依靠既有的经验和认知。这种呈现、解释和解决问题的方式，是从学员自身的工作、生活经验中总结出来的，并且合乎其认知逻辑的构建。那么在实际的教学活动中，就需要把这些建立在工作、生活经验背景中的合乎其认知逻辑的假设进行归类、整理，进而达到知识化、理论化，从而更好地指导工作、生活实践，建构出新的知识经验。建构主义学习理论既重视发挥学员的主体性作用，又不忽视教师的引导作用。建构主义学习理论认为，教师是新知识、新经验建构的助推力，充当导演、助手等角色，当然不能简简单单地灌输、传递知识；而学员是课堂教学信息的接收者，不是机械的、被动的接受与被灌输，需要对信息进行接纳、加工、整合。这一系列的阐释为情景体验式教学提供了强有力的理论支撑，为开展情景体验式教学打下了坚实的平台。

2. 情景体验式教学以人本主义为理论指导

在研究人类心理学的过程中，人本主义提出，人作为整体性的生命，要多关注人的热情、情感、信念、价值等方面的心理活动。罗杰斯是人本主义理论的代表人物，他认为人类具有先天的学习潜能，这种潜能可以在适当的情境中被激发出来，并能发挥其重要作用；当学习者主体认识到将需要关注的新知识和自我发展需要相关时，就会最大程度地激发他们的积极性，从而能够在一种强烈的心理暗示的情境中更加自觉地学习。人本主义的学习理论注重于整体人的教育，阐释学习主体的整个的学习、成长历程；注重对学习主体已有经验的启发和创造潜能的启发，引导学习主体结合自身认知、工作生活经验感受自我、肯定自我、发展自我。人本主义学习理论研究的重点是，教师要为学习主体创造良好的学习、体验场景，让学习主体从自我的角度去感知、感悟、体验、理解世界，进而实现不断认知自我、了解自我的理想境界。人本主义强调要关注学习者主体的自我感觉、情感、信念和价值，这便是导致自我差异的关键因素，因而人本主义提出要以学习者主体为中心以建构学习情境。教师的主要任务是为学习者主体提供学习、体验、理解、感悟的形式，那么学习者主体以什么样的学习状态、以怎样的学习方式进行学习，都应该由学习者主体决定。教师的角色就是在学习者主体学习过程中的引导者和促进者。

综合已有的研究我们发现，人本主义的学习理论主张唤醒学习者参与的热情和积极性，通过在教师与学员之间的情感互动交流，激发学习者综合素质能力的发展，培养学习者的创造力，引导学习者成为一个"真实的、完整的个体"。这一理论为情景体验式教学指明了发展的方向，情景体验式教学以人本主义的学习理论为指引，更多地去关注学员的自主体验，始终以学员为中心，并发挥学员的主体性、能动性，提高学员参与课堂教学的主动性、积极性和创造性。情景体验式教学在人本主义学习理论的指引下，将学员的工作背景、生活经验、学习活动、自我需求巧妙地设计为一个个切合的情境，能够有效地促进学员主体的发展，实现课堂教学的生动和有效。

四、互动式教学案例四：案例式教学

案例式教学是符合党政干部成长规律和干部培训规律的一种现代培训方式。因为，党政干部的学习是一种基于反思的体验，是在探索和解决工作以及生活中遇到的难题的同时获得新的知识、掌握相关技能、转变思想观念的学习过程。在党政干部培训中采取案例式教学，对于提高干部培训的针对性和实效性行之有效，其结果便能促使他们的能力和素质得以提高，达到人的全面发展。

（一）案例式教学概述

1. 案例的定义

案例（case）最初运用于医学界，是对医学案例及个别病例、实例或个案的统称。具体讲，就是对病情诊断、处理方法的记录，以便有据可查。案例是对真实事件和情景故事述描的，刻画管理决策者或人们在复杂的真实的情境中

所面临的困境及试图解决必须采取的行动或决定①。案例是对真实的、典型的、富有多种意义的事件的陈述和描写，它所包含的内容，对于大家的学习、研究、生活借鉴等具有启发性，针对案例中蕴含的相关问题进行深入的挖掘、认真的分析，从而找到解决问题或事件的策略，并从中总结出具有规律性、经验性、普遍性的东西。管理学、教育学、法学、医学等各个不同的学科和研究领域，对案例概念的理解也不尽相同。

有一些学者认为，案例是研究者感兴趣的一类事件中的一个实例。一些观点认为，案例是对人们在工作生活中遇到的真实问题、实践记录、疑难情境、典型性事件的描述。这些描述是管理决策者或人们对已经发生过的典型事件捕捉的记述，不是凭空想象的情景，也不是随意捏造的事件，是对典型的管理问题或冲突事件的陈述，因此在选编案例时一定要具有时代感、典型性、真实性。党政干部培训中的案例教学是以案例为载体，以特殊的教学材料向学员传递有针对性的、有典型性的、有时代感的问题，也就是把案例当成一种工具，对学员进行授课，进行反思，进行教育。所以，案例的选编一定要恰当，要有适用性、真实性，也要体现一定的学术价值、可探讨价值，案例中对实践或事件的描述要贴近学员的实际工作，选择当下正在关注的热点难点问题。

2. 案例式教学的定义

案例式教学（case method of teaching）作为一种重要的教学方法和手段已有上百年的历史。国外案例式教学的历史发展最早可以追溯到古希腊、罗马时代，苏格拉底的以"道德"为主题展开辩论，通过不断追问，从辩论、启发中厘清问题的思路，找到解决问题的策略，他把这种方法称作"精神助产术"。1910年案例式教学开始在课堂中应用，美国哈佛商学院首创了此种教学方法，并开始在工商管理课程教学中使用，1985年，哈佛医学院也在教学中引进案例式教学。历经百年的发展和推广，也形成了具有特色的"哈佛教学法"。20世纪80年代开始，案例式教学在我国开始得到重视。现在，案例式教学在干部培训中广泛推广开来并广为使用。

案例式教学是以案例为基本教学材料，通过对实际工作中的真实事件加以典型化处理，提取具有教学价值的成分，形成供学员思考分析和决断的案例，将学员带进真实的教学情境中，以小组为单位，通过教师与学员、小组与学员、学员与学员之间的互动交流，共同分析解决问题，来提高学员的综合素质和履

---

① 邹育理. 从美国的法律教育谈"判例教学法"[J]. 现代法学，2000（2）：139 – 141.

职能力的一种教学方法。在整个教学过程中，运用小组研讨、角色扮演、平等对话、情景模拟等方式，激发学员学习的兴趣，充分发挥学员的主体作用，通过学员之间的团队交流和经验分享，从而提高学员的能力。案例式教学是对干部培训教学方法的创新，也是现代培训教育思想和观念的更新，它的主要特点是以学员已有的理论知识、工作经验、岗位背景等为基础，解决教学材料中的实际问题，以实现相互启发、经验共享、师生互补，这样在教学相长中教师和学员都获得新知识、新技能、新经验。

在教学过程中，案例是教师讲课的题材，是学员讨论的对象，案例的形式是根据教育对象、教学目标的需要编列成的。以小组为单位，以教师为主导，以学员为主体，大家共同参与教学分析、研究、互动，最终找到解决的方案，因此案例式教学是一种开放式教学方式，教师引导学员积极参与案例分析，促进学员体验、反思、积极主动学习。

3. 案例式教学的特点

案例式教学概括起来有三个特点：

（1）教学过程是以学员对案例的独立研究和相互分析讨论为主。讨论是在每位学员对案例进行研读的基础上进行的，通过分析讨论，探讨案例中复杂而有深刻意义的或有争议性的问题。教学的主体应是全体学员，教师要调动学员积极主动参与其中，引导学员围绕案例中所描述的特定情境和关键问题，进行思考、讨论、选择、争辩，并做出决策，在这个过程中大家畅所欲言、相互理解、相互启发。

（2）教学案例的真实性是以热点问题或难点问题为焦点。教学案例所选取的素材必须取之于实践，具有真实的细节，且是当下出现的热点或难点问题。以一系列具有典型性、真实性、时代性、价值性的案例作为教学载体，使学员在真实的情境中进行体验，进行角色扮演将自己置于管理决策者或解决问题的地位，认真研究案例中的人物和事件，在与其他学员的互动交流中，获得某种经历或感悟，大家共同商讨找出解决问题的策略。

（3）知识和信息的传递是多向的。在教学过程中，教师和学员都畅所欲言，发表自己的见解和思路，教师要为学员创设一种宽松的、民主的充分讨论的问题空间和思维空间，让学员在友好、热烈的气氛中，抒发自己的意见和想法，强化他们的情感体验。教师扮演指导、引导、组织的角色，激发每一位学员的问题意识，让他们积极思考、勇于争辩、表达观点，鼓励进行有价值、有效果的互动交流。在整个教学活动的过程中，教师不提供标准答案，允许学员犯错误,在反复的讨论、思考过程中,教师引导学员寻求解决问题的思路,可能会有许多解决问题的方法,通过小组研讨要对这些方法进行比较鉴别,从中寻找出最为恰当的解决方案,这样能拓展眼界、开阔思路,达到信息的多向传输,从而实现教学相长、学学相长,大家共享知识和经验。

4. 案例式教学的功能

(1) 案例教学以真实的案例为载体,实现了理论与实践的统一,有助于提高学员分析问题、解决问题的能力。案例教学的组织形式多种多样,它以现实的实践为依据。干部培训的两大目标是理论知识的储备与素质能力的提高,新知识获取来源于实践,能力的提升也离不开实践的锻炼,案例式教学具有针对性、实践性、时代性的特点,这也将新知识的获取与能力素质的增强有机地结合起来。案例内容蕴涵专业理论和生活知识在情境中的应用情形,这其中的案例情境是连接知识和能力的桥梁,为理论应用于实践,再由实践反馈到理论充当了中介,这样不断循环往复。教师由于受到工作环境、工作经历的局限,通过案例式教学可以解决教师在教学中理论与实践相脱节的问题,这也为理论与实践的结合找到了最佳的切合点。教师通过案例能使学员辨识和了解新事件,产生新视角,从而确定正确的行为,这个过程中教师就可能把知识教活,学员也能把知识学活,这种集理论与实践于一身,融经验和才识于一体的教学方法,有利于提高学员分析问题、解决问题的能力。

(2) 案例教学帮助学员从教师或有经验学员那里获得许多具有情境性的知识,促使学员获得更深层次的现实观点。传统的课堂讲授式教学,以教师为主体,强调教师"教什么",学员作为教的对象,处于被动接受的地位。案例式教学则强调以学员为中心,突出学员的主体地位,学员与学员、教师与学员、小组与学员之间通过互动交流,对案例中的问题展开讨论,在这个过程中逐渐像教师或有经验的学员一样去思考问题。教师是"导演",起主导作用,案例是客体,学员是主体,通过多方位的互动交流可促使学员获得更深层次的现实观点,并建构个人的理论和知识。

(3) 案例式教学揭示知识情境的复杂性,增进学员从替代性经验中学习的能力。案例教学针对教学材料中暗含的事物矛盾、主要因素、发展变化的可能性和解决问题的途径,在互动交流过程中悉数反映出来,学员在体验、反思和感悟中学到各种各样的知识、理念、经验、方法。案例式教学以研究重大、热点现实问题为根本出发点,学员将自己置身于真实的教学情境中,扮演管理决策者或解决问题者的角色,运用已有的理论、知识以及学科的角度去思考问题,对典型案例的了解、分析、讨论,并做出自己的判断,这个过程没有标准答案,通过对探求解决问题的对策与思路,培养了学员理论思维能力和分析判断能力,也强化了从别人的经验中学习的能力,能把"授之以鱼"变为"授之以渔"。

5. 案例式教学的实践价值

(1) 帮助学员获得概念性和原理性知识。传统的一些干部培训,教学方式比较单一,难以贴近党政干部最想学到的知识、最想知道的情况、最想解决的问题。案例式教学通过描述一个具有典型意义的、真实的具体工作情境,结合党政干部在工作中遇到的现实问题进行剖析和探讨,寻求解决问题的对策与思路。这一过程中,案例提供了第一手资料和真实的教学情境,有效缩短了教学情境和实际工作情境之间的差距,有助于学员内化所学的知识,帮助他们获得新知识和新理论,有利于学员对复杂的工作情境中的知识进行建构。

(2) 有利于促进学员群体思考,深入分析和反思教学过程。案例式教学的运用,调动了教师和学员共同参与到教学活动中来,通过小组互动交流、共同分析、深入研究,充分调动了大家的积极性,这也是师生在共同参与中一个动态探求的过程。团队合作学习促进学员群体思考,增强主动学习的动机,同时也提高了学员表达、交流和讨论的能力,帮助他们深度理解案例中的疑难问题,通过深入的剖析和交流,学习分析问题和解决问题的方法,形成反思的行为习惯。

(3) 有利于强化教学效果。在案例式教学中,教师是组织者、引导者,调动学员的积极性,让他们参与到教学活动中来,教师发挥在理论和知识储备上的优势,学员发挥在实际经验和开阔视野上的优势,可以达到师生互补,增强教学效果。由于传统一些干部培训与学员需求贴得不紧,教学方式不活,对学员缺乏吸引力,效果不尽如人意。案例式教学以典型的案例为依托,通过对案例的层层剖析把枯燥、抽象的理论生动化,这样增加了理论知识的吸引力和趣味性,学员们在生动活跃的课堂气氛中互动教学,增强了教学效果。以真实的教学情境为导向,有助于学员养成统筹全局、批判性思维、科学探究、兼顾各方的系统思维能力和分析、解决问题的能力,从而增强教学效果。

(二) 案例式教学的前期准备

案例式教学具有展现真实的教学情境、允许学员犯错误、鼓励积极思考与反思、强调能力的提升能等多种优势,但也存在一些局限性,比如,课堂教学时间有限,教师选择的只是现实生活中的一个片段,难以提供系统的理论和知识,教学的成效受案例编写质量的影响等。基于此,开展案例式教学之前,需要做好充足的准备。

1. 编写案例文本①

——案例选题②

（1）目标明确。在编写案例之前要搞清楚案例的目的是什么？案例的使用者是谁？针对党政干部而言，案例应具备以下功能，即掌握学科基本原理、增强现实决策能力、他山之石启发思路、准确把握政策方向。

（2）吸引学员。案例文本应结合当前经济社会热点问题、与学员工作相关度、与学员自身相关度、存在观点冲突对立、悬而未决或正在发生的问题等，只有这样才能帮助学员认识实际情景与行为，才能深度理解教学中的复杂问题，才能吸引学员主动积极地参与到教学活动中来。

——案例设计③

（1）选择编写得真实可信、客观生动的案例。案例只是对具体情况的详细描述，没有解决问题的结果，有各种的矛盾冲突，没有标准的解决问题途径和结论。

（2）教师除了要完整掌握案例中的事实外，还要经常概括，保证讨论有条不紊地进行，要提出中肯而关键的问题，要综合学员的发言，要具备时间观念，要置身事外，帮助学员自力更生而不指责学员的发言。

（3）案例的篇幅取决于具体情况，一般在1万字左右。叙述案例故事，要有可读性，要有人物、情节、矛盾、问题等，可以再正文之外补充附录。

——案例素材的特点

案例素材应具备形式新颖、逻辑清晰、内容丰富、层次分明、互动性强、催化充分等特点，只有这样编写出来的案例文本才具有可用性。

——进行案例调研

编写案例文本之前要进行充分的案例调研，一是进行多方信息比对，在海量资料中，把握问题实质；二是到实地进行走访调研，使得信息搜集实时更新；三是向专家请教，给相关人员审读；四是召开座谈会，讨论案例的价值；五是

---

① 可参看附录三的案例教学手册和附录四、附录五的案例文本。
② 在开展案例教学之前，教师可编写案例教学手册，明确每个案例教学的课前准备、适用对象、教学目标、讨论问题、要点分析、课堂安排的要求。附录三《以党的建设引领城市基层社会治理创新发展——西安市雁塔区红专南路社区治理创新的实践探索》的案例教学手册可为大家开展案例教学提供参考。
③ 参看附录四案例文本1——党建引领基层社会治理的困境与出路；附录五案例文本2——以党建引领社区治理，构建共建共享共治新格局。

根据上述环节，整合信息，使教学资料鲜活实用。

——值得欣赏的案例

一个值得欣赏的案例，是教师和学员就某一具体事实相互讨论的工具；是以实际工作生活中出现的事实情景为基础所展开的课堂教学探讨。案例是基于教学对象和教学目的而编写的，它不是胡乱捏造的故事，也不是专门阐释事实的个例，而它在于通过学员的思考、争辩、选择，从案例中获取某些感悟，使学员增加新知，从而培养他们分析问题、解决问题的能力。好的教学案例，一方面促使学员加深对概念性和原理性知识的理解，另一方面促使学员积极思考与反思，从而解决其中存在的问题。值得欣赏的案例具备以下特点：

（1）与常理和公认的逻辑相悖；

（2）明令禁止但又广泛存在的事件；

（3）充满矛盾、看似无法解决的事件。

2. 案例式教学的组织形式

案例式教学的组织形式一般采用个人随机发言、实现分小组准备、事先约请部分学员重点准备等。分组一般在课前准备，这样能节约时间保持课堂秩序。一般分组可以通过热身活动，根据游戏的设置，学员随机组合几个小组，或者根据培训班开班的时候，学员事先编好组。为了使教学活动开展得顺利，一般教师会提前安排几位学员认真研读案例材料，做好重点发言的准备。

3. 案例式教学的现场布置

课前，教师应在相关人员的辅助下，对教师进行现场布置，根据教学需要重新摆放座位。座位的设置合理关系到学员参与的积极性以及师生的交流方便性。案例式教学的座位设计可采用菱型、环型、半环型、不规则型的排布方式（如图5-7所示），教师可以深入到每个参与讨论小组以及学员的面前。

图5-7展示的7种座位摆放图，有利于学员互动交流，也便于营造课堂的教学氛围，使学员感觉到师生是平等的，自己和每个同学甚至教师都可以平等地参与教学活动，并且学员与学员、学员与教师可以自由地开展互动交流，相互启发、相互理解、经验分享。

4. 案例式教学的教具准备

开展案例式教学时，教学工具一般包括黑板、白板纸、展示架、激光笔、移动麦克、彩色笔、粘钉等。另外，还需要有PPT播放设备以及音视频播放设备等。

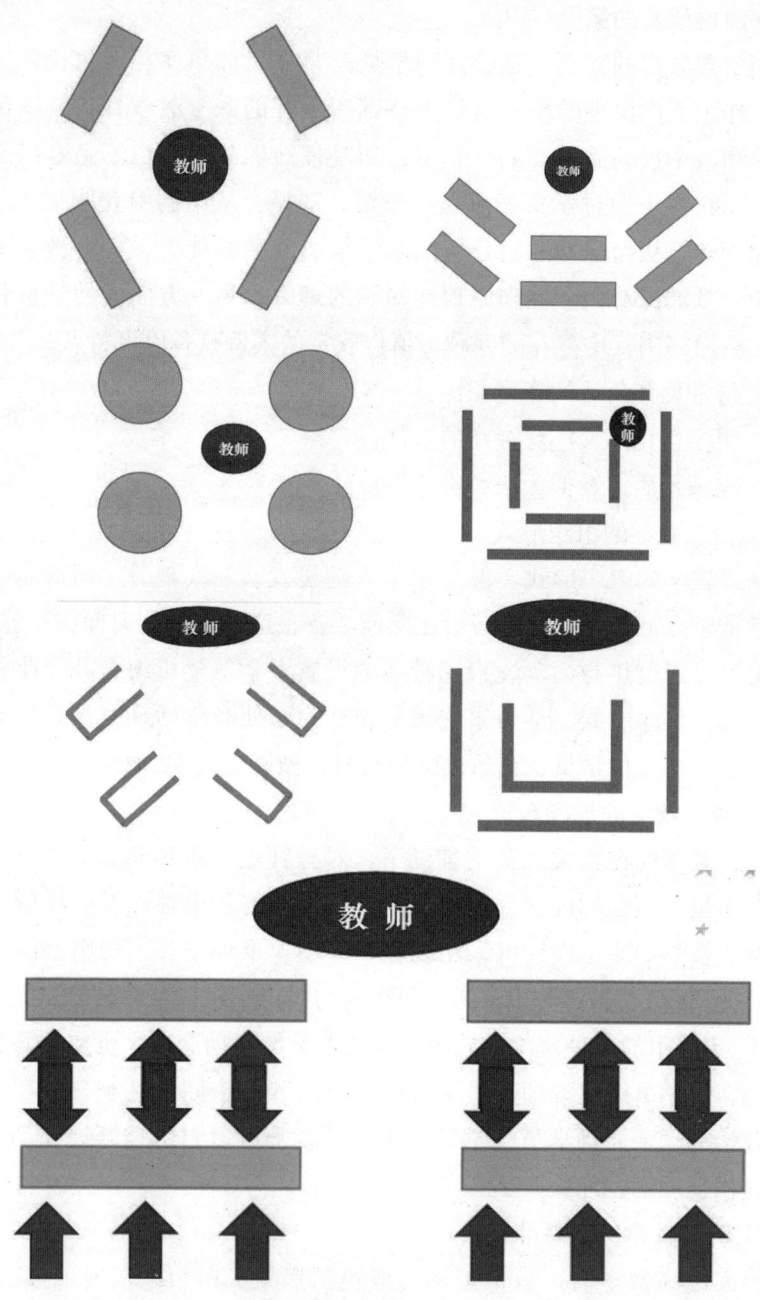

图 5-7 案例式教学的座位排布方式（1-7）

(三) 案例式教学的实施过程

案例：从广东"乌坎事件"看基层组织建设①

乌坎经济发展背景及"乌坎事件"概述详见附录二。

思考问题：如何加强基层组织建设？

案例式教学的实施过程分为案例引入、设计问题、分组研讨和点评总结四个环节。

1. 案例引入

教师需引导学员提前热身，导入教学目标，预习案例文本。然后进行背景资料介绍，可以通过以下三种方式：一是通过冷点名的方式来掌握学员对案例的熟悉程度，比如：提问：案例反映的问题，案例如何引起的，案例的主要人物是谁等类似问题；二是借助声像资料帮助学员进一步熟悉案例，聚焦主题；三是通过简单提问来引导学员进入案例情境。通过这些方式可以掌握学员对案例的熟悉程度，这为开展下面环节的教学做好充分准备。

案例是进行案例式教学的核心，因此教师应强调学员要对案例本身情况予以熟知，这是开展案例式教学的重中之重。在这个环节中，教师应提示学员案例的复杂性在哪里，在互动交流时主要探寻哪些主要因素，以及通过这个案例需要达到的教学目标等。这一系列的介绍，可以引起学员的注意，也给学员一些指导，使他们能有针对性地阅读案例材料。

2. 设计问题

在学员充分阅读、分析案例文本，查阅相关资料的基础上，教师应设计好问题的要点。问题的设置应视教学对象情况而有不同，视课时长短、人员数量、分组情况而有不同，甚至要视该课程在整个教学方案中的环节而有不同。问题的要点应由浅入深、逻辑关联、选择切入点、紧扣主题等。

3. 分组研讨

这一环节是开展案例式教学的中心环节，教师的角色变成组织引导者，组织好互动交流，引导学员积极参与，学员应主动参与、全员参与、充分参与。通过教师对有关案例教学情况的介绍，以及对本堂课中涉及的案例文本进行详细概述，之后就要引导学员积极主动地参与到小组互动交流中来。教师要组织协调整个研讨过程，为学员创设一个热烈的、宽松的、友好的、平等的学习氛

---

① 因涉及版权，故无法将全文转载。根据国家行政学院政治学教研部的教学案例改编。笔者听课时间为 2012 年 7 月 10 日。

围,各抒己见,集中团队智慧,充分交流。在小组讨论过程中,教师要坚持集体参与、团队合作原则,给学员提供自由发挥的空间,鼓励学员各抒己见,不要限制学员思维。通过经验共享的方式,营造一个和谐的交流研讨氛围,让不同观点、想法和经验得到交流,同时认真听取其他学员的思想和智慧,使学员通过互动交流能充分分享全方位、深层次的信息。分组交流研讨是案例式教学的高潮,是形成新知识、新理念、新观点的重要环节,也是全班学员经验与知识共享的过程。在这个过程中,学员也在不自不觉中培养了团队意识、合作意识和交际能力。另外教师还要进行必要的调控,化解讨论中出现的偏题或离题现象,引导学员紧紧围绕案例的主题展开讨论,并且在深度讨论的基础上要深化主题。另外,教师要有很强的时间观念,应合理地分配课堂时间,由于案例讨论时间有限,在各小组汇报讨论成果时,可事先选定好小组中心发言人,以保证讨论效果。规定的时间内,在小组讨论形成共识的基础上进行课堂发言,全班交流。教师应分配好时间,有言在先每个学员不超过5分钟,必须严格执行。

　　学员在对案例进行仔细阅读、分析、思考以及查阅相关材料的基础上,进行了分组讨论,全班交流,这样能够进行有效的讨论。许多学员对于"广东乌坎事件"这一现实的热点、难点问题进行了深度的探讨。如有的学员认为,"从土地征收到村务管理,乌坎成为了一个浓缩的中国农村现状,我认为村民的意愿是合理的,即使行为过激,也应该有所原谅"。随着问题讨论的深入,学员们的思想火花不断碰撞,有的学员表达一个观点引起其他学员的广泛争论。在谈到基层组织对于解决社会矛盾的好处时,学员们纷纷表达意见。有学员表示,"从乌坎事件中,便可以看出基层组织的力量。在广东乌坎事件中,村民临时理事会有举足轻重的作用。一些相关文章、视频证实乌坎村民在2011年9月29日推选理事会之前,也就是没有组织化之前,砸过村委会的办公室和当地企业,推翻了警车,使用了暴力。而在2011年9月29日组织起来之后,就完全不一样了"。有的学员继续表达见解,"在2011年12月9日到12月20日这十多天乌坎村处于'无政府状态',行政机构就是'临时代表理事会',这个机构是以姓氏为单位选举出13名代表,这也体现了乌坎村宗族关系密切。我们看到,不仅乌坎村的生活秩序一切井然,而且村民在与当局和警力周旋时也展现出了极强的组织程度。以前没组织起来的时候维权没有计划,面对镇压无计可施,本能地以暴力抗争发泄不满保护自己;而在组织化后,维权活动都有周密计划和安排,却没有使用暴力"。小组负责人紧接着总结到,"可以说,乌坎事件的最终解决与村民理性的、有组织的维权行为密不可分。基层组织显示出了很大的作用,还是一个临时性质的组织,就发挥了这么重要的作用"。正在讨论激烈的时候,教师也过来引导学员继续深入探讨,怎样抓住民主政治建设、如何加强基层组织建设?通过激烈的小组讨论,各小组在集中组内学员意见的基础上,由小组代表汇报讨论成果。有小组认为,"通过组织内部的沟通和自我约束,形成主流的理性意见、孤立个别的激进观点,可大大增强群体行为的可预期性。村民有组织以后,最强调的就是停止暴力,对于个别激进的想法,经过大家的理性分析也能够平息下来,从而达成目标明确,诉求合理的组织。这是乌坎事件的助推器"。别的小组认为,"即便事件的解决仍需政府介入,也为政府的调解处理提供了'着力点',基层干部不必再面对散沙式的诉求,不仅大量节约工作成本,还可充分利用制度化的调处模式,妥善化解群体矛盾。2011年12月20日,朱明国到访乌坎后,村民代表林祖栾向他转达了村民诉求,工作组立刻以此展开调查,省去了工作组思想动员、安抚情绪、维持秩序等一系列前期工作。可以说,向基层组织开放合法性空间是和谐社会建设的重要内容"。还有小组表达了应促进基层组织的培育和发展,"当碎片般的矛盾冲向政府时,有基层组织挡一挡,应该是给矛盾一个缓冲地带,这可以省去政府很多工作。乌坎事件的解决路径,同样给出了重大启示。政府承认乌坎村民自发选举的临时理事会,这是化解乌坎危机的关键举措之一。过去有什么问题总是先找政府处理,现在,自己的问题先由内部人商量,达成一致,自己能解决的就自己解决,自己解决不了的,再由政府解决,让基层自己管理好自己,才是我们最终要达到的目的。这才是双赢"。别的小组也表示,"要在加强基层组织管理服务上求得新突破。构建各司其职、协调配合、分级负责、依法监管的管理体制,引导基层组织更好地承担起社会责任。可以看到,我国基层组织发展的新局面即将到来"。各位学员在讨论过程中,畅所欲言、各抒己见,都表达了自己的思想、见解和智慧,不断地进行争辩、分析、产生共鸣和进一步抉择,课堂交流气氛热烈、活跃。经过分组研讨,各小组都形成了一个研究成果,基本达成了共识,对于一些仍然存疑的问题将在发言中表达出来,全班共同再次讨论。

值得提醒的是,在小组交流研讨这个环节,教师要给予鼓励和接受反馈,教师是"导演""帮促者",在讨论过程中不轻易打断学员的发言,也不要随意发表自己的观点,而应以鼓励为主,促使学员能自己体验学习过程中所必须经历的挫折和失误。教师也要倾听、反思学员的陈述,不断引导学员集中精力揭示案例背后隐含的其他因素,深入探讨,相互启发,在体验和感悟中提高自身的实践能力。还有，教师也要应对不同风格的学员，比如健谈型、炫耀型、跑题型、沉默型等，针对不同类型的学员的特点，采取不同的方法调控、引导、鼓励、激发他们参与讨论的兴趣。这一环节，教师更多的是一位倾听者，仔细听取学员的发言并认真记录他们讨论的情况，以便给学员做好指导，并做出及时的反馈，为下一环节的点评总结做准备。

4. 点评总结

在这个环节，首先，教师要做好案例讨论交流中对学员观点的点评。通过点评可以将学员在小组讨论中对案例学习的参与积极性、分析问题的准确性、创新思维的表现等方面有一个量化的指标，以此来激发学员对问题进行深度反思。其次，由教师对课堂教学的全过程进行归纳、总结。教师会讲明案例中的关键要素，以及在互动讨论当中存在的不足和长处等。当然，教师的总结也可引而不发，以便课后留给学员进一步思考的余地，通过总结，帮助学员思考问题。

教师的点评和归纳，不能满足于表面问题，要对案例背后隐含的主要因素进行梳理，为学员揭示案例情景的复杂性，给学员提供解决问题的理论工具，并总结出具有普遍意义的论点。点评总结，是开展案例式教学的提升环节，教师要注重对这一环节的处理，帮助学员加深对案例的认识和理解，让学员从案例中获得某种感悟。案例式教学强调问题的解决，学员在解决问题的过程中会经历许多不确定、意见不统一和没有"标准答案"的学习过程，学员从案例中获得的解决问题的途径，并不是确定的，也没有得到最终答案，重点是让学员参与互动交流的过程，在经历中感悟，在感悟中提升。从这个意义上讲，即使无法获得"正确的""标准"的答案，也要继续探讨，进一步思考，享受这个案例式教学的乐趣。因此，教师要通过点评总结，鼓励学员深度理解案例中的疑难问题，不断反思，思考现实中更深层次的问题，并建构个人的理论和知识。

以上是案例式教学的几个基本环节。在教学过程中，案例、教师和学员这三个基本要素要相互配合，相互促进，才能取得预期的效果。其中，教师成为教学的组织者、引导者和帮促者，而学员则是教学的主体，是参与者，表5-6将案例式教学过程中教师和学员的任务分别列出。

表5-6 案例式教学过程中师生的主要任务

教学过程	教师/帮促者	学生/参与者
课前	1. 编写案例文本，并根据案例内容确定教学目标； 2. 进行教学准备； 3. 熟悉案例内容，与其他同事共同探讨所选案例	1. 个人仔细研读案例并查阅相关资料； 2. 组织小组预讨论
课中	1. 教师通过文字、图片和影像资料介绍案例的来龙去脉； 2. 调控课堂案例讨论过程； 3. 观察学员的课堂表现； 4. 提供数据、原理，以提高学员的思考、学习和反思	1. 提出对案例内容的不解部分； 2. 通过仔细倾听而参与小组互动研讨； 3. 充分参与，积极发表见解； 4. 小组尽量对案例讨论的问题进行总结
课后	1. 评价学员的参与和记录情况； 2. 根据课前设定的教学目标来评价案例及相关材料	1. 根据教学中的所学的主要观点、概念和知识反思自身行为，内化为个人的理论或知识； 2. 学员进行自我评价或相互评价

（四）教学效果评价

笔者深入到课堂，亲身聆听了案例式教学的全过程，感触颇大。在对教师和学员的访谈调查中，他们都颇有收获和体会。一次案例教学课，经过精选案例、认真准备、小组研讨和总结点评等环节，能够取得良好的教学效果。

在对国家行政学院进修部的一位教师访谈时，她谈道："案例式教学可以采用课堂模拟形式、角色扮演形式或课堂分组讨论形式，激发学员运用已有的经验和知识进行头脑思维，进而建构新知识并提高自身分析问题、解决问题的能力。通过这样的教学方式学员能够有实实在在的收获和提高的，因此国家行政学院一直在进行案例式教学的实践和创新。"

另外一位从事案例式教学的资深教授也谈道："案例式教学最大的特点在于，把前人的经验变成后人的财富，用别人的经验审视自己的观念。"

经过与多位学员和教师的访谈，笔者也进行了梳理和总结，他们对教学效果的反馈主要有：

效果反馈一：案例式教学以案例为载体，充分突出学员的主体地位，师生互补，有利于教学相长、学学相长，是干部们最喜欢的培训方法之一。教师和学员反映，案例式教学不同于传统的"满堂灌"的讲授，重视发挥学员的主观能动性，实现了两个优势的互补，即教员理论优势和学员实践优势。在案例式教学活动中，教师为学员创造一种活跃的课堂氛围，学员在小组内部进行互动交流，大家平等对话，相互启发，从而有利于优势互补，实现了教学相长、学学相长，共同提高了教学效果。

效果反馈二：案例教学促进了理论与实践的相结合。全班学员都认为，案例式教学联系实际、学以致用，以问题为导向、以正在做的事情为中心开展教学，引导学员积极参与其中，以案例为线索搜集资料、分析问题、互动交流。在分组研讨中，学员抒发自己的想法、观点和思路，小组成员齐心协力共同探讨解决问题的办法，大家通过独立研究和相互讨论，解决了案例中的实际问题，提高了理论水平，促进了理论与实践的结合。教师认为，案例式教学要求学员运用已有的知识、工作经验、岗位背景解决案例中的现实问题，有利于学员联系实际进行研究问题，不断总结工作实践经验，实现理论与实践的结合；又便于教师进行点评归纳，将实际的做法从理论上进行提升，注重理论与实践相互结合交融，让学员在思想上和能力上都有所收获，这种方式得到教师的普遍肯定与欢迎，值得提倡和推广。

效果反馈三：案例式教学的作用得到充分发挥。在教学过程中，实现了教员和学员两个积极性的提高。整个课堂氛围是轻松、活泼、严肃、平等的，在这样较为宽松的教学情境中，学员根据自身的专业背景、工作经历和实践经验对案例进行分析研究，发表自己的意见和看法；教师则引导学员结合相关的专业理论对案例中的问题进行深入的探讨和阐述，对案例中隐含的主要因素进行系统梳理，激发学员的问题意识，在这个过程中学员发挥能力和提高认识，在综合素质方面得到较大的提高。

（五）案例式教学的互动环节

案例式教学跟上述的几种教学方式一样，也有教师与学员之间、学员与学员之间、小组与小组之间、教师与小组之间的互动，同时还有案例与学员之间的互动，在此特别予以分析。

在案例式教学中，案例是进行课堂教学的载体，也是理论联系实际的一个理想载体，因此要特别关注案例与学员之间的互动。案例的选择不仅要具有典型性、真实性，更要符合学员的实际，也就是说，选择那些与学员工作内容、工作经历、生活实际相符合的，并且贴近他们的专业知识结构、与已有的实践经验相当、对工作能力有提升作用的案例。为了达到案例与学员的良好互动，教师需熟知案例中的重要信息，抓住案例中的主要问题，帮助学员熟悉案例，聚焦主题。在小组讨论过程中，时时以案例中需要解决的基本问题为核心，说明自己的案例分析结果，同时也听取其他同学的案例分析及解决问题的办法，在小组内部针对案例分析中出现的疑难问题进行讨论，最后进行全班的交流，在教师的引导下形成对案例中问题的解决办法。在教学过程中，学员一直围绕案例进行学习，阅案例、思案例、议案例，通过与案例的互动，达到知识的更新，能力的提升。

（六）对案例式教学的理论分析

1. 成人教育理论

前面章节已经介绍了成人教育理论的相关内容，并分析了对干部培训工作的启示。案例式教学符合成人的学习特点与成人智力发展，正说明了案例式教学对党政干部培训的适用性。

首先，案例式教学强调以学员为主体，充分发挥学员的主体性、主动性、自主性，学员积极主动地参与到教学中来，其角色是积极的参与者，主动的探究者、分析者；而教师是"导演"、帮促者，其作用主要体现在课前的准备、案例文本的选择和编写、教学组织形式的选择、课堂案例分析讨论的组织、调控及对学员发言的点评总结归纳等环节。教师作为引导者、启发者、促进者，充分肯定了学员的主体地位，积极鼓励学员不断发现问题和解决问题。

其次，案例式教学利用学员已有的理论知识、工作实践、工作经历及人生体验，对案例进行多层次、多侧面、多角度和全方位的分析和阐释，既给予学员发表自我观点和想法的机会，更增强了学员"深度学习"能力，通过小组互动交流也培养了学员的多元思维及多角度看问题的方式，扩大学员的想象力和视野。

最后，案例式教学的首要环节就是选编合适的案例，案例要植根于现实发生的事件，是学员工作生活中典型问题、热点问题、棘手问题的再现。案例式教学充分利用了党政干部具有一定的逻辑思维能力、理论思维能力和问题解决能力的特性，引导学员共同参与对典型性案例的讨论、分析与解剖，在个人问题探究和小组讨论的基础上，提出问题解决的专业决策或行动，着力于实际问题的解决。

2. 建构主义学习理论

建构主义认为，学习者的学习是一种基于自己与外界相互作用的独特经验，学习者不是等待知识传递或灌输的容器，而是去积极建构自己的知识，并对某种经历和感悟赋予意义的过程。建构主义学习强调主动性、情境性和社会性，主张基于案例的学习。案例式教学的全过程恰恰符合并反映了建构主义的基本观点。

首先,案例式教学中的案例,为教学提供了一个具体的、现实的、典型的事件。案例的编写来自教师的个人经验或其他人的经验,形成案例后通过课堂中的分析、讨论,可以让学员学习和了解其他学员、教师的观点和看法,从而跳出自己的主观经验,激发学员积极主动地去建构知识的意义,在建构的过程正成为意义的主动建构者。同时,案例中反映的经验和理论,经过分析和讨论联结而发展成抽象化的原则,有益于学员把这些原则和自己已有的经验和知识相联系,并认真思考这些联系,从而克服对理论的排斥和对抽象化轻视的弱点。

其次,案例式教学增强了学员"深度学习"能力,强调学员参与讨论,抒发自己的思想和见解,并获得更深层次的现实观点。在案例式教学过程中,教师积极引导学员对案例中所反映出来的问题进行深度思考,在个人探究分析的基础上,再以分组互动交流的形式,展开深入分析和研究,在思考、争辩中做出决策和选择。以小组为单位,通过讨论案例中出现的复杂问题,在学员相互发表自己的看法之后,大家的观点不断地碰撞和积淀,帮助学员深度理解案例中的疑难问题,并延伸、重组、更新及建构个人理论知识、专业技能,重塑思维方式。

再次,案例式教学利用案例的真实情境进行教学,促进知识向智慧的转化。根据教学内容要求的情境设置好案例情景,让学员在真实情境中进入角色,利用学员已学的知识为背景,设身处地地参与到案例分析中,帮助学员对案例中的矛盾冲突进行意义建构。所获得的新知只有转化为智慧才有价值。在案例式教学中,教师要引导学员围绕案例中的关键性问题进行讨论、思考和分析,这个得出结论的过程和解决问题的方法与技巧尤为重要。以案例为线索,将现实生活中的典型问题带进课堂,把学员带进特定的矛盾、冲突中,运用学员已有的理论知识、工作经验寻找解决问题的策略,在体验和感悟中升华为领导和管理的智慧。

最后,案例式教学强调团队学习,促进沟通与合作。案例式教学的过程,通常要经过分组讨论与交流,共同思考和讨论案例中涉及的困境、观念和核心问题,在这个过程中学员要相互沟通、学会倾听和说服别人,在不同的思路和观点中相互补充、相互借鉴、相互砥砺。而分组讨论的过程也是团队有效合作的过程,在合作中相互促进,在沟通中增进合作。

3. 人本主义学习理论

人本主义学习理论强调的是学员的自我发展和完善，促进学员的全面发展。在案例式教学过程中，教师为学员提供丰富的教学资源，通过对案例的分析、讨论和反省等教学活动，从不同方面、不同层次上培养了学员的综合能力，提升了学员的综合素质。对案例的分组讨论为学员提供了合作与支持的教学环境，创设了真诚、平等和接纳的教学氛围，鼓励学员积极主动地参与到教学活动过程中去。在教学中，学员是真正的主人，是与教师平等对话、并肩论道的共同研究者，同时强调师生、生生之间的双向和多向互动，建立和谐、民主、平等的师生关系。

4. 经验学习圈理论

前面几个章节都提到库伯的经验学习圈理论，同样，也说明了案例式教学对党政干部培训的适用性。教师通过典型的案例为学员创造与真实情境相类似的教学环境，在真实的世界中体验和学习，提高学员参与的积极性，在参与讨论中不断反思自身的经验和理论，进而促进其对所学内容进行意义建构，减少教学情境与实际工作之间的差距，让学员学习学员分析问题和解决问题的方法，使学员将所学的概念性知识和原则更容易地应用到实际情况中去（如图 5-8）。

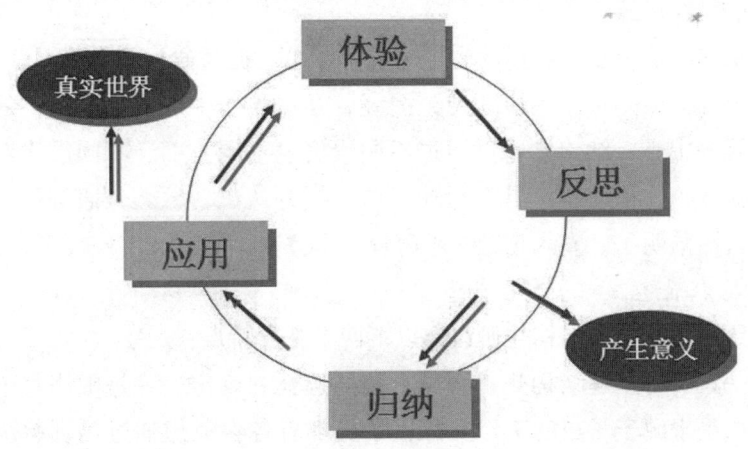

图 5-8 经验学习圈理论

五、互动式教学案例五：结构化研讨

约翰·斯图尔特·密尔在《自由论》中指出："一个人能够对某个问题有所知的唯一办法是听不同人对这个问题所提出的不同意见，了解具有不同思维特

点的人是如何使用不同的方法来探究这个问题的。所有有智慧的人都是通过这种途径获得其智慧的,人的智力的本质决定了只有这种方法才能使人变得聪明起来。"① 基于此,党政干部培训应以学员为主体,鼓励学员参与到教学活动中来,通过分组研讨达到知识和经验的共享,而结构化研讨正是符合党政干部学习特点的教学方式之一。

(一) 概念理解

1. 定义阐释

小组研讨是干部培训不可缺少的重要环节,传统研讨存在着冷场、偏题、无果等问题,而结构化研讨是对"研讨"的优化。结构化研讨是需求为基础、问题为中心、学员为主体的现代培训理念的具体表现。结构化研讨是一种国外广泛应用的培训方式,也是近年来国家行政学院大力推广的方式方法之一。结构化研讨又称"四副眼镜法"研讨,是指围绕教学目标、培训内容选定一个主题,由催化师按照一定的程序和规则,利用结构化思维方式和有效研讨工具(比如,头脑风暴法、团队列名法、鱼骨图原因分析法、目标制定SMART原则、目标分解图等),引导组员围绕预设的研讨专题来聚焦问题、查找原因、提出对策,是对培训主题分步骤、多角度、分层次开展讨论的方法,是团队学习的一种有效的组织形式。

在结构化研讨中,研讨的主题来源于学员,通过研讨能够满足学员的需求。研讨的过程突出学员的主体地位,围绕着学员工作中遇到的实际问题展开,以具体问题为中心。结构化研讨通过不同维度、不同方面、不同层次对一个主题进行360度的分析讨论,具有启迪思维,提升认识,触类旁通等优点,且讨论要求语言简洁明了、直入正题、不解释、不评论,研讨效率比较高。

2. 特点描述

大致归纳分析,结构化研讨有以下四个主要特点:

第一,研讨主题结构化。研讨主题的选择和确定,一是围绕每个培训班的主题,二是来源于学员的工作实际,学员都有各自最想通过培训解决的实际问题。在结构化研讨的第一个阶段,催化师会将学员带来的问题进行汇总,形成"问题清单",然后引导学员聚集出共同关注的若干个主题,以此作为结构化研讨的重点问题,在催化师的引导下再采用民主的方式对聚焦出的重点问题进行优化进而确定主题,主题一旦确定,每位学员都要围绕这一主题开展研讨。在

---

① 刘俊. 结构化研讨方式在公务员培训中的应用 [J]. 行政管理改革, 2012 (12): 75.

结构化研讨的过程中,催化师会根据一个总的研讨主题,确定每一阶段讨论的小主题,一般主要包括聚焦问题、分析原因、对策建议等,每个阶段催化师都会积极引导学员围绕相应的主题分步骤进行研讨。通过这样的方式确定研讨主题,使得每个阶段的研讨主题条理清晰,逻辑分明,便于学员更有针对性、更积极地参与到研讨中。

第二,研讨成员结构化。参与结构化研讨的成员一般包括催化师、小组长、记录员和学员,研讨成员按照一定的规则分为若干个小组,每个小组配备一名催化师、一名小组长、若干名记录员。催化师作为整个研讨的过程设计者和引导者,他们的主要作用是保证学员以更有效的方式思考与交流,他们不仅关注学员思考与交流的内容,更关注学员良好思维方式和互动方式的养成。催化师一般聘请兼职教师担任,以确保其中立性、客观性,并被学员所信任。结构化研讨的学员分组可以采用随机分配、自主选择或提前安排等方式,比如,根据这个培训班的人数,可以把全班分成4个小组,由4位班委成员分别选任各组组长,每位学员自主选择愿意参加哪个小组进行研讨。在提前安排好的4个研讨室门口分别贴上第一、第二、第三、第四小组,请学员选择一个小组(研讨室)参加。每个研讨室有固定的椅子数,如果学员选择的小组(研讨室)已经坐满,就请再次选择另外一个小组(研讨室)参加。不管采用哪种方式确定好研讨小组后,在结构化研讨的每个阶段,每个小组的成员一般都固定下来了,原则上不允许私自调换,以确保研讨成员结构化。

第三,研讨进度结构化。结构化研讨一般有四个步骤:一是民主征集最急需解决的问题,以确定研讨主题。二是进行两到三次的研讨,每个小组围绕研讨主题在催化师的引导下,进行每个阶段研讨,一般分为聚焦问题、分析原因、对策建议等若干阶段。催化师要引导学员进行由浅入深、循序渐进、言简意赅的讨论。三是每个小组的代表发表本组的意见进行全班交流,授课教师或特请专家进行现场点评。四是归纳提升,深化认识,综合考虑各小组意见,形成书面研究报告。其中在第二个步骤中分三个阶段的研讨,也是有具体的进度安排的,先提出问题、揭示现象;然后聚焦问题,寻找症结;最后献计献策,形成方案。这种分步骤、按阶段、结构化的研讨,将研讨活动安排在课程的前中后阶段与教学活动双轨并行,引导学员把过程放慢,让思维打开,把主题拆分为问题、原因、对策等若干阶段进行研讨,严格按照每一阶段的讨论主题和要求进行研讨。结构化研讨的进度,使得每一阶段的研讨都有序进行,并且有利于学员课前准备,增强培训效果。

第四，研讨成果考核要素结构化。在培训之前，培训机构应该科学确定培训成果和学员学习效果的测评要素，从教和学两个方面全面评估培训成果，以期逐步提高培训水平，提升培训质量。结构化研讨的研讨主题和研讨进度具有结构化的特点，更便于专职的教研部门事先制定更客观的考评要素对每一研讨主题进行评议，对研讨的每一步骤进行监测，从而使测评结果更直观、更公正、更有参考价值。同时，在结构化研讨中，每个研讨小组会根据其研讨和交流的成果，形成一个关于研讨主题的研究报告。这些研究报告将由催化师提交给某一研究领域的专家进行科学评价，并将评价结果反馈给学员，这将有利于学员进一步评估本组学员的研讨效果，对比自己在研讨中的成绩与不足，对学员"学"的效果评价机制也有效地建立起来。①

(二) 实施过程

1. 准备阶段：确定研讨主题

确定结构化研讨的主题，一般可采用以下几种方式：一是由教师或催化师结合培训专题的内容在认真讨论的基础上加以确定；二是从学员的工作实际，最想通过培训解决的实际问题中筛选确定；三是由学员提出各自的议题，教师或催化师讨论后予以确定等。一般会选择与中央和国家重大发展战略、学员共同关注的有关社会政治经济发展的，与培训内容直接关联的热点、难点问题。

在国家行政学院"推进生态文明建设研讨班"中主题明确，以当前形势下如何推进生态文明建设工作为主题，期望通过学习和研究帮助学员认清当前需要破解的工作难题，查找症结，提出对策建议，提高党政干部治理生态文明建设的水平。学员要在培训中深刻认识新的发展阶段中国面临的生态文明建设的机遇和挑战；了解中国该如何在经济社会发展的新时期更好地面对资源约束趋紧、环境污染严重、生态系统退化的严峻形势，做好生态文明建设的方方面面。

2. 实施阶段：三阶段研讨②

结构化研讨一般根据学员思维的不同阶段划分为三个阶段的研讨。党政干部具有丰富的阅历和经验，在讨论中发表自己的看法，一般会从自身的经历出发，从提出问题、分析问题到解决问题讲述自己的观点。然而，由于知识结构、

---

① 刘俊. 结构化研讨方式在公务员培训中的应用［J］. 行政管理改革，2012（12）：75.
② 结构化研讨的具体安排详见附录三：三个阶段结构化研讨实例。

工作经历、知识背景等的限制,每个人在分析问题时会有一定的局限,对问题分析还不全面,提出的解决问题方案也不具有适用性。这就需要培训教师精心设计研讨过程,在充分尊重和了解学员相关情况的基础上,采用合适的研讨工具,将学员的"垂直思维"变成"水平思维"(如表5-7所示)。

表5-7 结构化研讨三阶段研讨

水平思维 垂直思维	5	4	3	2	1
问题	←	←	←	←	←
原因	←	←	←	←	←
对策	←	←	←	←	←

第一阶段一般安排在培训班的前期,主要任务就是引导学员查找问题,全方位认识问题,通过借鉴不同学员的观点,克服自我认识问题的局限性。通过第一阶段的研讨,学员带着问题听相应的专题讲授,学习效果会比较好,在听课的同时不断思考与反思,为下一个阶段的研讨做准备。第二阶段一般安排在培训班的中期,教师要对学员提出的问题进行归纳整理,并聚焦几个重点的、热点的主题,每个学员根据自身的实际选择一个主题参与讨论。每个研讨小组在催化师的带领下对一个重点问题进行深入的分析,剖析造成这个问题的原因所在,全班分成若干小组对问题进行全方位、多角度、分层次的研讨。第三阶段一般安排在培训班即将结束的时候,有时会和结业式一起进行,学员根据本次培训所学的内容对存在的问题进行深入思考,最终形成解决问题的方案。通过三个阶段的分组研讨,突出了学员的主体地位;在催化师的引导下,学员对工作中存在的问题进行层层分析,始终以问题为中心,满足了学员的需求。在这个过程中,把学员的"垂直思维"变成"水平思维",需要催化师的积极引导和热情鼓励。结构化研讨的过程充分体现了"教学相长、学学相长"的培训理念,学员获得了新知,一是从催化师那里得到了最新的理论知识,二是从其他学员那里获取了新的知识信息。通过了解别人的观点,再结合自身工作实际,不断思考与反思,从而得出解决问题的对策建议。

在国家行政学院的"推进生态文明建设研讨班"中培训框架如下所示：

培训框架（9天）

- 主题报告　　1次
- 专题讲授　　5次
- 专家论坛　　1次
- 经验交流　　1次
- 案例教学　　1次
- 学员论坛　　1次
- 结构化研讨　3次
- 结业交流　　1次

在全面把握本次培训班的培训框架后有针对性地安排这三阶段研讨，"推进生态文明建设研讨班"是以"问题"为导向的研讨，即第一阶段以查找问题，描述现象为主要议题；第二阶段以分析原因，查找症结为主要议题；第三阶段以对策建议，分享收获为主要议题。具体安排如下：

第一次结构化研讨：查找问题（2013年3月2日）

　　第一时段：分组研讨

　　第二时段：全班交流

第二次结构化研讨：分析问题（2013年3月5日）

　　第一时段：分组研讨

　　第二时段：全班交流

第三次结构化研讨：对策建议（2013年3月8日）

　　（研讨成果在结业式全班交流）

3. 总结阶段：分享研讨成果

各小组归纳研讨成果，推选代表在全班进行汇报交流。催化师结合各组学员的汇报成果进行点评、归纳和总结，以形成共识，分享研讨成果。由于结构化研讨是分组、分主题、分阶段进行的，每个学员都表达自己的想法，当然这些观点相对零散、片面，且缺乏系统性、理论性。学员在听取别人的意见后，也难以将整个研讨观点系统化。这就需要在催化师的引导下，各小组汇报研讨成果并进行全班交流，并对学员的观点进行适当的评述，最后进行理论系统的归纳和梳理，最终形成的研讨成果要有一定的理论高度和深度，引发学员继续的思考。

每一阶段的结构化研讨一般分四个步骤：一是民主征集最急需解决的问题，

以确定研讨主题；二是进行两到三次的研讨，每个小组围绕研讨主题在催化师的引导下，进行每个阶段研讨，一般分为聚焦问题、分析原因、对策建议等若干阶段。催化师要引导学员进行由浅入深、循序渐进、言简意赅的讨论；三是小组长或每个小组的代表发表本组的汇总意见进行全班交流，培训教师进行现场点评；四是归纳总结，深化认识，在综合参考每个小组的意见和建议的基础上，形成书面研究报告。在教学过程中，针对一个主题的不同方面划分为三个研讨阶段，组织学员进行多次互动交流和辩论研讨，在平等融洽的氛围中表达各自的看法，从中提取更加精炼更加有价值的观点。

（三）结构化研讨的基本要素

结构化研讨是需求为基础、问题为中心、学员为主体的现代培训理念的"落地"，是干部培训教学方法的一种创新，受到学员的欢迎，我们应大胆实践，认真总结经验，把握结构化研讨的几个主要要素，更加有力地指导干部培训的工作实践。在结构化研讨中，一般包括五个主要要素，即整体设计、主题结构化、进度结构化、催化师的引导、借助工具。

1. 整体设计

在对干部需求整体把握的基础上，针对每个培训班的教学目标和教学内容，精心设计结构化研讨，以提高培训教学质量。比如，国家行政学院的"推进生态文明建设研讨班"结构化研讨的整体设计如图5-9所示。

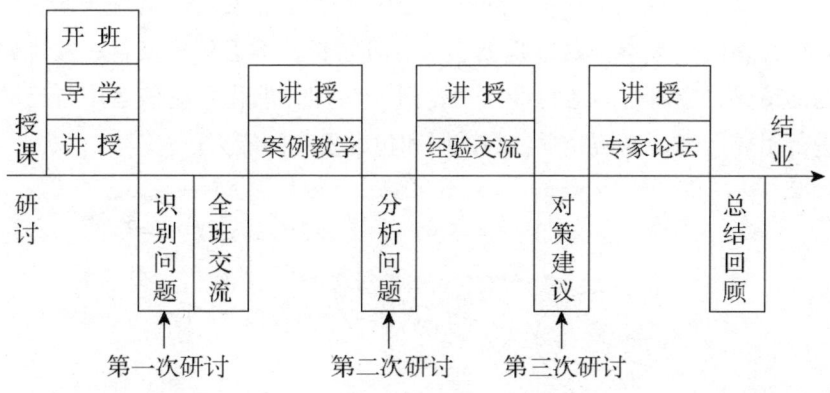

图5-9 结构化研讨的整体设计

一般来说，会根据每个培训班的整体安排，事先考虑好结构化研讨的次数和具体安排时间。每个培训班会根据需要安排两到三次结构化研讨，将研讨的时间安排在课程的前中后阶段与教学活动双轨并行。比如，国家行政学院的

"宁夏经济转型升级研讨班"只有四天的培训时间,就安排结构化研讨两次,第一次结构化研讨安排1个小时的时间,主要任务是分组研讨进行查找问题,在催化师的引导下分类整理出学员共同关注的主题;第二次结构化研讨安排半天的时间,分成查找症结、对策建议两个主题,学员按主题分组讨论。

2. 主题结构化

关于主题结构化,在前面的内容中已经做了详细阐述,值得一提的是,一个培训班的结构化研讨主题可能根据不同的要求,从多个角度分出多个主题。比如,在国家行政学院"工业转型升级研讨班"中,根据形势任务、战略转型、创新升级、思维方式四方面内容的要求,结构化研讨的主题也有四个方向,即国际化、战略转型、自主创新、智能化。学员按主题分组,每位学员自主选择一个最愿意参加研讨的主题选择小组。4个研讨室门口贴上研讨主题,每位学员选择一个主题(研讨室)参加。每个研讨室有固定的椅子数,如果学员选择的主题(研讨室)已经满员,就再次选择另外一个研讨主题(研讨室)参加。

3. 进度结构化

催化师引导学员把每个阶段的研讨过程放慢,鼓励学员把思维打开。一般来说,以"问题"为导向的结构化研讨分三个阶段,当然,也会根据培训班的时间、内容、目标要求灵活安排两次或四次结构化研讨。每次研讨环环相扣,紧密不分,以主题为主线展开(如图5-10所示)。催化师作为整个研讨的引导者,必须合理把握节奏。发言积极、发言时间长、不愿积极发言;发言偏离研讨主题的情况,应该巧妙地打断;讨论过于激烈,催化师应该运用自己的专业知识进行引导,间接地培养学员的说服和包容妥协的能力。

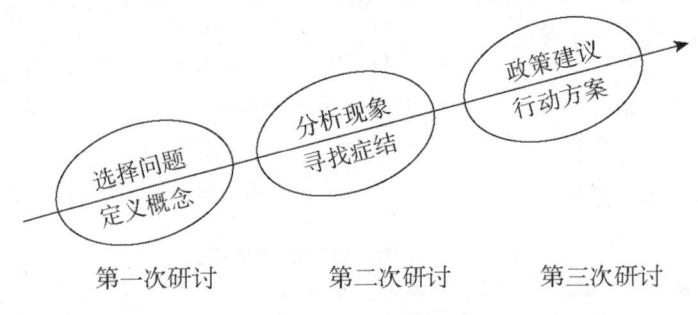

图5-10 进度结构化

在国家行政学院的教学中,对结构化研讨进行了灵活创新和运用,比如,在"全国政府系统秘书长和办公厅主任培训班"中,根据培训内容和培训目标的要求,开展以"能力"为导向的结构化研讨,在三个阶段的研讨中分别以"要素""标准""提升"为小议题而展开。

4. 催化师引导

培训者扮演催化师的角色,就是要将学员自身的智慧、知识、经验等挖掘出来、激发出来。这些智慧和经验深藏于学员思想深处,被他们固有的观念、价值,以及对自身认识的局限性所掩盖了,而催化师的工作就是要将这些财富挖掘出来。因而,在研讨过程中,催化师要积极地引导学员思考问题、分析问题和解决问题,其作用主要有:

——制定好研讨实施流程;

——研讨小组长的助手;

——引导学员放慢思维步伐,把主题拆分为问题、原因、对策等若干阶段进行研讨;

——运用好催化策略与技巧;

——灵活选用合适的研讨工具,让研讨步步深入;

——将学员发言的关键词写在白纸上,以便展开比较分析、归纳提炼。

总之,催化师是倾听者、思考的引导者、不良互动方式的干预者,是一位过程专家,是结构化研讨成功的关键人物。因而催化师应具备良好的心态和情绪调节力、观察能力与随机应变的组织能力、清晰简明的语言表达能力,除此之外还要拥有一定的心理学基础,具备公共管理、行政管理、法律等方面的知识、对研讨主题全面深入的研究。干部培训机构要加强对专业催化师的培训,实现教员从培训师到教练,从教练到催化师的身份转变。

5. 借助工具

在每一个研讨阶段,催化师会灵活选择好小组研讨的工具,合理运用头脑风暴法、鱼骨图原因分析法、四副眼镜法等进行专题探讨。下面针对每种工具方法做一下简要介绍。

——头脑风暴法

头脑风暴法是 1941 年由美国亚历克斯·奥斯本首创的,通常也称 BS 法,意为突如其来的想法。在小组讨论中,经常运用头脑风暴法进行无限制的自由联想来激发大家的智慧,通过集体的力量尽可能多地产生新方案、新观念、新创意或激发新设想,最终产生解决问题的策略。

其基本原则是:

第一，不批评。催化师要为学员创设宽松、和谐、民主、友好的研讨氛围。

第二，自由开放。思想无禁区，无限制，鼓励异想天开，允许说出能够想到的任何想法。

第三，多多益善。越多越好，重数量而非质量。

第四，鼓励创新。见解无专利，允许综合数种见解或在其他见解上进行发挥、创造。

——鱼骨图原因分析法

鱼骨图也被称为"因果图"，是一种发现问题存在的根本原因的一种方法。它是将头脑风暴法、团队列名法找出的因素按照相互关联性整理而成的层次分明、条理清楚的分析方法。这种方法适用于查找深层的因素，透过事物的现象看问题的本质，透过事物存在的问题来解决问题。

绘制鱼骨图通常有两个步骤：分析问题存在的原因；制作鱼骨图。

第一，分析问题存在的原因。

第一步：针对不同类别的问题点，选择合适的层别方法，应视具体情况决定。比如，管理类的问题一般从人物、事件、时间、地点等层次进行分析。

第二步：问题的存在总是受到一些因素的影响，通过头脑风暴法分别对各层别各类别找出这些因素。

第三步：将找出的各因素按照相互关联性进行归类、整理，明确其从属关系。

第四步：针对一些重要因素，进行着重分析。

第二，绘制鱼骨图的过程。

第一步：画出主干，在鱼头上填写主要信息。

第二步：画出大骨，并在上面填写重要的大因素。

第三步：画出中骨和小骨，并在上面填写中小因素。

第四步：对重要因素做特殊的标识。

鱼骨图原因分析法是一种思维图形工具，将找出的影响因素按照存在的联系度进行整理，这样显得层次分明、条理清楚，并对一些重要因素做特殊的图形标识，通过概念框架加上逻辑分析将思维过程图示化和体系化，帮助思考复杂的现实问题。对于结构化研讨，结构化思考，用图形化的方式表达，帮助学员透过复杂的现象看清事物的本质。

——四副眼镜法

四副眼镜法是干部培训中较为常用的一种讨论方法,指从多种角度观察问题、分析问题,进而展开发散思维和创造性思维,可以得到对问题的全面认识。它是一种思维方法和训练模式,是一种提升团队集体智慧的有效方法。四副眼镜分别代表四种不同的思维状态。

第一副:万花镜。戴"万花镜"去看世界,整个世界都是缤纷多彩、多姿多彩的。戴万花镜去思考问题,就是让学员以乐观、积极、向上、充满希望的角度,看待某些事情或出现的一些问题,并对其表达赞许的意见。

第二副:墨镜。戴"墨镜"去思考问题,也就是对待问题要冷静、严肃、小心和谨慎,让学员在分析问题、表达某个观点或做出决策的时候,充分考虑可能会出现的风险或负面成分,并对其表达否定的意见。

第三副:望远镜。戴"望远镜"去思考问题,也就是看问题要视野开阔,总揽全局,让学员从整体、全面和长远的视角思考问题,深入分析问题,得出正确的解决问题的方案。

第四副:放大镜。戴"放大镜"去思考问题,也就是看问题的视角要放大、扩大。让学员扮演基层执行者角色,认真思考问题,研究问题,这样就能得出真实性的解决问题的方案。

(四) 教学效果评价

在与学员的交谈中了解到,大部分人认为本次培训中安排的三次结构化研讨的主题定位和研讨准备都比较好,尤其是互动研讨效果好。结构化研讨是符合党政干部学习特点的教学方式之一,受到大家的普遍欢迎。具体来讲,结构化研讨有以下明显的教学效果:

第一,鼓励学员积极发言、小组内部形成共识、小组代表上台汇报、全班交流分享研讨成果,充分发挥学员的主观能动性。在研讨过程中,尽量让每位学员都能表达自己的观点,在催化师的引导下学员须针对主题介绍解决问题的最新思路、信息、实践经验或提出解决问题的对策。在每个阶段研讨中,有每位学员的补充意见、有其余学员的质疑、有全体学员和催化师的共同探讨分析、有小组代表的总结性发言,尽可能把一个问题分析透彻,达到论有所思、论有所悟、论有所得。在整个过程中,始终以学员为主体,充分发挥了学员的主观能动性。

第二,结构化研讨所选择的主题来源于学员自身的现实生活,具有现实意义和针对性强的特点,有利于研讨现实价值的提高。结构化研讨的主题与学员的实际工作紧密相连,且研讨组织严密和研讨规则把握严格。结构化研讨通常要通过前期的科学设置和周密组织,这样不仅使培训教学成为学员互动交流的过程,提高了知识储备和履职能力,而且也相当于召开了多次多角度多元化的互动交流研讨会,为学员提供了解决现实工作中的热点难点问题的思路和策略,具有很强的现实价值。

第三,结构化研讨分阶段进行多次研讨,具有催化新思想、碰撞新观点、激发新认识、分享新收获的功能,让学员获得了尽可能多的信息。学员针对每个研讨阶段的主题进行互动交流,学员之间的信息量和知识储备有很大的提高。传统的教学方式,教师往往自己收集相对有限的教学材料,然后依赖讲授的方式进行单向传达,能传递给学员的信息量是有限的。在研讨中,学员具有丰富的实践工作经验,想要表达的观点也丰富多彩,通过催化师的引导,最终形成研讨成果。这对学员深化对理论知识的理解和把握,对提升学员的理论思维能力、解决实际问题能力、履行岗位职责能力、领导决策能力和沟通协调能力等都有一定的作用。

(五)结构化研讨的互动环节

在结构化研讨过程中,采用小组合作的方式进行,有催化师与学员之间的互动、学员与学员之间的互动、学员与小组之间的互动、小组与小组之间的互动等。研讨过程中,也采用分组讨论的形式,这与案例式教学过程中分组讨论的形式差不多,但区别在于教师和催化师的作用是不同的,催化师和学员之间的互动也就不同于案例式教学中的教师与学员的互动。

在每个阶段的研讨中,每个小组都会有一名催化师,催化师有计划、有组织地引导学员进行讨论。催化师是学习的促进者、研讨的组织者,充分调动学员的积极性,挖掘、激发学员自身的智慧、知识、经验等。催化师在与学员互动交流中,首先是观察和倾听,引导学员围绕主题分层次、多角度进行分析,针对他们的发言进行适时的提问与追问,追问问题的焦点和症结点。在学员遇到困惑时,给予提醒和提示,并对学员的发言进行归纳和梳理,以形成系统性、理论性较强的研讨成果。催化师在讨论过程中的"催化",不是控制讨论,不是讲授个人观点,不是给出解决问题的方案,而是运用一定的催化策略引导学员提出具体、切实、可行的对策建议。催化引导研讨的策略主要有:一是重复并概括学员的观点,对学员观点予以肯定,分析该观点是从哪个角度、哪个层次考虑的。二是反问学员是怎样产生这样的意见的?事实一定是这样的吗?这个意见背后的基础是什么?是否还有其他的可能性呢?通过反问,加深学员对该问题的思考并反思自身的观点。通过反思和质疑自己的观点，再参考其他人如何看这个问题。催化师进一步引导学员修正自己的观点，让学员对此产生新的、更深层次的看法。催化引导研讨的小技巧主要有"示范""追问""鼓励""打断""化解""转移""反弹"等。通过这些技巧和策略，催化师更好地和学员开展互动，实现师生的互动与沟通，最终实现经验共享和形成共识，促进学员能力的提升。

（六）对结构化研讨的理论分析

1. 群体动力学理论

群体动力学作为一个独立的研究领域形成于 20 世纪 30 年代后期的美国。这一理论是由著名的德国心理学家勒温创立的。所谓群体动力，就是群体中的各种力量对个体所产生的作用力和影响力。群体的行为不是简单的个体行为的相加，而是一个集体的个人，是一个集体的指挥。人们结成群体，不是处于静态的，而是处在不断变化、不断的相互作用的动态之中的。这种个体与个体、群体与个体之间始终发生着相互作用、相互依存的关系，是勒温群体动力学的关键所在。这种相互作用、相互依存的关系无论对个体还是群体都是必不可少的，因为积极合作产生积极互动，个体之间相互鼓励促进彼此的学习。因而，在党政干部培训过程中，要提升党政干部的业务素养、理论水平和管理能力，仅仅依赖一位教师的讲授是远远不够的，还必须借助于群体的力量，使处于群体中的个体充分感受到来自群体其他成员的影响、促进作用、激励作用，这样培训的成效才会处于最佳状态。而结构化研讨也正是群体动力学理论在党政干部培训中的具体运用。

2. 合作学习理论

每位学员由于工作经历、兴趣爱好、实践经验等方面不同，对同一问题有不同的理解和认识深刻上的差异，而这种差异正是学员之间可以进行交往与合作学习的前提。只有在有互动交流、有知识和经验存在差异的人的场合，才会有合作学习的出现。合作学习优点主要有：首先能够促进学员之间在互动交流中的相互帮助、共同进步。在结构化研讨中，小组交流与合作学习为学员提供了宽松和充分的学习氛围，使学员畅所欲言，各抒己见，形成共识，进行全班交流。学员在催化师的组织和引导下一起讨论和交流，这样，学员之间可以取长补短，学习群体（包括催化师和学员）的观点与经验可为整个班级群体所共享；其次，还能激励学员个体发挥出自己的最高水平。在研讨过程中，学员要展示自己的观点，借鉴其他学员的观点，通过对比与反思，对知识的认识就更加深刻。最后，更有利于促进学员理论知识的增加、履职能力的提高和沟通协调能力的发展。学员通过合作学习创造的这个学习环境，学会通过别人的观点来修正自己的观点，这种认知的重建，促进了深层次的思维；另外，小组成员在共同学习相处交往中，增进了彼此间的感情，培养了彼此间的协作、沟通、合作精神，因此小组合作学习，不仅促进学员素质和能力的提升，而且还促进学员人际交往能力的提高。

案例式教学和结构化研讨都采用分组讨论、集体交流的方式进行教学，实践证明小组讨论是开展案例式和结构化研讨最为有效的教学载体，互动交流是集体学习的关键。通过分组讨论和合作学习不仅能够有效地调动每位学员的兴趣和热情，而且激发了他们高度的求异思维，充分发挥每个学员的聪明才智。学员通过分组讨论、互动交流，达到了合作学习的目的，使每位学员充分体会到合作、沟通的价值，还会进一步激发他们积极主动地深入探讨问题，并创造性地将研讨的问题扩展和深化。

3. 经验学习圈理论

党政干部属于成年人，他们的学习过程是一种基于反思的体验，学习是在探索和解决现实工作、生活中的典型问题的基础上获得新的知识，提高履职能力，转变思想观念的过程。培训是党政干部学习的一种形式，通过培训，其结果是人的能力和素质的提高，是人的全面发展。党政干部的学习是一个过程，而不是简单地获得一个结果；党政干部的学习是对自己经验主动改造的过程。因而，培训过程必须与党政干部的学习风格、学习特点相适应。经验学习圈理论可以直接为党政干部培训运用结构化研讨的方式进行教学实践提供借鉴。利用有限的培训时间使学员尽可能多地获得显性知识和隐性的知识，显性的知识可能通过讲授、训练等方式获得，而隐性的知识只能通过互动交流的方式获得。因而，在培训过程中要让学员通过集体交流研讨的方式，让他们自己在亲历、亲验中发现经验，通过反思对亲验的回味以及他人经验的分享，并整合加工，获得理论性的东西，进而体现在自身的行动中（如图5－11所示）。结构化研讨的过程恰恰符合党政干部学习的过程。

4. 系统论

贝塔朗菲强调，现代技术和社会已变得十分复杂，传统的方法不再适应，"在所有知识领域中运用整体或系统的理念来处理复杂的问题"。任何系统都是具有结构的，它由两个或两个以上的要素相互作用而形成整体，它的功能是由各个要素的综合功能反映出来，它的功能不只是各孤立要素的功能之和，作为

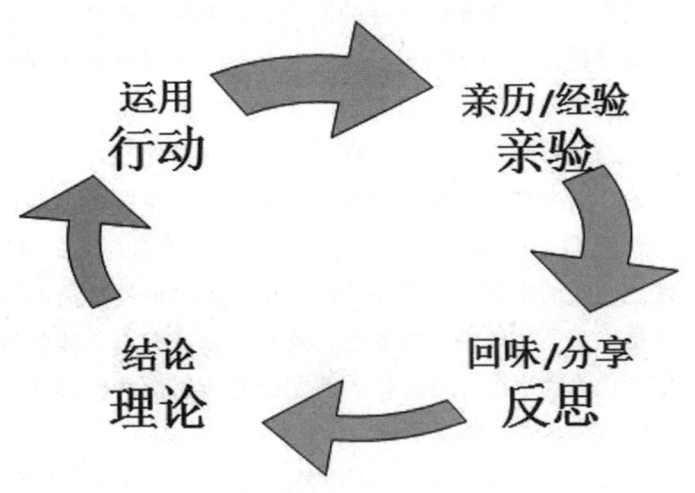

图 5-11　经验学习圈理论

整体应是各要素相互作用产生的功能之和,即整体大于或小于部分之和。系统论中的整体性原则要求我们,必须把握各个要素之间是相互关联的,构成了一个不可分割的整体,因而要始终立足于整体,通过对部分之间、整体与部分之间、系统与环境之间的相互作用、相互关联的考虑,达到对对象的整体把握。结构化研讨作为一个系统过程,里面包含每一个环节、每一个阶段,我们应把握它的整体性,处理好各个环节之间的关系,才能使结构化研讨达到"整体大于部分之和"的良性状态。

六、互动式教学实施过程中的注意事项

通过对以上四种体现互动式教学的案例分析,笔者认为在互动式教学实施过程中还应注意以下事项:

第一,要特别注意教学活动的设计与协调,确保活动能够产生出与党政干部工作能力有关的内容结果。比如,可以通过推选组长并设定组长职权,在活动中造成集体讨论和个体发言冲突的局面,折射学员协调、妥协、决断等能力;又如可限定沟通方式与沟通时间,在活动中形成特殊的决策时机情景,反映学员说服能力及对决策时机的把握能力。诸如此类,教师在教学活动中都可针对培训对象进行灵活设计与协调。

第二,要注意激发学员的参与积极性,引导他们深入情景行动并善于思考问题。对此,一方面教师要做好协调。教师应具备组织开展互动式教学的能力,比如,教师的理论素养,解决实际问题的能力,协调控制课堂教学的能力等方面。另外教师一定要设计好课堂内容,内容要是热点并且学员关注度高,利用各种方法调动学员的兴趣,提高他们参与的积极性。另一方面必要时可采用声像光多手段配合以营造特殊气氛。讨论环节要充分激发小组与小组之间、学员与学员之间的争论,引发观点碰撞。激烈的争论会强化学员的活动体验,促进其对相关理论问题的关注热情,同时有益于其借鉴学习其他学员的思维方法。

第三,要注意时间的把握。在互动式教学中,通过调动学员的积极性进行全员参与,使学员一直处于较兴奋的状态,且有大量的参与、体验行动,故时间不宜过长。笔者认为宜于在学员对相关问题已有所感悟并已得到了一定理论指导,但仍有一定关注热情的情况下结束课程。

第四,互动式教学以现场察看、管理游戏、经典案例、教学主题为切入点,在活动过程中积极促成对相关理念的渗透。在互动式教学过程中,在预设教学活动实施过程中会使学员有所体会:比如,活动目标与活动规则的设计就促使学员通过寻求合作来最大可能地实现教学活动目标。同时,在求得合作的过程中,要通过沟通促进合作,通过坚守诚信来实现合作,通过规则制约来确保诚信,等等。但为了使这些理念能真的对学员内心形成冲击,教师就有必要在活动协调的过程中,及时发现会引发上述理念问题的事件点,并对其进行巧妙地催化渲染,从而达到强化学员体验、加强理念渗透的目的。活动结束后总结强调相关重要理念。如果说相关理念在活动过程中是潜移默化地以学员体验的方式来渗透的,那么在活动结束后总结强调相关理念就是力求明确地以启发学员思考的方式来进一步提升和强化相关理念。从实践效果看,这种事后总结强调比较符合中国人的思维习惯,是非常有益的。另外,理念的渗透不强调全面,但力求深刻。一次教学活动的承载量是有限的,理念虽重要,但却不可能在每一次教学过程的实施中都能有效地全面渗透。笔者认为,教师对此应理性看待。感悟所得的理念才有可能转化为内心信念,信念直接引领行动,但信念却是不可说服的。所以,在教学实施中不试图通过讲解说服学员接受某种理念,只积极促成学员深刻感悟其感受到的理念,力求"点"的深刻,而不求"面"的丰富。

第五,教师要点评归纳与提升。当学员依据自身已有的知识、经验和工作背景等发表各自的建议和观点之后,希望得到教师对自己观点的评述或进一步的理论提升。因而,教师的总结点评就显得至关重要。教师的归纳点评应当在阐释学员观点的前提下,对学员进行积极地引导和鼓励,赞许他们的互动热情、合作精神、探讨意识。点评环节要精炼介绍理论及相关重要知识点，并结合现场情况将问题集中到课堂目标实现和理性决策问题上，同时，还可适当分析个体学习与集体学习等其他衍生问题。为了教学需要所使用的经典模型具有一定的精深性和复杂性，不宜在课程中系统介绍，可通过介绍其解决现实问题的"点"的方式，提升学员的认识高度，激发其深入研究相关理论的兴趣。同时，以经典模型中所涉及的基本理论为基点，对涉及能力提升的其他重要问题也可视每一堂课的具体情况有针对性地展开分析讨论。力求围绕课堂活动中呈现的中心问题，将所涉及的各理论点讲解丰满、透彻。

第六，在分组讨论活动中，教师的主要任务是协调和负责信息传递，尽量不参与其决策讨论，让学员独立选择，加深其对教学活动所设置的教学情境的体验。实践表明，活动中只有学员自己认真进行了选择并对选择结果有一定期望热度的情况下，才会更深地体会到在双方利益依存的情况下，理性决策对最大化实现决策利益的重要性。在此基础上，才会有学员的进一步深刻反思，也才能求得良好的培训效果。

第六章

我国党政干部培训中实施互动式教学的有效样态

互动是培训的永恒主题,是和谐课堂的标志,也是教师和学员共同追求的理想境界。党政干部培训是一个平台,通过营建平等对话和研讨的学习环境,教师积极引导并挖掘学员的经验智慧,学员之间通过平等、有效、真实的互动交流达到相互学习与分享;并为教师和学员、学员与学员之间提供相互交流的人际网络,为理论与实际之间搭建出一个相互沟通的桥梁,使教学相长、学学相长。为此,在前述教学案例的基础上,分析党政干部培训中互动式教学的有效样态,更具有普遍的意义。

一、互动式教学的多元互动

党政干部互动式教学作为一种培训教学活动,是干部培训教学工作的重要组成部分和实施途径,具有一般教学的特征和特性,主要包括教师、学员、教学内容和教学环境四大要素。在互动式教学中涉及的这四个主要因素,存在多层次、多方位、多角度的互动。

(一) 互动主体

在互动式教学中,教师和学员作为同时存在的两个主体,存在着显著的主体间性特征。主体间性是指教师和学员两个主体"共同存在",它是在"主体—主体"关系指导下的教育理论,教师主体以另一方学员主体的存在而存在,双方都不是单独存在的主体。教师要积极发挥自我的主体作用,不断激发学员发挥他们自身的主体性作用。教师的主体性作用主要体现在能够充分考虑并尊重学员的主体地位,能够不断引导并激发学员参与教学活动的主动性和自觉性。教师和学员两方主体之间的互动,主要包括双方之间的角色互换、信息互通、情感交流和思想碰撞。双方主体之间的互动是开展互动式教学的基础和关键。没有教师和学员之间的互动,互动式教学便没有任何意义,既丧失了根本,也失去了应有的意义和作用。也就是说,在互动式教学过程中教师和学员都不是独立地存在着,而是双方共同参与到互动教学活动中。一方面,教师要了解学员的需求,党政干部需要什么,就培训什么。学员是培训的主体,他们带着问题来参加培训,希望能学到新知识、新技能,从而提升自身的素质和能力,这就为教师与学员的双向交流提供了客观条件。另一方面,教师要尊重学员的经验。由于学员本身具有一定的实践经验和管理能力,确实值得学习和借鉴,所以教师要充分了解学员的观点,尊重他们自身的经验,不要把书本上、理论上的和教师自身的意志强加给学员,要积极引导学员通过互动交流进一步反思自身的经验,获得新知。在课堂教学过程之中,教师和学员互为教师、互为学生,取人之长,补己之短。教师发挥导向、帮促作用,学员充分发挥自身的主体性、主动性、自主性,突出体现学员的主体地位,开展教师和学员多边互动,化解了教与学的矛盾,提高了教学效率,活跃了培训气氛,增加了学习兴趣,构建起一种轻松和谐的互动态势,将教学过程从教师单动向师生多边互动模式转变。由此可见,互动式教学是以学员为中心的主动参与式学习,教师调动学员全身心地投入培训教学活动中来,其主要特征就是学员的主体性、参与性、主动性、自主性的发挥,如果没有学员这个主体参与,就不能称之为互动式教学,也就成了传统的填鸭式、灌输式教学。在党政干部培训的互动式教学中,已经形成了诸如"现场式""体验式""案例式""结构化研讨"等好的教学方法,充分调动了学员的积极性、能动性,教学效果良好。

(二)互动内容

在互动式教学中,究竟传递什么信息,互动交流什么内容直接影响着教学的效果。一般来说,互动交流是一个不断循环的开放性的系统,而且这个系统的较低层次是学员对知识的掌握与构建,较高层次是学员心灵上的感悟,对生命、对情感、对人生价值、对人格的一种体悟。党政干部培训中的互动式教学不仅强调了学员在其中的参与程度,而且也十分重视"互动"的质量。互动内容应由知识型互动向知识、情感、价值互动发展,互动的内容丰富化,也说明了互动式教学互动质量的提高,提升了互动式教学的互动境界。并使之成为一个系统,即"以知识为基本载体,以情感交流为基本路径,以智慧养成为主要目的,以生命生成为终极关怀"[1],最终还是要让学员提高解决问题、分析问题

---

[1] 李宏吕,杨秀莲.对忠想政治教育中的师生互动问题的思考[J].教育探索,2011(8):128.

的能力。因此，党政干部培训互动的内容应当包括知识的互动、情感的互动、价值的互动、人格的互动等内容，这就要求在教学过程中采用合适的互动教学方式，使教师和学员之间通过知识的传递与沟通，产生情感上的共鸣，教师要积极开发并激发出学员的隐性知识即内隐的价值观，从而达到深层次的人格互渗。一个成功的互动式教学，应该经过这四个层次的渐进，并形成一个动态循环的系统。针对互动的内容，下面特别叙述一下话语互动、知识互动、情感互动、价值互动等内容。

1. 话语互动

在传统的教学中，教师是话语的主体，讲解的主体，学员只是倾听的客体。师生之间的关系是垂直的，没有互动，没有交流，没有对话，没有平等。在互动式教学中，师生双方是双向的互动与交流，学员被视为主体，跟教师平等地交往对话。在教学过程中，师生之间的交往互动是通过话语来做媒介的，话语作用于师生的心灵、触及他们的内心世界，使他们坦诚地敞开和接纳，真诚地倾听对方。互动式教学使师生双方形成共同在场、互相包容、互相吸引的关系，通过对话交流挖掘师生双方的精神世界和意识活动，激发他们互动交流的欲望，从而使交流的信息能够达成共识。

首先，话语的有效性是互动交流的前提。在教学活动中，人人都能运用话语进行交流，但并不是所有的话语交流都能实现师生互动交往的有效性。理解是达成话语有效性的前提，对话是以达成理解与一致为目的的行为，它是师生之间借助于语言符号的相互沟通、相互理解和以社会一致性为基础以期达成理解的行为。理解是师生互动交往的前提，只有在彼此理解对方的话语信息的基础上，有效的互动交往才能够进行。师生的互动交流是以话语为媒介，教师和学员相互沟通与互动，并相互期待，教师期待学员获得各方面的发展和进步，学员期待得到教师的鼓励和启迪。正是通过话语的互动交流才使得这种期待得以实现，师生彼此之间互相理解，达成共识，实现了有效的互动与交往。另外，话语交流还应具有真诚性，在教学过程中教师和学员应该是真诚地表达出各自的想法，态度诚恳，这样大家才能够建立理解和信任的关系，才会有进一步的真情互动和心灵感动。师生之间的互动交流要想顺利进行，话语行为就要能够相互理解且具有真诚性，这也是哈贝马斯以理解为目标，认为话语行为有效性的前提。

其次，话语内容要丰富。话语内容应根据教学目标和教学内容而定，可以是针对社会问题，或某一事件和行为的，也可以是直接的人生问题等。教师要有敏锐的观察力,从细节入手开启彼此间的真诚对话,用朴实的话语点燃学员的心灵之窗,用真实的情感激发学员互动交流的激情,通过对话交流,解决学员精神世界深层次的问题。在互动式教学过程中,师生双方共同参与、双向互动交流,是一个心灵沟通与思想交流的过程,通过对话内容的丰富多彩,教师有意识地引导学员发现培训主题与道德、生活的关联,明确生活的意义和树立正确的价值观和人生观。

2. 知识互动

干部培训属于成人继续教育,教育的本质特征是一种培养人的社会性活动,那么,干部培训结构也应以知识为核心,以知识为内容,发挥知识的传播性、发展性和创新性,有目的、有计划地进行专业知识和理论知识等的传递。教师和学员作为培训过程中的两个主体,正是通过知识的教学才架起了相互沟通和交流的桥梁,才使得他们在教学过程中,对知识的传授扮演各自不同的角色。如何进行有效的知识互动,即通过设置合理的教学内容和采用适合的教学方式来实现。在培训内容的设置上既要遵循干部培训教学规律,也要考虑干部的学习特点和发展规律,既要注意内容设置的整体情境,也要顾及学员工作生活的具体情境,从而突出内容的丰富性、实践性、科学性和可识性等。采用何种的教学方法要依据教学内容而定,也就是用什么样的方式和方法去呈现知识、传递信息。在互动式教学过程中,以教学内容为载体,通过交流、对话、讲解、分组讨论、情景模拟、角色扮演、管理游戏和现场考察等方式进行传递信息、交流思想、共同探讨。在党政干部培训中,要体现"以学员为主体"的教学理念,不能仅仅把学员当作知识的接收器,而应充分挖掘学员自身的潜能,使学员在与教师的互动交流中进行知识的建构,这样,师生之间的有效互动交流才能真正实现,知识传递才能真正成为联系师生之间的桥梁,知识互动在教学过程中的核心功能才能充分发挥。

3. 情感互动

雅斯贝尔斯说:"教育,不过是人对人的主体间灵肉交流活动,包括知识内容的传授,生命内涵的领悟,意志行为的规范,并通过文化传递功能,将文化遗产交给年轻一代,使他们自由地生成,并启迪自由天性。"[①] 教师在进行话语互动、知识互动的同时,事实上情感互动也在同时进行,而且会贯穿于教学的

---

① [德]雅斯贝尔斯. 什么是教育[M]. 邹进,译. 北京:生活·读书·新知三联书店,1991:3-4.

全过程。情感是人的需要是否得到满足时产生的内心体验,在互动式教学中,既要对学员进行理性的培育,也要进行情感的培养。教师和学员之间进行信息与情感的互动,是教师的理论知识与学员的心智感悟之间的互动,最终要实现思想与心灵的互动。情感是连接师生之间的纽带,也是教师与学员、学员与学员敞开心扉、交流情感和传递观点的节点。教师要用理论的逻辑性、严密性和针对性触动学员的内心深处,用知识的力量打开学员求知的欲望,进而化解学员的思想困惑。正是有情感的互动,才使得与传统的"填鸭式"教学有实质性的区别。

在互动式教学中要达到有效的情感互动,需要做到以下几个方面。一是创设感人的情境。情感具有情境性的特点,让学员置身于一定的具体的感人的情境中可以唤起他们相应的情感。比如,在现场式教学中,教师通过对历史事件的回顾,动其心、晓其理、激其情,让学员亲临一个个历史事件发生的现场,带给他们的震撼和感触是深刻而难忘的。在这样的历史情境中学习,在现场深刻的体验中感受,情感和情绪在不自觉中被激发出来。在案例式教学中,通过精选现实生活中一些典型的、热点、难点问题形成好的教学案例,给学员创设一种真实的教学情境,让学员通过分组讨论思考解决其中存在的问题,这样还可以使学员获得成功的体验。在经典模型体验式教学中,通过参与和体验一系列博弈活动后,学员面对博弈结果总结反思活动过程中自己的思维路线、行动表现,教师要引导其推衍到他们自己的工作生活中,查找他们在处理现实问题时与此类似的思维与行动。通过这一环节触动了学员内心,教师要对学员进行有目的的思考导引活动,正是通过巧妙的课堂安排,教师为后续讨论和点评做好充分的情感与理论点的铺垫。二是以理动情。党政干部培训是以问题为导向的,"问题"是切合学员的工作生活实际的,因而教师不能脱离实际进行空洞地说教,这样不能调动学员学习的热情。教师把贴近学员工作生活实际的内容融入到教学过程中,解决学员的实际困惑与问题,打动学员的内心,才能引起情感共鸣。三是寓情于乐。在互动式教学过程中,教师要使学员保持快乐的状态,让大家的快乐情绪感染其他学员和教师。和谐愉快的课堂气氛可以促使学员积极参与到教学活动中来,促使学员从学习过程中体验到成功的满足感,而产生快乐的情绪。

4. 价值互动

价值互动是教师和学员在完成基本教学内容后,情感互动获得良好效果的基础上,对学员思想和观念上的进一步提升,让学员深信并将其作为评判具体行为的准则。干部培训是与现实社会紧密结合的,针对的就是解决现实中的问题,面对实际生活中出现的种种现象,党政干部有时候运用自己的基本知识和相关理论无法解释这些问题,让学员处在矛盾的情境中。故而,教师要引导学员分析问题、思考问题、解决问题,这样才能正确导引学员的行为,使其形成正确的价值观。在互动式教学中,学员可以通过具体行为和体验来实现知识外化,达到内与外的统一和情感上的共鸣,并从内心深处真正认可了这些理论和知识,使得知识内化为内心准则,最终形成正确的价值观。在互动式教学过程中,师生之间存在着全方位的互动,然而教师和学员、学员与学员之间在观念上存在着巨大的差别,学员会依据自身的知识结构和生活工作经历形成了初步的评判标准即进入价值观的形成初期。在教学的互动交流过程中,教师要善于引导学员与自身在处事态度、与人交往、观念等方面的交流,帮助学员形成正确的世界观、人生观、价值观,这有助于学员在今后工作的发展奠定基础,并确立正确的人生方向,更好地实现自身的价值。

(三) 互动类型

多元互动中的互动类型主要包括主体与主体之间的互动、理论与实践之间的互动、人与物之间的互动、思想与心灵之间的互动、历史与现实之间的互动、师生与社会的互动等。

1. 主体与主体之间的互动

主体与主体之间的互动指的是教师与学员之间的互动。在互动式教学过程中,主体之间的互动包括师生互动、生生互动、生自互动等。我国吴康宁等学者认为,在教学过程中依据教师所对应的互动对象来看,师生互动类型主要有教师与学生个体的互动、教师与小组的互动和教师与班级的互动三种类型。还有学者,根据教学活动中的权威不同,把师生互动划分为教师权威型互动、学术权威型互动和师生平等型互动三种基本类型。[①] 美国学者林格伦(H. C. Lindgren)根据师生在教学过程中的师生交往关系,将其分为以下四种类型[②](如图 6-1 所示)。

[①] 傅维利, 张恬恬. 关于师生互动类型划分的研究 [J]. 教育理论与实践, 2007, 27 (3): 29-32.

[②] 林格伦. 课堂教育心理学 [M]. 章志光, 张世富, 杨继本, 等译. 昆明: 云南人民出版社, 1983: 363.

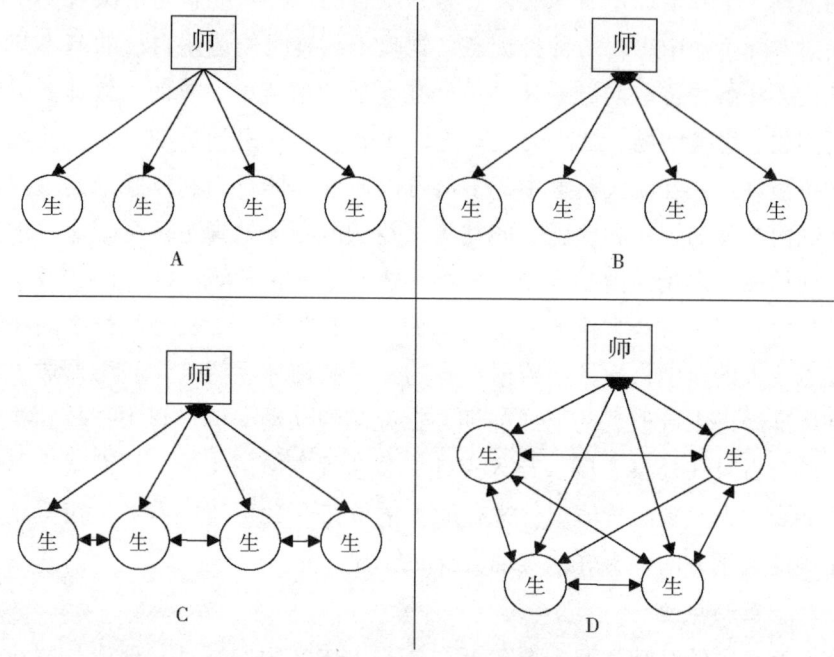

图 6-1 师生互动类型

图 6-1 中描绘了教学过程中师生相互作用的各种不同类型。其中 A 是传统的"填鸭式"教学，教师讲学员听，教师与学员没有话语上的交流互动，学员可能会以动作、眼神反馈教师的讲授或者根本无反馈，这种类型是教师与学员之间的单向互动；B 是对上一种类型的改进，教师期望从学员那里得到反馈，与学员之间有言语上的交流互动，这样教师能够根据学员的反馈及时改正自己的教学，仍然缺少学员与学员之间的互动交流；C 是学员与教师、学员与学员之间存在双向多元互动，学员与学员之间也可以互动交流，但互动是以教师为中心的，这种类型是学员与教师、学员与学员之间的双向互动；D 是学员与教师、学员与学员之间存在多元的互动交流，教师只是互动中的一个主体、一个参与者，各位学员以"主体"的身份与其余主体进行双向的、平等的互动交流，这种类型是教师和学员各个主体之间的平等的双向交往。

当然，师生平等的双向互动交流是互动式教学最值得倡导的，但其余的几种类型可以根据教学目标、教学内容的要求，进行适时选择。

2. 人与物之间的互动

人与物之间的互动即师生与内容、形式、方法、手段之间的互动。在互动式教学中，依据教学内容和教学目标采用不同的授课形式、授课方法和授课手段。教师应根据培训对象的工作经历、知识结构、理论素养等方面的不同，在教学实施过程中分类别、分层次、分岗位予以特殊区别和对待，做到按需施教。教师还应根据培训主题、教学内容、班次特点和学员的工作实际情况，遵循干部培训教学规律，选择独特新颖、灵活多样的教学方法，并注意教学方法的恰当性、多样性和综合运用。在信息化时代，教师还善于利用多媒体技术，利用课件使教学内容化抽象为具体。另外，教师还可以通过小组讨论、全班汇报等，引导学员积极探索问题，深入思考问题，提升教学的吸引力。同时，教师还应在内容、形式、方法、手段上及时更新，以使教学取得良好的效果。比如，在案例式教学中，教师应根据班次不同、学员不同等诸多方面的因素，及时更新或选编合适的教学参考资料。互动式教学实际上是一个动态发展、变化的过程，也是一个不断改革与创新的过程，在这个过程中师生双方平等交流，使教学效果不断提升。

3. 理论与实践之间的互动

库伯的经验学习圈理论是进行互动式教学的理论基础，从中我们得知，对基本理论的掌握只有在实践过程中才能得到深入和深化，所以在互动式教学中也安排了学员体验与实践的环节。教师除了要把社会典型和热点现实问题引入课堂中，还要运用现场教学的方式把现场变成党政干部学习的课堂，引导学员实现理论与实践的互动，提高理论联系实际的能力。培训侧重行为训练，让学员以第一人称方式学习，让学员积极参与到教学过程中来，通过实习、练习和复习获得有意义的学习体验。在培训中，党政干部具备相当的经验阅历、研究能力、实践经验等，而教师也有系统的理论知识等方面的优势，但学员从实践中来了，如果不深入调查，对实践不了解，就容易学与习失衡导致学用脱节。因此，互动式教学要注意从党政干部的实际出发，在互动过程中让话题集中、思路碰撞，力求使学员产生情绪上的共鸣，把学习理论与研究工作有机地结合起来，促进理论与实践之间的良性互动，达到知行合一。

4. 历史与现实之间的互动

在互动式教学过程中，要凭借特有的物化的历史资源，通过察看、体验、讨论、辩论等形式，在时空穿梭中引导学员体验历史、感悟历史，通过零距离接触历史，深刻感悟了时代精神，把对历史的学习与个人的工作、经历结合起来，坚定了理想信念，通过这样的方式提高了党性教育吸引力、感染力和说服力。为了把历史事件与现实意义之间的互动不断推向更深的层次，教师不仅要通过专题讲授、归纳点评等方式，还应通过学员的现场体验和互动交流不断提升他们的历史洞察力和现实体悟力。当然，在历史资源的选择上一定要具有典型性，要富于感召力和吸引力，让学员在身临其境中感悟，从而引起学员思想上的共鸣，触动学员的内心深处，引发学员深刻的思考。党性教育就采用互动式教学的方式，让学员易于接受、乐于参与。通过选取典型的历史教学资源，让那些先进的政治理念立体丰满，生动鲜活，有血有肉，并融入情感教育的因素，尽可能实现历史与现实之间的互动，情理并重，从而达到感之于心，发乎于内的效果。

5. 思想与心灵之间的互动

思想与心灵之间的互动是教师的理论知识与学员情感之间的互动，是教师的思想理念与学员内心世界之间的互动，是师生之间情感、人格的互动。教师要善于运用人格魅力与教学艺术在教学活动中实现对学员动之心、晓以理、激其情，把理论知识讲授同理想信念教育、党性修养有机结合起来，使枯燥无味的理论教学变成生动活泼的真情体验，使理论知识能够入脑入心。干部培训过程，是一个综合学习的过程，不仅要进行系统的理论武装，还要进行认知意义上的理论学习，有真实的情感体验和实践体验。只有达到了思想与心灵的互动才是互动式教学的最高目的和最高境界。通过师生思想与心灵的互动，才有可能使理论知识真正进入到师生的头脑中，也只有这样才能完成干部培训的教学目标。可以说，思想与心灵之间的互动，是教师和学员两个主体间进行的心灵对话，是教师和学员两个不同思想主体间进行的平等交流。

6. 师生与社会的互动

教师和学员将所学到的理论和知识付诸实践，或者运用所学理论和知识解决工作中的实际问题，则指向了师生与社会的互动，这是互动式教学的落脚点。教师和学员一起将理论付诸实践，在实践中体验生活，在实践中和学员共同探讨所面临的实际问题，使教学过程更加贴近生活，更加现实化。在互动式教学中，教师需要提高自身的综合素质，不断加强专业性知识的学习，积极参与调研，丰富自身的专业实践经验。因而，教师需要下基层，多和社会接触，多参与社会实践活动，在现实实践中才能提升自我，并用自己学到的理论知识指导社会实践。学员本身就具有丰富的实践经验，教师通过社会实践将相关知识从实践回到理论,在以后的教学中,学员也就乐于接受,就感觉非常有意义①。当学员离开培训机构回到工作岗位,通过学到的理论知识解决工作中的实际问题,也体现了拓展和延伸教学成果的意义,同时也实现了与社会的互动,提升了自身理论联系实际的能力。

(四) 互动空间

互动空间的扩大化打破了教学中师生互动仅在课堂和教室的局限,促使教师和学员之间仅仅在课堂上进行的互动不断向课外和互联网的互动发展,拓展互动的空间,以此增强教师与学员之间的交流沟通机会。互动空间从课堂内扩展到课堂外,即采用现场教学的方式。现场教学以典型的现场教学基地为课堂,由培训者组织学员走出课堂,进行现场察看、体验、互动交流等,充分发挥了"现场"的优势,又符合党政干部的学习特点,在现场体验中实现传承历史经验与弘扬时代精神的互动,促进了理论与实践的互动。现场教学坚持把革命历史资源、改革开放和现代化建设的新成果和经济社会发展的现场变为课堂,把实践中的经验变为教学素材,通过实践基础上的理论成果培训和理论指导下的实践成果教育,增强了培训的实效性和针对性。在现场教学中要深挖现场教学资源的历史意义和时代内涵,并通过一系列主题鲜明、思想深刻、精彩生动、情景交融的专题讲座和互动研讨,加深对党的革命历程、时代内涵和精神实质的理解,感悟那段艰苦卓绝的峥嵘岁月。通过组织学员深入基层、深入先进企业、深入改革开放的现场,深化学员对改革开放、创新发展,以及全面建设小康社会、构建和谐社会、实现伟大的中国梦等党的创新理论的认识,让学员感受现实中的问题,通过分析讨论找出具有规律性的东西,在研究新情况、解决新问题中不断开拓理论与实践的新境界。通过课堂外的互动式教学,实现了理论成果与实践成果的结合、理论教育与能力培养的结合、传承历史经验与弘扬时代精神的结合,不断增强教学的吸引力和感染力。

另外教师可利用互联网 Internet 的便捷、快速、信息量大的优势,为学员搭建一个虚拟的、分享经验的网络师生互动平台,比如,建立培训班的QQ群、培训班的公共邮箱、微信、网上博客等,利用虚拟的网络平台为师生之间的信息交流提供方便。作为虚拟空间中互动交流的主体,学员可能更容易敞开心扉、排除芥蒂,敢于表达自己真实的看法。作为师生沟通互动的另一桥梁,与学员

---

① 肖玉英,栗亚清. 浅议互动式教学方法的应用 [J]. 读与写 (教育教学刊),2007 (10): 11-12.

共同探讨热点问题、焦点问题等,针对学员的思想困惑、工作中遇到的问题等方面,开展网上解答问题,进行学习材料等的相互共享等,以解决学员实际问题,教师和学员也可在网络上密切关注培训期间班级发生的各种问题。因此,干部培训的教学工作应该拓展、延伸仅在教室内进行课堂教学的场域,开辟新的师生互动空间,完善网上师生互动的规范和制度,把在互联网上的师生互动看作教学工作的一个环节,它也是整个教学工作的重要组成部分。

(五)互动方式

在互动式教学中多采用小组合作式学习,因为同辈群体之间的交流沟通没有顾忌。合作式学习是以小组为单位的团队形式,组织学员进行共同讨论,开展互动交流学习的,强调学员的积极性、主体性、主动性和互动性,通过共同的教学主题或任务,小组成员之间共同分析、分工协作、共负责任、共享资源,运用集体的智慧找到解决问题的办法,共同完成任务。在教学过程中要构建一种新型的伙伴式的共同学习关系,通过组建多个小组合作学习团队,让学员在各自的学习团队中相互启发、分享经验,可以培养学员的团队精神和主人翁意识,锻炼他们的沟通能力,使他们可以从不同的角度发表自己的看法,通过激烈讨论,从而发现问题,解决问题。在小组合作学习中,教师一是要创建一个宽松、和谐、友好的合作性情境,学员在相互启发、相互鼓励、相互学习、相互包容的前提下进行学习,大家共同提高、共同成长。在这种情境中,学员们会体会到自己与小组中的其他成员是相互帮促、相互依赖的关系,这是一种"共同发展、共同协作"的关系。二是要引导学员努力创设一种和谐、热烈、积极的讨论氛围。由于每个学员的知识结构和工作经验不同,可能有各种不同的认识和观点,在讨论中可以互相交流,彼此争论,互教互学,共同发展,通过团队合作的形式开展互动交流让学员学会相互沟通、相互启发、相互包容。在互动式教学中,通过小组讨论交流有助于提高学员表达、沟通、协作能力,能使学员从其他学员的观点中吸取智慧和营养,强化从别人的经验中学习的能力,提升自我指导和自我控制能力,增强理解和容纳他人观点的能力。因此,教师不仅要为学员创设热烈、宽松、友好、民主的讨论交流的氛围,充分调动学员参与的积极性和主动性,还要防止学员在互动交流中闹得不可开交,出现不和谐的场面。在小组讨论过程中学员不仅能够获得更多的新观点新看法,而且还能建构自己的理论或知识,提高协调、沟通能力,学会宽容、与人和谐相处,最终达到相互学习、相互提高的目的。

二、互动式教学的师生关系

师生关系是互动式教学核心要素的表现形式之一。互动式教学中的师生关系主要是指教师角色、学员角色定位以及两者之间的相互作用方式。在互动式教学中要塑造新型的师生关系，摒弃传统的"权威—依存关系""主宰—顺从关系"，建立民主、平等、合作、交流、参与、互动、对话的师生关系，改变传统的师生角色，确立教师和学员两个主体的关系和互动交流关系。互动式教学中的师生关系是一种新型的师生关系，也就是在教学活动中，师生主体间以教学内容为共同课题、以话语为媒介而进行的为完成特定培训教学任务和实现相互沟通与相互理解的互动对话关系。互动式教学中的新型师生关系既是一种人际关系，也是一种建立在主体间的精神互动关系，同时也是一种信息的互动和建构关系。师生之间建立民主平等、互动对话的关系是大势所趋，也是实现互动式教学价值和以学员为中心的重要前提。

（一）互动式教学师生关系的特征

互动式教学的师生关系是具体的、现实的，是师生之间在教学活动中确立的一种和谐的教学关系、心理关系和社会关系。这种师生关系具有以下特征：

1. 主体间性

在互动式教学过程中，教师和学员是教学活动的"双主体"，师生之间应坚持主体间性的互动交流原则。主体间性又称交互主体性、共主体性等，作为主体间关系的规范，是一种消解主体与客体相对立或以某个主体为中心的新主体哲学，是主体与主体两者之间的关联性、统一性。主体性是"主体—客体"之间发生关系时，主体表现出来的以"自我"为中心的主动性、积极性、自主性等个体特征，而主体间性则是"主体—主体"交往过程中，两个主体都表现出来以"交互主体"为中心的平等性、角色差异性等集体特征。教师和学员两方只有都成为主体或双方都具备主体性，才有可能产生主体间性。主体间性是两个主体之间在互动交流过程中所体现的双向互动、平等交流、合作参与、相互启发、和谐共处的关系，是不同主体共同商讨和决策，取得共识而表现出来的一致性。互动式教学过程是师生主体间共同参与的活动，"教育就是主体间指导学习"[①]，教师和学员作为独立的、平等的、相互交往的主体在教学过程中形成主体性关系即主体间性。

---

① 郝文武. 教育：主体间的指导学习[J]. 教育研究，2002（3）：14.

对于互动式教学的师生关系而言，一是主体间性强调师生之间在互动过程中的人格平等。在教学活动中师生是"我"和"你"的关系，而不是"我"和"它"的关系，师生主体间在地位上是平等的。教师不再是权威的象征，学员也不再是被动承受教师影响的简单客体，教师和学员一样都是有生命、有思想、有情感的人，在一种平等融洽和谐的交往氛围中体现着自己的主体人格。师生双方都以一个有独立个性、人格尊严的人而存在，以平等的相互尊重的身份进行互动和交流，在相互尊重、合作、交流中展示自我，体会到了喜悦与成功，获得了真实的生命价值体验。二是主体间性强调师生之间在互动过程中的话语权利平等。在互动式教学师生关系中，主体间性的确立要求师生都必须意识到自己和对方都是平等互动的主体，应当摒弃各种形式的话语霸权，教师和学员都有说话的权利，都有发表意见的机会，都有相互倾听的义务。师生之间是一种真正的思想和情感交流，双方以一种自由平等的方式，彼此交流各自不同的观点和想法，在平等相处和平等交流的氛围中形成一个开放的、动态的"信息场域"，使师生主体双方的情感与理性、思想与行动、经验与知识等有一个自由、理性的讨论"公共空间"，在互动交流的过程中实现相互的包容、接纳、理解与共享，从而达到提升和优化自己的目的。三是主体间性强调师生之间的角色差异性。在互动式教学过程中，由于不同的教学目标和教学内容，会采取不同的教学组织形式，面对不同的教学资源和时空环境，师生的角色也是多种多样的。在许多条件下，教师的角色是多样的，可以是一个帮促者、协调者、组织者、催化者、引导者等，学员可以是学习者、建构者、参与者等。在互动式教学中，教师更多的是一位"导演"，他们要给予学员更多的关心和帮助，同时学员也要虚心接受教师的指导，不能滥用平等话语权来抵制理性的思维和正常的教学秩序，要尊重教师和其他学员的意见，在相互理解中达到沟通的相统一。

2. 交流与合作

师生之间的交流与合作是互动式教学得以顺利实施并取得成效的良好途径，在此过程中教师与学员之间通过主题鲜明的交流、良性的互动，实现着双方的共同发展。互动式教学的师生关系是建立在师生交互主体的基础上，主要通过主体之间的对话、交流与互动实现教学内容等相关信息在师生间的合理流通。师生在互动过程中都应放弃权威的地位，以相互平等相互促进的态度，实现思想和精神上的包容、共识以及意义的创造、分享。同时，在互动式教学活动中，要进行合作式学习，教师和学员互教互学，并形成一个真正的"学习共同体"。在教学过程中，教师和学员形成一种平等合作的关系，教师积极引导，学员主动参与,并承担更多的学习责任。教师和学员之间逐步创造和谐平等融洽的氛围,通过对话、交流、互动、参与和合作,实现情感上的认同,共同促进目标的实现。这种有交流、有互动、有合作的教学活动,才是真正平等的、体现主体性的教学活动,也才体现了教师和学员之间的互动交流,实现了从其他有经验的学员身上获取更多的知识,增进了多种视界的融合,不断促使自身的视界、观点和思想向更深层次发展。在互动过程中,师生双方都要保持健康、宽容、平和的心态,正确处理交流过程中的困境和压力,把握互动的分寸和限度,加强互动交流后的意义生成、自我反思和知识建构。

3. 生成新的教学资源

在师生互动交流的过程中,会形成大量的教学资源,这种教学资源是教师和学员上课之前无法预料和估计的。正因为这类教学资源是在教师与学员、学员与学员、学员与小组等的互动交流过程中产生的,且具有多变性、不可预测性、瞬时性和不可重复性等特点,这才具有宝贵的价值和意义。互动式教学中的师生关系是一种重要的教学资源,它深刻地影响着培训教学的实施过程。互动式教学的过程就是在原有知识结构、理论基础与工作经验的基础上,通过教师的精心设计与科学引导,鼓励学员积极参与、乐于参与,对教学主题的共同探讨产生不同观点、不同理解,从而实现师生之间对知识的重新建构,而正是在这个互动交流过程中才产生新的教学资源,促进彼此作为主体性的个体的智慧养成与生命完善。在互动式教学过程中能够给师生双方提供不同的思考问题的思路或方式,从而起到启迪作用,在这种情况下催生了新的教学资源,也使教师和学员的创造性得到最充分的发挥和体现。

在互动式教学中,教师和学员的角色发生了转换或拓展,改变了过去那种你讲我听、你说我评,以课堂为主阵地、以教师为中心的局面,实现了由传授式教学向体验式、案例式、讨论式等教学方式转变,建立了以学员为主体的互动式教学模式,实现了教师和学员的两个角色双重转变。针对互动式教学中教师和学员的角色变化,一方面取决于该角色本身应当具备的权利与义务,还有该角色所应承担的职责和任务;另一方面取决于该角色处于什么样的地位,以及他与别的角色之间的关系。

(二) 互动式教学中教师的角色定位

在互动式教学中,教师仍然是传道、授业、解惑者,但角色定位发生了转变,由传统教学中的"讲授者"变为"导演者""组织者""引导者""帮促者""协调者""催化者"等。在互动式教学活动中,教师的角色是固定的,也是多重性的。

　　首先，在干部培训教学工作中，教师是一名培训者，一位教员，承担着干部培训的教育教学工作。主要职责为设计教学目的、筛选教学内容，确定教学内容的展现形式、组织课堂分析讨论以及归纳点评学员的观点等，这些环节都由教师具体实施。教师的主要职责和本职工作是教育、培养参训学员，教师为了这个事业不断地奋斗、努力、进取。由此可以看出，教师是培训教学活动的组织者和指导者。干部培训将学员视为双向学习过程中的合作者，教师主导各种互动教学实现参与式学习。教师要始终正视自己在教学中担当的组织者和指导者的角色，这是教师角色不可动摇的固定性。如果不能履行好这个角色就可能是失职。

　　其次，教师的角色由重"讲"向重"导"转变，"善教者，善导"，因而教师是"导演""导师"和"引导者"。在互动式教学过程中，为师之道，贵在于导。教师应突出发挥其自身的导演作用、引导作用、疏导作用、指导作用。"导"具体体现在导氛围、导注意力、导问题、导结论上。导氛围就是在教学过程中教师要为学员创设一种民主、平等、和谐、友好的学习氛围，让学员在此环境中能够表现自己的见解、思想和智慧，在融洽的气氛中开发学员自身的潜能，提高对问题的探索欲望，强化学员的情感体验；导注意力就是在教学过程中教师要及时发现并化解互动中出现的应急问题，启发并诱导学员集中精力去获得知识，并探寻知识背后所隐含的主要因素及解决问题的具体思路方法；导问题就是在教学过程中创造一种问题情景，引导学员朝着正确的方向去努力、去体验、去训练。教师要围绕着教学内容和教学目标激发学员的求知欲望，及时引导他们获得正确或接近正确的答案，让他们在集体互动交流中去思考、去争辩、去决策，从而找到自信和成功的快乐，给学员提供更多表现自己的机会，激发他们的问题意识；导结论就是在教学结束时教师要对整堂课或学员的发言做总结点评，引导学员掌握解决问题的方法，真正授之以渔，让学员明了自己的思路是否合理、分析的方法是否得当、解决问题的途径是否正确等，启发他们获得某种经历和体验。

　　再次，在互动式教学活动中，教师充当组织者、帮促者的角色。教师要依据不同的教学内容创设一定的情境，引导学员参与到培训活动中来，综合运用案例分析、角色扮演、小组研讨等方式，调动学员学习的积极性，让学员积极主动地参与到教学活动中来，激发学员进行交流与体验。在互动式教学过程中，教师又是帮促者，为教学提供丰富的教学资源、经验和活动，要与学员共同完成教学任务，为他们的合作学习、问题探索、知识学习与共享等方面提供各种机会。教师也要参与到教学过程中来，同时应尊重学员的主体地位，充分发挥学员的主观能动性，不断激励学员参与到互动讨论中来，在与学员的合作过程中不能单纯地控制，而要参与协调。

最后，干部培训需要教练，又教又练，教师角色向催化师、主持人转换。在互动式教学过程中，教师还有另外一个角色即催化师，他是教学活动中的倾听者、思考的引导者、不良互动方式的干预者，是一位过程专家。尤其是在结构化研讨这种形式中，催化师是教学成功的关键人物。教师扮演催化者的角色，就是要将学员自身的智慧、知识、经验等挖掘出来、激发出来。这些智慧和经验深藏于学员思想深处，被他们固有的观念、价值，以及对自身认识的局限性所掩盖了，而教师的工作就是要将这些财富挖掘出来。在研讨过程中催化师的作用主要有，一是研讨小组长的助手；二是引导学员放慢思维步伐，把主题拆分为若干阶段进行研讨；三是灵活选用合适的研讨工具，让研讨步步深入；四是将学员发言的关键词记录下来，以便展开比较分析、归纳提炼等。在研讨过程中，催化师不是控制讨论、不是讲授观点、不是给出解决问题的方案、不是裁判，而是引导学员分层次、多角度进行分析，追问问题的焦点和症结点，促使学员提出具体、切实、可行的对策建议。一般来说，催化师要对研讨主题全面深入地研究，具备一定的心理学基础、公共管理、行政管理、法律等方面的知识，同时还要有良好的心态和情绪调节力、观察能力与随机应变的组织能力、清晰简明的语言表达能力等。加强对专业催化师的培训，实现教师从培训师到教练，从教练到催化师的身份转变。

在互动式教学中，教师扮演的角色主要有领导者、指挥者、组织者、引领者、帮促者、协调者、催化师等，这些角色不应该被削弱。教师全方位主导整个教学过程，从最初的教学设计到教学组织实施，以及最后的总结点评，都要积极地、全程地起到主导的作用，并充分调动学员的积极性。

（三）互动式教学中学员的角色定位

党政干部培训中的学员具有丰富的知识储备、开阔的眼界视野、强大的学习能力，他们的学习是以解决问题为目标的学习，进行自我导向的学习，丰富多样的人格化的学习；同时反思是学习发生的关键，交流是集体学习的枢纽。因此，互动式教学中学员的角色也将发生极大的转变，拓展了学员的传统角色。

就学员来说，在互动式教学中学员的角色首先是一名学习者，这也是具有固定性的。当然，学员被赋予的学习者的角色，应当是积极的、主动的、自主的。现代干部培训中提倡主体能动的学员观,突出学员的中心地位,强调学员在教学中的主体作用。学员由"对象"向"主角"转变,不再是通过被动灌输获取知识,而是通过主动地讨论、反思、交流等组织形式获取新的理论知识。学员是教学活动的主体,处于中心地位,教师依据学员的组织需要、岗位需要、个人需要制订最适合党政干部特点的教学目标、教学计划、教学内容、教学方法和教学评价方式,体现为学员个体学习需要的差异性和多样性,让学员在融洽和谐的氛围中进行自主学习、深度学习,充分挖掘个人潜在的能力和丰富阅历,积极进行知识建构。学员是整个教学活动的主体,要积极参与到教学活动中,要充分发挥自身的主观能动性,学员在教师的引导下自己去研究问题、寻找答案,真正成为学习的主人。

在互动式教学中,学员还是一名体验者,在学习过程中通过身临其境的真实体验,去感受理论的真谛,认识具体问题的境况,把握事物的本质。在互动式教学活动中,学员是教学活动的主体,更是参与者,要全身心地参与到教学过程中,积极地进行交流与体验,充分突显其中心地位。在教学过程中教师会创设一系列的大氛围和小氛围让学员进行体验。大氛围是,教学内容的大背景和理论知识源出的大时代,让学员置身于其中的氛围中,灵魂时刻被震撼;小氛围是,学员们热烈交流着自己的所思所悟,对问题、知识等也有了更深认识,不仅温故知新,而且温新知故。学员在教师创设的具体情境中进行体验,在体验中认识、感悟和判断。学员要全身心地进入体验的情境中,从不同的视野反思和解释这些体验,用自身的理论知识整合这些所思所想所看,从而产生新的认知,并运用这些理论解决自身工作中的问题。

最后,学员又是合作者和知识生产者。在互动式教学中与教师还有其他学员合作,相互启发,相互交流,在小组内或整个班级中形成"学习共同体",在极具合作意识和团体精神的合作学习中共同完成学习的任务。教师要善于巧妙地运用小组合作的学习方式,这不仅能提高教学互动的效果,还能开发出学员潜在的巨大能量。一方面增强学员热爱学习的情感体验,另一方面能够让学员在合作学习的过程中形成团队合作和创新精神。通过整合合作学习中的认知,为自身或学习小组生产出新的知识产品。学员在学习讨论过程中进行相应的观察、应用和思维训练,反思不同情境中的体悟,反思对学习全过程的体会,并查找问题、分析问题、解决问题。

通过探讨并进一步确定在互动式教学中教师和学员的角色定位,这样才能保证干部培训教学工作朝着正确的方向发展,才能更好地实施、发展和改革互动式教学模式。在互动式教学中使教师和学员的角色体现得更充分、更丰富，使学员在教师的引导下更加积极主动地学习与进步，也能更好地发挥教师在教学中的主导作用，充分体现学员在教学中的主体地位。值得指出的是，在互动式教学中不同的教学形式和方法，其教师角色、学员角色是不同的。这就要求教师在设计和实施教学过程中，充分把握这些具体的教学方法的功能，针对具体的教学目标、教学内容、教学情境等，灵活选择或组合各种教学方法，为更好地实现培训目标和提高教学效果而服务。如表6-1所示。

表6-1 互动式教学常用教学方法中的师生角色

教学方法	教师的角色	学员的角色
现场教学	作为指导者： 指导思考、讲授专题、引导学员积极体验并反思、点评归纳总结	作为观察者： 用心察看现场教学点、积极体验并内化
案例式	作为导演： 选编案例、阐释案例、创设环境、提出意见、指导学员、评价学员	作为参与者： 分析案例、查阅资料、参与小组讨论、运用自身的经验
管理游戏	作为组织者和协调者： 场景管理、在活动中模仿和游戏、认真观察学员的表现、协调组间的交流、点评总结	作为体验者： 体验游戏，积极主动参与，对突发情况做出恰当反应、反思
结构化研讨	作为催化师： 引导学员积极讨论与思考、激发挖掘学员的潜能、调控讨论进程、干预小组讨论过程、促使学员提出解决问题的办法、观察与倾听、提问与追问、提醒与提示、归纳与梳理	作为问题解决者： 积极参与问题的讨论、认真倾听其他学员的观点并反思、分析问题并探寻解决的办法

三、互动式教学的基本策略

互动式教学实际上是一种多极主体间的互动交往活动。互动式教学不拘泥于某种具体的教学策略，结合不同学员的特点和具体的教学目标、教学内容的实际，创新教学方式，采取适合的、灵活的、多样的教学形式，充分体现学员在教学中的主体地位。下面就结合互动式教学的实践从问题策略、合作策略、引导策略、情感策略四个方面对互动式教学的基本策略做一粗疏的探索。

（一）问题策略

《2018—2020年全国干部教育培训规划》中明确指出，"坚持联系实际、学以致用，以问题为导向、以正在做的事情为中心开展教育培训，提高干部运用所学理论和知识指导实践、解决问题、推动工作的能力"。同时，"教师要把理论联系实际的要求贯穿于教学全过程，善于回答学员思想和工作上的实际问题。培训机构要把理论联系实际的能力作为考核教师教学水平的重要内容"。基于此，在干部培训的整体设计中，应当以学员在实际工作中遇到的难点、热点和典型问题为载体，使培训内容和参训学员的现实工作之间建立起紧密的联系，使工作学习化、学习工作化。面对新形势，学员在工作中不断遇到新的挑战，参加培训学习成为解决问题的最主要动力，越来越密切地与工作相结合，不可分割。干部培训的主要目的就是提升干部的综合素质和能力。要真正提高他们的素质和能力，不仅要求学员在培训期间学有所获，还应将所学内容运用到工作实践中，才能真正提高。并且，素质能力不是一个短时期内能马上快速提升的，需要在学习、实践反复循环中逐步提升。因此，以具体问题为载体，激发学员的学习动机，通过在教学过程中对行为和体验的不断反思进而获得新知，将学习成果运用到工作实际中，增强培训的针对性和实效性。在教学过程中，学员对教师创设的问题进行积极探讨，不仅使他们丰富了理论知识，而且学会了如何处理工作中的难题，改变了自己的思维方式和处事习惯，最终提高他们分析问题解决问题的能力。

在教学过程中，教师根据培训目标和培训内容的要求，设置一定的"问题情境"，挖掘、引发不同质的疑问和想法，让学员以小组形式或个人形式，亲自从事发现问题、分析问题、解决问题的活动，亲自参与构成认知结构这一过程。在互动式教学中首先提出了问题，就必须在互动中交流探讨这些问题，并最终解决这些问题。在这一过程中，教师先把一些与问题相关的材料提供给学员，激发他们对问题探索的动机和具体行动，通过教师与学员之间的互动、学员与学员之间的互动、小组互动交流等形式，促使找出问题解决的思路并引发学员继续反思，培养学员发现问题、分析问题和解决问题的能力。在互动式教学过程中，教师没有给学员提供所谓的标准答案，而是让学员在互动探索中寻找方法和规律，重视学员对解决问题的方法的获得，师生共同来探讨、研究这些问题，进而得出结论，获得新知。在这个过程中，学员是教学活动的主角，教师是指导者、合作者、交流者。在上述探讨的案例式教学和结构化研讨中,都是以具体问题为载体,通过创设问题情境,找出存在的问题;查阅相关资料,多层次、多角度地分析解决问题;展开讨论阐释,交流意见;教师有针对性地点拨和总结。问题策略的运用最重要的在于创设一定的问题情境,这直接影响着互动式教学的实施效果。问题的设定要有一定思维度,能激发学员思维的积极性,既要考虑学员的学习特点,又要注意对理论知识的拓宽和衍展,这样能充分挖掘学员的智慧潜力,促使学员积极探索寻求问题的解决办法,培养其综合素质和能力。

(二) 合作策略

现代心理学的研究认为,教学过程中有合作、竞争和个人学习三种学习情境。其中效果最佳的就是合作的学习情境,在干部培训教学过程中开展合作学习比个人学习更重要。合作学习是与"个体学习"相对应的一种集体学习形态,教学过程中通过教师与学员之间、学员与学员之间在教学活动中的互动交流,使学员在教学中得到全面发展。在合作学习的过程中实现小组成员之间的充分沟通与交流,以达成小组成员的共识,最终实现解决问题学以致用的目的。因此,在干部培训中用合作学习的策略来促进培训中的教与学、学与学的互动,能极大地提高干部培训的质量和效果。

首先,合作学习通过激发学员智慧、集思广益,促进学员自身信息量的增加,有利于教师和学员实现知识、信息、经验等的共享,达到教学相长、学学相长。在教学过程中,如何实现在短时间使学员尽可能多地获得显性知识和隐性的知识,显性的知识可能通过讲授、训练而获得,但隐性的知识只能通过合作交流而获得,也就是说,采用小组合作学习的方式能够促使学员获取更多的隐性知识,可以使信息量扩展,实现资源共享。著名的"乔哈里之窗"说明了合作学习的价值,并把人的内心世界分为四个区域:公开区、盲目区、隐秘区和未知区[①](如图6-2所示)。公开区指所有的知识信息都是公开的,双方都知道;盲目区是对某个问题的认识,别人知道而自己不知道,可以通过倾听别人的观点以弥补自身的不足;隐秘区是别人对某个问题认识不到位,而自己知道,你可以告诉别人你的观点;未知区是自己和别人都不知道的信息区,但还必须找到问题解决的方案,这就是学员通过合作学习进行观点碰撞,进而找到解决问题的答案。"乔哈里之窗"认为真正而有效的沟通只存在于公开区,在这

---

① 齐中玉. 乔哈里窗沟通法:深层沟通的心理学途径 [M]. 北京:中国电力出版社,2010:10.

个区域开展工作很顺利。因为在公开区内，双方交流是建立在信息、知识、经验共享的基础上，沟通的效果是最好的。因此，为了获得理想的沟通效果，师生双方需要合作交流，敞开心胸，把自己最真实的想法表达出来，认真倾听别人的见解并主动征求反馈意见，不断扩大自己的公开区（如图6-3所示）。在盲目区和隐秘区，由于知识结构差异、工作经历不同等因素制约等，沟通效果不好。为了获得最佳的沟通效果，就要通过合作、交流与陈述不断扩大公开区，通过倾听与回应缩小盲目区和隐秘区，通过观点碰撞揭明未知区。在小组合作学习中十分重视合作性，在教学活动中以分组讨论的形式为学习群体，让学员担任小组中基于特定知识背景的角色，通过开展互学、互帮活动必将极大激发其学习热情。学员彼此之间进行交流学习，就教学中的问题各抒己见、畅所欲言，学员之间可以共享有经验者所具有的情境知识，促使大家获得更深层次的观点，并在反思基础上建构个人的理论和知识。

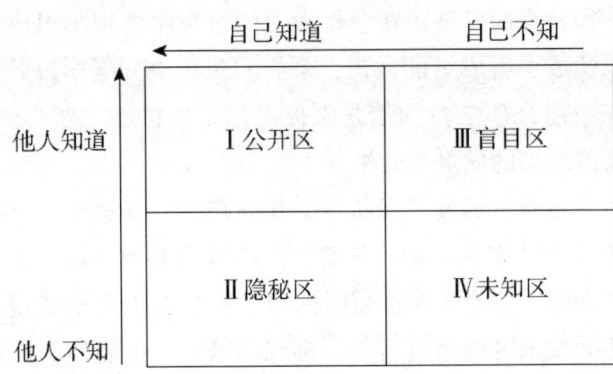

图6-2　乔哈里之窗

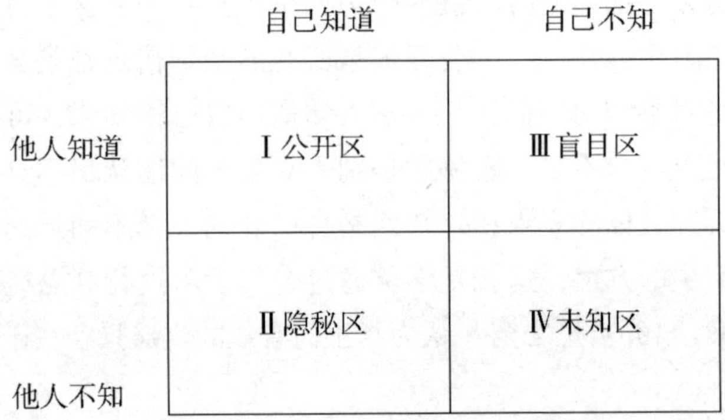

图6-3　更新后的乔哈里之窗

其次，合作学习中充分发挥教师的作用。在小组合作学习中，教师的角色是引导者、组织者、催化者和协调者。教师要鼓励学员积极参与互动交流，畅所欲言、各抒己见。教师在学员互动交流的过程中，要仔细倾听，鼓励他们发散思维，从多角度、多层次剖析问题，发表自己的观点和想法，不对学员的观点做正误评价。这样可以引出新的、丰富的、更进一步的思想，集思广益，启发学员的思维，而且有助于帮助提高学员表达、交流和讨论的能力，强化从别人的经验中学习的能力。在小组合作学习中，教师的角色向"帮促者""引导者""顾问"的角色转变。学员在教学过程中是陈述者、倾听者、反思者、参与者的角色，学员的主体地位得以体现。在小组合作学习中，教师要注意培养学员的合作、交往能力，为他们创设宽松的讨论氛围，引导学员学会倾听、学会质疑、学会包容。学会倾听就是要认真倾听其他学员的意见，从中吸取别人的观点，获得更深层次的理解，并整合与内化其他学员的意见。学会质疑，对于听不明白的地方，请教他们并将疑惑的问题进行详细的咨询。教师要积极组织引导好小组合作学习，根据学员的不同观点，做总结点评，发言要上升到理论高度。

最后，合作学习促进师生的交流沟通，共享智慧和经验，达到教学相长、学学相长的目的。在教师与学员、学员与学员或学员与小组成员进行互动交流中，教师的思想观念、行为规范、人格魅力等，可以影响学员的道德品行、行为准则和价值观念，并逐渐内化为学员自身的行为习惯，不自不觉中改变着学员自身的人格、行为、价值观和创造力。教师在与小组群体的个别学员进行互动交流时，可以借助个别交谈指导、暗示、神情表现等手段与学员个体进行交往，这样在合作学习中学员也能得到与教师进行个别交往的体验。而学员与学员之间则用合作的学习气氛、学习效果等对教师做出一定的评价，让教师在不断尝试中完善与学员的互动交流。通过合作学习的方式，促使了每一次知识和经验的个人学习转化为个体与团队一起的合作学习，从而达到挖掘个人潜能、共享团队经验的目的。

在合作策略中其核心是小组成员之间为了解决问题而进行的互动交流。教师在学员分组讨论学习的过程中，应当虚心倾听，对学员进行积极引导以弱化分歧、搁置争议，坦诚接纳学员的不同意见。合作学习重在教师和学员之间进行互动沟通，在沟通的基础之上进行学习，在学习中互动交流。

(三) 引导策略

在互动式教学中，教师一个重要的角色就是引导者，通过激发兴趣、启发思维、点拨困惑、指导方法，来促进教师与学员之间、学员与学员之间在教学过程中的互动交流，使学员在教师的引导下自己会学、学会，真正突出学员的主体地位，发挥他们的主观能动性，从而提高自身的素质和能力。互动式教学要想取得良好的效果，一方面依靠教师的积极引导和精心组织，另一方面则需要学员主动参与并发挥主观能动性。教师要引导学员将党、国家、民族、社会的先进理论传授给学员，使他们获得新知识和新理论。同时还要积极引导学员将获得的新理论应用于实际工作中，逐步提高自身的综合素质和工作能力。教师的正确引导实质上就是正确发挥教师的主导作用和真正落实学员的主体性地位。《干部教育培训工作条例（试行）中》规定了干部有接受培训的权利和义务，赋予了干部在培训中的主体性地位。在培训中要特别强调学员的主观能动性，这是符合干部自身的特点的，因为教师的作用是外因，学员的学习是内因，外因只有通过内因才能发挥作用。因而，在教学过程中必须充分发挥教师的主导作用，突出学员的主体地位，教师要积极引导并激发学员学习的内在动机。在互动式教学中，学员本身才是学习的内在动力，这就要以学员为中心，激发学员的主动性，同时选择符合学员学习特点、学习规律的教学方式，并尊重学员已有的知识经验等。因此，在教师的适当引导下，学员主动积极思考、积极实践，将学习的压力变成乐趣，实现认知、情感、行为这三种心理活动的有机统一，最大强度增强了学习的效果。

　　在互动式教学中，需要教师了解学员的基本情况、工作背景、知识储备等，做到因材施教，并运用灵活多样、独特新颖的教学方式进行引导，使学员能够获得新知识、新思路、新方法，以提高自身素质和能力。为此，教师可采用以下几种引导的办法，以提高教学的有效性。一是示范性引导。在互动式教学中通过有效的组织方式，使学员在理论知识的提升、履职能力的增强、综合素质的提高等方面向更高层次发展，在学员获得新知的基础上，进而引导学员在观察、分析、思考问题方面进一步反思。这个过程是基于反思的体验，在解决问题中获得新的知识，掌握相关技能，进而还要转变自身的思想观念。教师要给学员以示范性引导，让他们在反思学习中可供仿效与借鉴。教师可透过教学中的师生互动，对于学员的表现进行有见地有深度地点评和总结，示范性引导源于学员而高于学员。二是例证性引导。为了使学员对教学中的某些问题理解得更深刻、更透彻，教师应通过一些典型的事例进行阐释分析。以实例为载体这样能够引导学员获得更深层次的观点，有利于激发学员的学习动力，同时还有利于学员将理论知识与工作实际统合整理。三是探究性引导。在互动式教学中，教师要引导学员对教学问题进行层层剖析，提出自己的想法，参考别人的见解，反思自己的观点，从而让学员去钻研，去思考，去讨论，从而运用自身已有的知识和经验去解决实际问题，主动获取知识、发展能力并获得亲身体验与感悟。探究性引导可以培养学员的创新精神和实践能力，突出学员的主体性地位，发挥他们自主学习、自主发现、自主解决问题的能力。

（四）情感策略

互动式教学过程始终伴随着情感，情感是人的需要得到满足时所产生的内心体验，情感互动是教学活动中一个极为重要的方面，它对教学过程和教学效果能够产生重要的作用。心理学上的"皮格马利翁效应"指出，积极肯定的情感对一个人的进步产生激励促进的作用，消极否定的情感对一个人的发展起阻碍抑制作用。这一点在互动式教学中表现得十分明显。教师和学员之间建立良好的情感，有利于创设积极、友好、愉悦、宽松的学习氛围，有助于大家的沟通、理解，从而提高教学效果。

教师要从情感上关爱学员，尊重学员，信任学员。教师只有对学员充满爱心和信心，才会有追求卓越的意识和创新的精神。在教学过程中，教师要始终对学员充满爱心，并且用自己的道德素养、高尚品格、教学能力、语言行为感染学员，使他们形成一种积极主动的情感。针对这些作为成年人的学员，教师在教学中要经常给予激励，适当地多表扬、多引导。在教学中，教师应该精神饱满，积极乐观，并保持与学员友好沟通和交流。另外教师应尊重学员，在教学过程中建立一种平等民主的师生关系。尊重学员意味着尊重学员不同的意见和知识差异。在互动交流中，学员会提出不同的解决问题的办法，教师应当尊重学员的见解，对学员多一份理解，多给学员一次机会，以宽容的心态对他们表示充分的理解，教师给予学员肯定性的情感，才能激发他们积极向上的情绪。同时，教师还要给予学员以信任，鼓励他们认真分析，积极思考并解决问题。信任也是一种高尚的情感，信任是教师与学员，学员与学员之间的纽带，学员感受到来自教师和其他学员的信任，就可以增强自身的自信心。只有这样，学员才能心情舒畅、无拘无束地参与教学活动，才能增强教学过程的吸引力，获得理想的教学效果。

在互动式教学过程中运用好情感策略，需要做好以下几个方面。一是触境生情。情感具有情境性的特点，因而，在教学过程中通过创设一定的感人情境，使学员在体验中理解知识、发展能力、建构意义的同时，还可以使学员获得成功的体验，生成情感。感人的情境可以唤起学员相应的情感，让学员置身于一定的具体的感人的情境中，获得情感体验，在情感的互动当中实现升华，实现教学质量的提高。比如，采用现场教学的方式，让学员在真实的历史情境中学习，让他们有一种身处历史之中的真实感，在现场体验中感受教育，依托丰富的历史资源启迪当下与未来。教师要深入挖掘情感因素，用真情实感潜移默化地诱发学员的内心体验，让学员在良好的、感人的环境中，不知不觉地受到熏陶，积极主动地进行体验和反思。二是寓情于乐。在干部培训中，要使学员的情绪保持快乐的状态。快乐的情绪有助于学员积极主动地参与到教学活动中来，这样可以更好地完成教学培训任务。由于学员的积极性提高，教学活动得以很好地进行，学员的自身需求也可以得到满足，进而就会产生快乐的情绪。学员的快乐情绪又反过来感染教师，提升教师的快乐情绪，如此形成良性的循环，达到情感交融的境界。三是以理动情。教师也要不断加强学习，以提高自身的综合素质和教学能力，从而以人格魅力和过硬的素质去感染学员，征服学员。在教学过程中，针对学员的实际，精心设计教学内容，使教学内容贴近生活、贴近学员工作实际、贴近时代特征，解决学员的实际困惑与问题，真正打动学员的内心，才能引起情感上的共鸣。教师在教学过程中要晓之以理，动之以情，通过情感的沟通，使学员能够将所获取的知识和理论转化为内在需要和追求。

四、互动式教学的组织形式

在互动式教学模式中采用多样化的教学组织形式，克服单一的以讲授为主的组织形式，超越了传统的"讲中学"或"坐中学"，走向多样化方法嵌入其中的"观中学""做中学""例中学"和"探中学"，最大限度地丰富时空、方式、体验和学习等资源，提高了教学的质量和效果。

（一）"观中学"类型

通过组织学员深入改革开放的主战场、深入现代化建设的主阵地、深入革命战争时期的旧址旧居进行现场教学，把经济社会发展的现场变成党政干部学习的课堂、把改革开放和现代化建设的经验变成党政干部学习的教材，引导学员实现理论与实践、历史与现实、现场与课堂、讲授与研讨的互动，提高党政干部理论联系实际的能力。现场教学通过让学员"观中学"，这是一个综合过程，既包括认知意义上的理论学习，也有比较深入的情感体验。通过学员的现场观察与体验，让学员产生深刻的感悟与启示，使学员感触深、理解透、忘不了，现场教学这种生动形象的教学组织形式能够起到许多意想不到的效果。

(二)"做中学"类型

以教学内容或活动任务为驱动力,通过设计一定的场景和机制,促使学员参与到教学活动中来。通过创设丰富的情境,激发学员学习兴趣,使学员在亲自体验中获得丰富的学习体验,调动了学员发现问题、分析问题、解决问题的积极性,促进学员在体验和感悟中整合已有的知识和经验,探索问题内部及其中的相互关联,并从中找出规律,形成新的认知和新的工作方法。其典型的教学方法包括管理游戏、小组合作讨论、角色扮演、拓展训练、合作小组学习等。

(三)"例中学"类型

通过典型的案例与教学内容有机整合,在案例设定的特定情境中,以学员为主体,通过小组讨论的形式促进学员之间的互动交流和经验分享,从而提高学员综合素质和履职能力。其典型的教学方法包括案例式教学、情景模拟、个案研究、示范教学、现场参观等。

(四)"探中学"类型

以主题、问题或专题为导向,学员在催化师的引导下,按照一定的程序和规则,采用相关的团队学习工具,开展学习活动,从发现中学习,催化师引导学员围绕主题、问题或专题多角度、分层次开展讨论。其典型方法包括结构化研讨、头脑风暴、在线交流、专题讨论、小组讨论、学员论坛等。

五、互动式教学的支持体系

互动式教学在党政干部培训中的运用虽然已进行了积极的探索和尝试,但如果缺乏必要的保障,在具体实施过程中会使教学效果不够理想。因而,为了使互动式教学得以顺利实施,需要创建一个适合互动式教学的支持体系。

(一)教学观念的转变

树立以学员为中心的教学观念,充分尊重学员的主体地位,这是现代干部培训的核心理念。理念在很大程度上决定着教师的教学行为,影响着教学效果。在党政干部培训中,要转变教学观念,需要做好以下几个方面:

首先,要突出学员的主体地位。党政干部培训中强调突出学员的主体地位,以学员为中心,学员始终作为一个独立的主体而存在。党政干部具有开阔的眼界、丰富的实践经验、较好的知识结构,有较强的自觉性和组织纪律观念,具备较强的自我管理和自我约束能力,综合他们的这些特点,教师要把发挥学员的主观能动性贯穿于整个教学过程中,积极引导学员做教学问题的提出者、教学活动的主动参与者，成为教学过程中的主体。学员与教师作为教学活动的共同参与者，是教学活动中的两个实践主体，两个主体在相互交流中相互作用、相互影响、相互联系、相互促进，正是通过教师和学员两个主体的互动交流，最终实现预期的教学目标。

其次，正确认识师生关系。互动式教学中关键在于教师角色的转换，教师需要放弃师道尊严的理念，不再是教学活动的控制者和主宰者，而是以学员为主体的教学活动的指导者、合作者、协调者、帮促者、催化者，主要作用在于引导学员找到有效的学习方法，通过相互促进、相互沟通、相互启发、相互联系，实现教师与学员的多层次全方面的互动交流，在师生共同发展的过程中实现教学相长、学学相长。师生之间应该建立一种平等、民主、信任、理解的新型师生关系。

最后，要体现师生主体双方的人本性特点。在教学过程中，要顾及互动主体的意识、情感、需要和个体心理特征，主体双方相互尊重、相互理解、相互信任、相互关爱。尤其要尊重师生双方的主体性，在教学过程中教师要重视学员的个体生命价值和创造意识的发挥，唤醒学员的主体性，引导学员积极展示自我，主动建构，与教师进行主体—主体的信息交流和建构。

（二）师资队伍的建设

互动式教学对教师的素质有很多的要求，教学效果在很大程度上取决于教师个人的素质。因此，培训教师要先学一步、深学一层，理实结合。教师直接参与并实施培训教学活动，既影响着培训的质量和水平，也检验着培训理念的成效，干部培训机构要着力强化师资队伍建设，这对提高培训质量和效果起到了积极的保障作用。我国的干部培训师资队伍的基本特点是专兼结合。

首先，全面提升专职教师的教学能力。在我国的干部培训机构中设置专职教师，着力加强专职教师队伍建设，全面提升他们的教学能力。教师不仅要具有丰富的理论知识，还要有驾驭课堂教学、控制教学局面的监控和管理能力等。互动式教学不仅仅是教师与学员的互动交流过程，更是师生之间进行信息传递的过程。在教学过程中，面对具备一定知识结构的学员，教师必须不断加强学习，不断更新自己的学科知识，充分研究与教学内容相关的资料，积极调研或实践，才有能力引导学员开展互动交流，分析存在的问题、探讨解决问题的策略，实现师生有效互动、相互启发、共同提高。为了提高教师的教学素质和能力，一是教师要善于进行教学反思。以互动式教学实践中遇到的问题为主线开展教学反思，以教学中出现的问题组织学习材料，开展对问题的实践研究与理论研究，在这个反思过程中有效地促进教师专业化水平与能力的提高。以教学问题为纽带，开展教师与教师之间的合作学习研究，在反思中体验发现问题，分析问题，进而找到解决问题的研究方法，从而形成教师进一步发展的潜能，通过对教学的反思可以不断地提高教师的专业化水平与能力。二是充分挖掘学员的潜能，在与学员的互动交流中不断建构新知识。学员具有丰富的实践经验、领导工作经验以及开阔的眼界和丰富的阅历，因而学员本身就是十分宝贵的资源，教师在教学过程中要用心倾听学员的意见和想法，在与学员的交流中不断更新自己的知识结构。三是积极参与相关的教师培训，通过进修学习、师资培训、岗位培训等方式，提高专职教师的政治素质、理论水平和业务能力，这是提高专职教师自身综合素质和教学能力的重要途径。

其次，培训机构注重专职教师专业素养和实践能力的培养。对于培训机构中的专职教师，由于工作性质的原因他们缺乏实践经验，然而面对具有丰富工作经验的学员来说，专职教师丰富的实践经验和解决实际问题的能力至关重要。因而，教师必须具备丰富的实践经验、解决实际问题的能力，这样才能引导学员研究、剖析、解决他们实际工作中存在的问题。学员带着他们的实践经验来参加培训，希望能够解决他们的问题和困惑，进而获得新知，而教师不去了解学员的实际，不到实践中去，就会造成学与习失衡导致学与用脱节。因此，培训机构要对专职教师进行实践能力方面的培训，通过深入基层、需求调研、挂职锻炼等方式不断提高教师的实践能力。教师要勇于实践、不断实践，这样才能印证自身的专业理论知识，通过这个过程使抽象的理论变得更加感性而具体，同时也加深了教师对理论认识的理解。教师要具有将抽象的理论知识转化成学员所拥有的具体可操作的知识，同时要培养学员各种工作实践与发展所必须的能力和价值观。互动式教学是一种实践的过程，不仅需要教学的知识、教学的智慧与教学的专长，更需要教师有开展教学的实践能力。

最后，广泛选聘实践经验丰富与理论水平较高的党政领导干部、企业管理人员、高校专家学者和先进模范人物担任兼职教师。通过吸收、引进、整合具有重要影响力的、高水平的兼职教师，不断优化师资队伍结构。所选聘的兼职教师一般具备系统、扎实的理论基础和丰富的实际工作经验，在培训教学中根据教学任务的需要对这些兼职教师实施动态管理。通过这些兼职教师为学员们上课，由于都具备丰富的实践经验，学员与领导、专家的交流和切磋更加顺畅，在解疑释惑、澄清问题、寻找答案中使学员开阔眼界，相应地兼职教师也拓宽了思路，大家各有所获。

（三）教学环境的营造

在党政干部培训中需要创造一个支持性的培训环境，特别是互动式教学需要一个开放、宽松、相互信任、支持性的环境，能够帮助学员放掉防御，敞开心扉，主动进行人际交流合作。教学环境通常包括教学的物质环境和教学的精神环境两个方面，教学的物质环境主要指创造良好的教学卫生环境和教学设施，构筑美观的教室空间布局，使师生置身其中能够激发起互动交流的热情；教学的精神环境主要指教师与学员之间、学员与学员之间的人际关系，以及营造的良好课堂合作交流氛围等。

首先，营造良好的教学环境需要教师改变角色，从传统的"教师""专家"转变为学员的"协助者""引导者"，并且掌握营造一个支持性的培训环境。教师要认可每位学员的价值，建立平等、民主、和谐的师生关系，使教学中的每一位主体都能置身教学活动中感受到彼此的平等、信任和获得尊重。并且教师要通过催化、鼓励、与学员一起参与合作等手段，关注鼓励每一位学员积极参与到教学活动中来。

其次，营造良好的互动合作教学气氛，注重师生之间的情感交流。教师要善于创设良好的教学氛围，这有利于促进学员学习的积极性和主动性。营造良好的教学氛围，离不开教师真挚的情感。教师要确立学员的主体地位，在教学过程中要注意倡导师生之间的人格平等。只有相互平等地进行互动交流，才能消除学员的紧张情绪和心理压力，教师要与学员进行情感上的沟通，赢取学员的信任，这样才能在交流互动中产生共鸣，激发学员的潜能。教师要鼓励学员进行质疑，用心倾听学员的见解，认真观察学员的表现，引导学员集思广益、各抒己见，在互动交流中与学员真诚相待，包容、理解学员的差异，只有在良好的教学氛围中，教师与学员、学员与学员之间的合作才能真正进行。

最后，利用现代化教学手段，创设良好的教学氛围。随着现代科技的发展，计算机、互联网进入干部培训的教学中，现代化教学手段已成为教学中一个具有独特意义而不可忽视的因素，它为实现师生之间、生生之间的互动提供了极大的可能性。使用现代化教学手段能够让互动式教学达到视听并举的效果，传递的信息内容也栩栩逼真、图文并茂，能够展现事物的主要特征，令人耳目一新，直接刺激学员的感觉器官，有利于吸引学员的注意力，这样能够使小组交流或者案例分析便于进行。多媒体设备的声、光、电一体化优势，增进了教学过程的真实性、直观性和形象性，使师生教学互动更加便捷、快速。

六、互动式教学的评价方式

教学评价是为了提高教学质量,全面促进学员的整体发展和提升教师教学水平,使评价的过程成为教学工作发展和教学质量提高的过程。干部培训中的教学评价一般是采用发放调查问卷与召开教学质量评价座谈会的方式,方法单一,效果有限。互动式教学强调教师和学员都要参与到教学评价之中。互动式教学需要选择适合的评价方式,评价要特别注重以下方面。强调评价在促进学员全面发展方面的作用;重视互动教学过程的评价;把学员在活动、体验、交流、探究等方面的表现纳入评价范围;提倡评价主体多元化,教师要成为学员学习的帮促者、合作者、指导者、启发者;学员要参与整个学习过程的评价,进行自我评价和学员之间的互评。

(一)互动过程的评价

注重对互动教学过程的评价。对互动式教学的互动过程评价,最重要是看学员参与教学活动的程度,要突出学员的主体地位,充分发挥学员的主观能动性。教师与学员两个主体都是其中的评价者与被评价者,两者都有权利对互动教学过程进行评价。而学员的评价包括学员与学员之间评价和学员对教师的评价。在互动式教学中,最常见的就是小组合作学习,通过建立小组评价机制,两个小组成员之间可以对互动表现进行互相评价,互动小组评价实现相互监督和相互提高。学员对教师的评价主要体现在学员对教师教学方式、教学内容、教学整体设计和组织的评价,包括教师对课堂互动交流气氛的营造程度,教学过程中设置问题、创设情境、组织协调和情感渗透程度等的评价。在过程评价中,教师依据学员在互动交流中的及时反馈,改变互动形态或程度,同时,教师还依据学员课后的回顾反馈,进行下一次互动过程中改进教学方法和内容等。通过这样的过程性评价,教师对互动式教学过程进行宏观调适,不断提高教学的质量和效果。

(二)互动结果的评价

注重对互动教学结果的评价。互动式教学的互动结果评价是发生在教学活动之后的。通过这样的评价可以总结和反思互动式教学是否达到了预期目标,是否取得了良好的教学效果,这也是对互动式教学本身的一个评价。互动式教学着眼于提高党政干部的素质和能力,推动学员完成从理论学习到实际应用的转化。互动式教学注重对干部多方面能力的培养,通过培训改善干部的工作方法,能够更好地发挥自身的主动性,提高他们的工作能力。这些都可以作为互动式教学结果评价的重要评价内容。一般来说，干部培训机构在进行教学结果的评价时，会在培训班结束时发放教学质量评价的调查问卷，根据学员对培训内容、教学方式、教师授课、总体评价等方面进行打分，并给出意见和建议，提高了教学质量评价的可靠性和可信度，全方位掌握学员对培训教师授课、培训需求及教学工作整体意见和建议。同时，还会安排教学质量评价座谈会，及时听取学员意见，这样对教学情况进行全面监控，根据评价情况不断改进教学工作，以评促建，提高教学水平。

（三）课后反思的评价

互动式教学非常重视教师和学员的反思与评价。教师的反思评价侧重于对教学过程中互动效果的评价、教师的自我评价和对学员行为变化的评价。对学员的评价可以从以下几个方面展开。一是心智发展方面，强调学员思考问题的能力，评价学员在互动式教学过程中，思维方式及知识能力的运作方式是否达标；二是技能方面，评价学员在互动式教学中，是否沟通能力、协作能力、分析问题能力、人际关系及表达能力等方面获得发展；三是态度方面，着眼于学员的信念、情感、态度、价值及自我评定。学员的反思评价则聚焦于对教学的整体评价和对参与程度的评价。当然，可以采用自我评价、他人评价和互相评价的方式。在互动式教学过程中，往往会采取小组讨论或全班讨论的形式，学员的讨论可以由学员自己来评价，也可以由其他学员进行评价。为了保证组内和组间学员的顺利讨论，可以进行他人评价和相互评价以激励学员积极参与到小组讨论的活动中，有效促进互动式教学的合作学习。通过学员的自我评价、他人评价和互相评价能够反映出小组及学员个体在知识、情感领域等多个方面的状况。

当然，对互动式教学评价体系的构建是值得我们进一步研究和探讨的。要优化教学质量评估体系，重视培训学员反馈意见，进一步提高干部培训教学质量和效益。注重开展培训教学质量评估，从培训方案的设计、培训计划的实施、教学过程的管理以及培训效果等方面入手，探索多维度教学质量评估。针对不同培训班次的特点，设置合理的评估标准，把培训需求适切度、课程体系科学性、师资调配合理性、教学内容满意度、教学方法灵活性、教学组织规范性、学风院风良好度，以及培训工作对干部综合素质和履职能力提升的帮助程度等，作为教学质量评估的主要内容，积极探索科学的合理的教学量评估办法。

结 论

随着党政干部学历越来越高、阅历越来越广、学习能力越来越强、视野越来越宽、学习途径越来越多等新情况的显现，党政干部参加培训学习时有了更高的要求，他们已不能满足于被动地接受知识，而是要求参与到培训教学活动中来，将理论知识与实际工作相结合，真正解决工作中的实际问题，推动从理论知识向方法和能力的转化，从而提升自身的综合素质和能力。因此，也要求教师必须适应党政干部需求的变化，在培训教学中为学员搭建互动交流的平台，尤其要转变教师角色，完成从"教学的控制者""教学经验的传授者"到"催化者""引导者"的转化（如图 7-1 所示）。

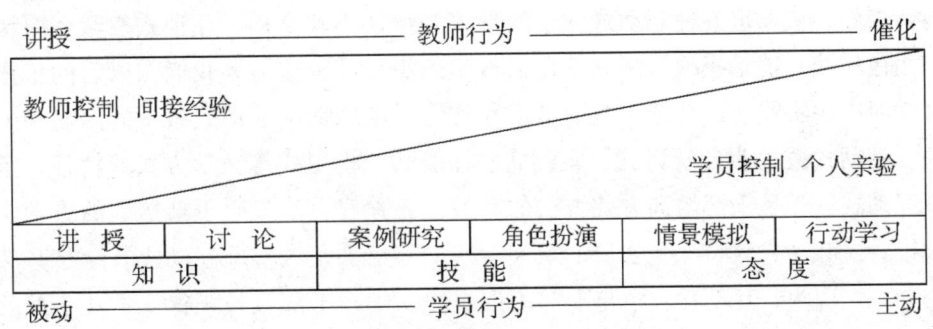

图 7-1 教师/学员行为图

由图 7-1 可见，讲授式逐渐被研讨式、案例式、体验式、模拟式等以双向互动为主的教学方式所代替。这些教学方式都是互动式教学的具体化，在培训方法上突出学员参与性，以调动学员的积极性、主动性、创造性为目标，综合运用现场教学、案例式、研讨式、体验式等教学方式，形成了独具特色的"党政干部培训中的互动式教学方式"。在这种互动式教学过程中会有序地开展不同层次的互动：一是在"学员之间"体现互动，借助现场察看、管理游戏、经典案例、教学主题等方式激发学员与学员之间互动；二是在"教师与学员"之间体现互动，依靠教师对教学活动的组织引导和协调以及总结归纳调动教师与学员之间互动；三是学员进行内心自我互动，主要运用声像光电手段，教师进行恰当的引导，让学员在体验中感悟，在感悟中反思，在反思中触动心灵深处；四是在"理论与实践"之间体现互动，理论知识的培训是为了指导实践，而工作中的实际问题要靠理论的指导，在培训中要解决党政干部工作实际中的难题，提高他们的综合素质和能力，所以要特别注重理论联系实际，培训应坚持从实际中来，再到实际中去，使学员将学到的新知识、新理论、新技能应用到工作实际中去。这些多层次的互动带来感性体验，形成观点碰撞，引发内心冲击，使学员在参与中树立或强化的重要理念最终被内化为内心信念，从而主动探究相关理论，并自觉促成自身内在思维方式与外在行动方式的改变。这种互动式教学突破了传统教学以教师为中心的教学思维定势，激发了学员的积极性，不仅使学员能够准确地把握问题的基本观点，而且使学员深度理解疑难问题，并进行深入分析和反思，培养了学员分析问题与解决问题的能力，是对传统干部培训方式的继承与拓展，必将成为干部培训的主要教学方式之一。

在本研究过程中，重点关注了党政干部培训中互动式教学的五个组织类型，即现场教学、经典模型体验式教学、情景体验式教学、案例式教学、结构化研讨。当然，仅以这五种互动式教学的形式为例还不够全面，互动式教学还有诸如角色扮演、情景模拟等颇具特色的教学组织形式，这需要我们在以后的工作和学习中边实践、边总结，继续丰富和延伸干部培训中互动式教学的内涵和形式。互动式教学兼备研讨式、案例式、体验式、模拟式等教学方式的特征，重视互动式教学是干部培训方式方法的有效创新途径。从党政干部培训的教学实践来看，互动式教学深受学员的欢迎，在干部培训领域实施互动式教学是必然的趋势。因为，互动式教学与干部培训规律、党政干部成长规律、党政干部的学习特点相适应。同时，互动式教学也必须与培训目标和教学内容相适应。例如，与师资队伍的整体水平相适应。增强党性、提升能力是干部培训的两大目的，针对党性教育选择选用现场教学的教学方式，针对能力提升选择经典模型体验式、案例式、结构化研讨等教学方式。所以，一方面本研究具体阐述了这四种互动式教学方式在党政干部培训中的具体运用，希望能够为干部培训教学工作的改进提供建议和帮助；另一方面在具体的教学实践中还需要教师边实践、边总结，不断更新教学理念，学习现代培训理论，加强自身的理论基础、知识基础和实践基础，在采用互动式教学方式之前还要做大量的准备工作和对相关素材有长期的积累，只有这样才能提高教师自身的执教能力，才能对互动式教学的理念和具体方法融会贯通。以上的研究希望对于教师采用互动式教学的过程有借鉴意义，对干部培训的发展有所裨益，使干部培训工作能够更好地为我国培养更多高素质高能力的领导干部服务。

当然，笔者在研究过程中也遇到了许许多多的困难，首先是在搜集材料方面的困难。由于干部培训每个培训班次的时间都在一周到两个月之间，时间相对较短，根据培训目标的要求，会安排以互动式教学的形式讲授几个专题；而笔者资历尚浅又加之这些党政干部培训教学的特殊性，不能反复聆听和现场观察太多的互动式教学专题讲授，只能从视频资料、文献资料中对搜集到的大量教学资料、教学过程中的现象和事实进行筛选加工，通过分析、比较、归纳和概括，形成自己对互动式教学的认识，然后综合上升到思想层面，形成对互动式教学规律的一般认识。在这个过程中笔者深感自身的理论功力不足，实践经验欠缺，还未走上干部培训的讲台，对一些复杂的互动式教学过程亲身实践、体验与感悟不够，只是从个人及学科的角度去思考问题，从别人的经验中去学习、反思和总结。但是，从另一方面看，这个过程也增进了从替代性经验中的学习能力，以一个旁观者去观察从中获得灵感与启示。第二个是访谈对象选择上的困难。访谈对象要有一定的代表性，才能确保访谈结果有足够的研究价值。本研究过程中所涉及的访谈对象有三种群体，即干部培训机构的领导和教学部门的负责人、授课教师及教学管理者、各类型班次学员，由于笔者水平、能力及时间、精力所限，在对干部培训机构领导和教学部门负责人的访谈中，涉及的人员较少，访谈结果还不够全面。第三个困难是不能完整把握互动式教学的评价内容。互动式教学的评价体系具有多元性、动态性和完整性特点，一般培训机构开展互动式教学评价时会采取调查问卷与座谈会的形式，笔者很难看到这些评价结果，所以文中对互动式教学效果的描述也是通过笔者与授课教师及教学管理者、各类型班次学员的访谈交流中获取的信息，主要关注的是过程性评价，这也是本研究的一个不足。

总之，互动式教学是理论联系实际的一个理想载体，是提高学员分析问题、解决问题能力的一种有效教学方式，也是提升干部素质的一条好途径。笔者深知，党政干部培训中的互动式教学还需要进一步深入研究，方能真正把握这种教学方式的主要内涵与操作环节。这次对干部培训中实施互动式教学的研究只是一个开头，它会不断地促使笔者继续研究干部培训中教学方式的创新问题。尤其是用互动式教学新理念促进干部培训质量和效果的提升，也是本研究后续要努力去做的工作。

参考文献

一、著作类

[1] 栗洪武. 延安干部教育模式研究 [M]. 北京：中国社会科学出版社, 2009.

[2] 蒋爱华. 马克思交往理论研究 [M]. 北京：知识产权出版社, 2009.

[3] 高春申, 车文博. 人性辉煌之路——班杜拉的社会学习理论 [M]. 武汉：湖北教育出版社, 2000.

[4] 唐思群, 屠荣生. 师生沟通的艺术 [M]. 北京：教育科学出版社, 2001.

[5] 田汉族. 交往教学论 [M]. 长沙：湖南师范大学出版社, 2002.

[6] 郝文武. 教育哲学研究 [M]. 北京：教育科学出版社, 2009.

[7] 张立昌, 郝文武. 教学哲学 [M]. 北京：中国社会科学出版社, 2009.

[8] 司晓宏. 教育管理学论纲 [M]. 北京：高等教育出版社, 2009.

[9] 陈向明. 质的研究方法与社会科学研究 [M]. 北京：教育科学出版社, 2000.

[10] 孙立樵, 马国钧, 等. 优秀领导干部成长规律研究 [M]. 北京：中共中央党校出版社, 2001.

[11] 田培炎. 公务员制度的理论与实践 [M]. 北京：中国社会科学出版社, 1993.

[12] 翁文艳. 国外领导教育与培训概览 [M]. 上海：华东师范大学出版社, 2008.

[13] 徐芳. 培训与开发理论及技术 [M]. 上海：复旦大学出版社, 2005.

［14］岳增瑞．新时期干部理论教育研究［M］．济南：山东人民出版社，2000．

［15］张腾霄．中国共产党干部教育研究资料丛书（第1—4辑）［M］．北京：中国人民大学出版社，1989．

［16］中共中央组织部干部教育局．《干部教育培训工作条例（试行）》学习辅导［M］．北京：党建读物出版社，2006．

［17］张学修．国外著名行政学院概览［M］．北京：国家行政学院出版社，1999．

［18］中共中央组织部干部教育局．改革中的干部教育工作［M］．北京：中共中央党校出版社，1989．

［19］中共中央组织部干部教育局．干部教育培训制度改革创新专题研究报告汇编［M］．北京：党建读物出版社，2008．

［20］中共中央组织部干部教育局．全国干部教育理论研讨会论文集［C］．北京：新华出版社，1994．

［21］中共中央组织部干部教育局．干部教育工作重要文献选编［M］．北京：党建读物出版社，1999．

［22］陈凤楼．中国共产党干部工作史纲（1921—2002）［M］．北京：党建读物出版社，2003．

［23］陈桂生．中国干部教育（1927—1949）［M］．上海：华东师范大学出版社，2007．

［24］李文．干部教育培训工作读本［M］．北京：中共中央党校出版社，2001．

［25］石中英．知识转型与教育改革［M］．北京：教育科学出版社，2001．

［26］金延平．人员培训与开发［M］．大连：东北财经大学出版社，2006．

［27］［美］斯特弗．教育中的建构主义［M］．徐斌艳，高文，程可拉，等译．上海：华东师范大学出版社，2003．

［28］高志敏．终身教育、终身学习与学习化社会［M］．上海：华东师范大学出版社，2005．

［29］施良方．课程理论［M］．北京：教育科学出版社，1996．

［30］郑金洲．案例教学指南［M］．上海：华东师范大学出版社，2000．

［31］刘晶波．师生互动行为研究［M］．南京：南京师范大学出版社，2000．

[32] 吴志宏，冯大鸣，周嘉方．新编教育管理学［M］．上海：华东师范大学出版社，2000．

[33] 石金涛．培训与开发［M］．北京：中国人民大学出版社，2003．

[34] 王雪．现代培训管理［M］．北京：中共中央党校出版社，2004．

[35] 杨生斌．培训与开发［M］．西安：西安交通大学出版社，2006．

[36] ［美］彼得·圣吉．第五项修炼［M］．上海：上海三联书店，1998．

[37] ［美］B.盖伊·彼德斯．政府未来的治理模式［M］．吴爱明，夏宏图，译．北京：中国人民大学出版社，2001．

[38] ［美］加涅．教学设计原理5版［M］．王小明，等译．上海：华东师范大学出版社，2007．

[39] ［美］诺思豪斯．领导学：理论与实践2版［M］．吴荣先，译．南京：江苏教育出版社，2002．

[40] ［美］霄蒙德·A.诺伊著．雇员培训与开发［M］．徐芳，泽．北京：中国人民大学出版社，2001．

[41] ［巴西］保罗·弗莱雷．被压迫者的教育［M］．顾建新，赵友华，何曙荣，译．上海：华东师范大学出版社，2001．

[42] ［美］雪伦·B.梅里安．成人学习理论的新进展［M］．黄健，等译．北京：人民大学出版社，2006．

[43] ［英］托尼·布什．当代西方教育管理模式［M］．强海燕，主译．南京：南京师范大学出版社，1998．

[44] 柏林，许崇正．干部教育学概论［M］．合肥：安徽教育出版社，1988．

[45] 刘辉．中国干部培训新解［M］．北京：知识产权出版社，2012．

[46] 魏淑君，于静植，冯静武．干部教育培训的改革与创新——中浦院书系（大讲堂系列）［M］．北京：人民出版社，2012．

[47] 冯俊．干部教育培训改革与创新研究——中浦院书系（研究报告系列）［M］．北京：人民出版社，2011．

[48] 林汐．中央党校党政干部核心能力提升高端培训课程［M］．北京：东方出版社，2013．

[49] 王泉．中国共产党干部教育创新研究［M］．北京：人民出版社，2011．

[50] 吴林根．中国共产党干部教育九十年［M］．上海：东方出版中

心,2011.

[51] 魏礼群.建设国际一流行政学院——思考与实践[M].北京:国家行政学院出版社,2012.

[52] 虞云耀.党校工作:实践与思考[M].北京:中共中央党校出版社,2007.

[53] 中共中央党校科社部,中共中央党校研究室.干部成长规律和党校教育规律研究——中共中央党校"两个规律"课题研究成果汇编[M].北京:中共中央党校出版社,2009.

[54] 张忆军,崔兰竹,罗俊丽.党校党性教育案例新编[M].上海:上海三联书店,2011.

[55] 中国井冈山干部学院.党性教育——培训流程[M].北京:党建读物出版社,2012.

[56] 王坦.合作学习——原理与策略[M].北京:学苑出版社,2001.

[57] [美]乔治·雅各布斯,等.共同学习的原理与技巧[M].林立,马容,译.北京:中央民族大学出版社,1998.

[58] 王德海,等.现代培训的理论与方法——培训者培训操作指南[M].北京:中国农业出版社,1997.

[59] 王升.主体参与型教学探索[M].北京:教育出版社,2003.

[60] 郑金洲.案例教学指南[M].上海:华东师范大学出版社.2000.

[61] 唐思群,屠荣生.师生沟通的艺术[M].北京:教育科学出版社.2001.

[62] 刘家访.互动教学[M].福州:福建教育出版社.2005.

[63] [美]D.约翰逊,R.约翰逊.合作学习[M].伍新春,郑秋,张洁,译.北京:北京师范大学出版社,2004.

[64] 张新刚.组工干部教育培训原理与方法[M].北京:党建读物出版社,2011.

[65] 中共中央组织部.党政领导干部选拔任用工作条例[M].北京:党建读物出版社,2003.

二、期刊论文

[1] 栗洪武.陕甘宁边区高等学校的办学经验及其意义[J].教育研究,2002(5).

[2] 栗洪武. 陕甘宁边区"干校教育模式"的基本特点及其意义 [J]. 陕西师范大学学报（哲学社会科学版），2005 (3).

[3] 栗洪武. 陕甘宁边区"干校教育模式"及其影响 [J]. 高等教育研究，2005 (7).

[4] 栗洪武. 变革教师培训模式 推进教师教育转型 [J]. 当代教师教育，2008 (1).

[5] 党建强. 师生互动理论的多学科视野 [J]. 当代教育科学，2005 (11).

[6] 叶子，庞丽娟. 师生互动的本质和特征 [J]. 教育研究，2001 (4).

[7] 阮文松. 中学语文课堂互动式教学初探 [J]. 教育研究，2009 (5).

[8] 时光，张绍学，罗晓芹. 高校教学模式改革与"互动式"教学模式初探 [J]. 西南民族大学学报（人文社科版），2003 (10).

[9] 郭湛. 论主体间性或交互主体性 [J]. 中国人民大学学报，2001 (3).

[10] 任平. 马克思主义交往实践观与主体性问题——兼评"主体—客体"两极哲学模式的缺陷 [J]. 哲学研究，1991 (10).

[11] 彭贵军，吴耀松. 互动式教学与构建新型师生关系的思考 [J]. 职业教育研究，2009 (6).

[12] 何尚武. 论教学互动生态应力场的构建 [J]. 教育评论，2004 (5).

[13] 姚远峰. 成人学习的多学科研究述评 [J]. 学术论坛，2007 (8).

[14] 陈向明. 在参与中学习——成人培训方式的更新 [J]. 教育理论与实践. 2003 (4).

[15] 查有梁. "交流—互动"教学模式构建（上）[J]. 课程·教材·教法，2001 (4).

[16] 李维安. 互动式教学方法的研究与实践 [J]. 华北科技学院学报，2002 (1).

[17] 李益顺. 研讨式教学中"自我中心论"探析 [J]. 湖南师范大学教学科学学报，2002 (3).

[18] 赵家贵. 对干部培训工作中教学问题的若干思考 [J]. 广州经济管理干部学院学报，2003 (1).

[19] 易红郡. 实践性知识的五个特征 [J]. 教师教育研究，2006 (4).

[20] 余玉赘，宋应刚. 培训目标的迷失与复归 [J]. 师资培训研究，

2006（1）．

[21] 邹香蛾，曲静．高校成教转型期培训师队伍建设的构想［J］．中国成人教育，2006（12）．

[22] 马秀玲．中国公务员培训模式研究：层级制与市场制［J］．中国行政管理，2007（11）．

[23] 宋斌．公务员培训链模型与能力建设初探［J］．中国行政管理，2008（11）．

[24] 亢晓梅．师生课堂互动行为类型理论比较研究［J］．比较教育研究，2001（4）．

[25] 韩时琳．注重师生互动 提高教学效果［J］．中国高教研究，2003（4）．

[26] 孙泽文．互动教学模式的特点、类型与实施环节研究［J］．内蒙古师范大学学报（教育科学版），2008（4）．

[27] 彭小虎．互动主义原理与学生素质之养成［J］．教育理论与实践，1999（9）．

[28] 李维安．互动式教学方法的研究与实践［J］．华北科技学院学报，2002（1）．

[29] 刘英．谈谈角色扮演法在成人教学中的应用［J］．北京工业大学学报（社会科学版），2002（1）．

[30] 李益顺．研讨式教学中"自我中心论"探析［J］．湖南师范大学教学科学学报，2002（3）．

[31] 查有梁．"交流—互动"教学模式构建（下）［J］．课程·教材·教法，2001（5）．

[32] 张利云，袁水林．对互动式教学方法的探讨［J］．山西财经大学学报，2002（4）．

[33] 薛炳尧，董志峰．系统化互动式教学方案研究［J］．公安教育，2002（2）．

[34] 孙朝霞．经验——成人学习中的重要影响因素［J］．成人教育，2002（4）．

[35] 朱诗柱．关于推进领导干部"能力培训"基本思路的探讨［J］．国家教育行政学院学报，2007（5）．

[36] 谢利萍，戎华刚，张建新．掌握成人心理特点促进成人终身学习

203

[J]. 中国成人教育, 2004 (4).

[37] 连育恩. 成人学员心理特点及教学模式研究 [J]. 建财会管理干部学院学报, 2002 (4).

[38] 王和平. 基于成人学习特点的干部培训方法之选 [J]. 重庆行政, 2007 (4).

[39] 王昌君. 公务员培训方法新探 [J]. 党政论坛, 2006 (12).

[40] 陈建. 互动式教学初探 [J]. 学习时报, 2008 (2).

[41] 王伟娜. 近十年我国成人教学模式研究述评 [J]. 湖北大学成人教育学院学报, 2005 (4).

[42] 陈红. 互动式教学是成人培训的重要方式 [J]. 山东行政学院山东省经济管理干部学院学报, 2004 (5).

[43] 郭宝仙. 成人学习者特性和成人教学原则 [J]. 北京成人教育, 2000 (1).

[44] 孟勇. 论成人学习者的心理特征与教学改革 [J]. 中国成人教育, 2005 (2).

[45] 刘凤英, 韩玉启, 糜海燕. 美国高教教师培训与管理的借鉴意义 [J]. 江苏高教, 2007 (5).

[46] 吴秀云. "互动式"教学模式探析 [J]. 太原教育学院学报, 2002 (1).

[47] 皮晓彩. 互动式教学模式新探 [J]. 广州大学学报（社会科学版）, 2005 (4).

[48] 张伟民. 论教学系统中教师和学生——互制耦合 [J]. 人大复印资料《教育学》, 1999 (10).

[49] 刘东江, 李婷婷. 对"互动式"教学应用研究的分析 [J]. 科技咨询导报, 2007 (10).

[50] 戴维新. "互动式"教学的理性认知 [J]. 宁夏党校学报, 2007 (5).

[51] 南京市行政学院"互动式教学"项目组. 互动式教学的研究与实践 [J]. 中共南京市委党校南京市行政学院学报, 2007 (3).

[52] 广西社会主义学院教学改革课题组. 干部教育培训内容与培训方法匹配关系研究 [J]. 广西社会主义学院学报, 2010 (5).

[53] 魏国强. 优化党政干部培养选拔链的实践与思考 [J]. 领导科学,

2010（4）.

[54] 刘震. 关于创新干部教育培训模式的思考［J］. 理论前沿，2009（2）.

[55] 李慧芬. 对新形势下加强干部队伍建设的思考［J］. 理论学习与探索，2009（2）.

[56] 张以平. 改进干部培训教学方法的探索［J］. 理论学习与探索，2004（1）.

[57] 陈燕楠. 干部培训形式探析［J］. 党建研究，2003（8）.

[58] 温彭年，贾国英. 建构主义理论与培训改革［J］. 教育探索，2002（5）.

[59] 潘德金，管永宁. 从现场教学中探索公务员培训规律［J］. 中国培训，2012（11）.

[60] 董颖. 现场教学在党校培训中的优势、问题及优化策略［J］. 安徽冶金职业技术学院学报，2012（4）.

[61] 傅维利，张恬恬. 关于师生互动类型划分的研究［J］. 教育理论与实践，2007（3）.

[62] 叶子. 师生互动的本质与特征［J］. 教育研究，2001（4）.

[63] 陈文斌. 学习型展示：小组合作学习的有效展示［J］. 教育与教学研究，2012（3）.

[64] 孙泽文，刘文帆. 互动教学思想的历史演进及当代互动教学研究现状分析［J］. 高等教育研究，2008（2）.

[65] 习近平. 中央党校建校80周年庆祝大会暨2013年春季学期开学典礼上的讲话［J］. 全国干部教育通讯，2013（5）.

[66] 浙江行政学院课题组. 现场教学法研究［J］. 天津行政学院学报，2008（5）.

[67] 冯建玫. 浅论现场教学在延安精神传播中的运用［J］. 延安大学学报（社会科学版），2009（12）.

[68] 陈燕楠. 干部教育培训方式方法创新的新趋势［J］. 国家行政学院学报，2012（5）.

[69] 潘德金，管永宁. 从现场教学中探索公务员培训规律［J］. 中国培训，2012（11）.

[70] 吴育珊. "角色呈现""反弹琵琶"案例教学方法的实践运用［J］.

甘肃行政学院学报, 2007 (3).

[71] 刘俊. 结构化研讨方式在公务员培训中的应用 [J]. 行政管理改革, 2012 (12).

[72] 王蔚. 西方成人培训双向互动式教学方法及其启示 [J]. 广东教育学院学报, 1997 (3).

[73] 覃翠生. 论互动式教学方法的基本形式和特点 [J]. 桂海论丛, 2006 (1).

[74] 柯华. 红色资源在新时期领导干部党性教育中的运用——以中国井冈山干部学院教学实践为例 [J]. 中国井冈山干部学院学报, 2013 (5).

[75] 陈伟萍. 浅谈互动式教学的价值与方法 [J]. 无锡教育学院学报, 2004 (9).

[76] 程玮. 论互动教学中的师生关系 [J]. 四川教育学院学报, 2006 (10).

[77] 马德炎. 互动式教学方法初探 [J]. 教书育人, 2000 (13).

[78] 陈向明. 在参与中学习——成人培训方式的更新 [J]. 教育理论与实践, 2003 (4).

[79] 蔡依芹. 干部培训互动式教学初探 [J]. 大众科技, 2009 (10).

[80] 董志峰. 互动式教学：高校课堂教学改革的突破口 [J]. 甘肃政法学院学报, 2002 (2).

[81] 习近平. 今后几年干部教育培训的主要任务 [J]. 中共石家庄市委党校学报, 2008 (8).

[82] 姚梅林. 从认知到情境：学习范式的变革 [J]. 教育研究, 2003 (2).

[83] 赵智辉, 沈共华, 方德思. 互动式教学探讨 [J]. 教学改革, 2002 (1).

[84] 吴学军. 教学互动成果共享——项目参与式教学方法及其实施 [J]. 河北省社会主义学院学报, 2011 (3).

[85] 赵赛波. 论干部培训之教学原则 [J]. 成人教育, 2002 (6).

[86] 蔡少优, 陈颖桢. 新型全员"互动式"教学模式在税务培训中的应用 [J]. 湖南税务高等专科学校学报, 2010 (10).

[87] 邱裕仁, 徐春莹. 教师角色转变与教学方式变革 [J]. 校长阅刊, 2005 (10).

三、学位论文

[1] 吴卓琪. 干部培训的互动式教学研究——以中国浦东干邵学院为例[D]. 上海：华东师范大学，2006.

[2] 杨光富. 国外领导人才培训模式比较研究[D]. 上海：华东师范大学，2007.

[3] 陈方猛. 干部教育创新研究[D]. 上海：华东师范大学，2003.

[4] 王红霞. 建国初期干部教育转型研究（1949—1956）[D]. 上海：华东师范大学，2007.

[5] 王伟. 政治精英培养与政党能力建设——中国共产党干部培训制度研究[D]. 北京：中共中央党校，2014.

[6] 谷陟云. 课程资源与教学方式变革研究[D]. 重庆：重庆师范大学，2008.

[7] 王芳. 课堂教学互动生成的理论与实践研究[D]. 上海：华东师范大学，2006.

[8] 曹一鸣. 数学教学模式的重构与超越[D]. 南京：南京师范大学，2003.

[9] 胡志勇. 参与式培训：中国浦东干部学院培训方法初探[D]. 上海：华东师范大学，2004.

[10] 赵诗选. 培训评估圈模式构建与我国公务员培训评估机制再造[D]. 成都：西南财经大学，2007.

四、网络/文件资料

[1] 全国干部教育培训网站：http：//www.chinape.org.

[2] 中央党校网站：http：//www.ccps.gov.cn.

[3] 国家行政学院网站：http：//www.nsa.gov.cn.

[4] 中国浦东干部学院网站：http：//www.celap.org.cn.

[5] 中国井冈山干部学院网站：http：//www.celaj.gov.cn.

[6] 中国延安干部学院网站：http：//www.celay.org.cn.

[7] 陕西省行政学院网站：http：//www.sxxzxy.com.

[8] 中国干部网络学院网站：http：//www.cela.gov.cn.

[9] Harvard Business School history，http：//www.hbs.edu/about/histo-

ry. htm.

［10］2013—2017年全国干部教育培训规划［EB/OL］．新华网，2013-09-28.

［11］Tim Markley, Defining the Effective Teacher: Current Arguments in Education［EB/OL］．http://www.usca.edu/essays/vol112004/markey.pdf.

［12］Creating Effective Teaching and Learning Environments: FIRST RESULTS FROM TALIS［EB/OL］．http://www.oecd.org/dataoecd/17/51/43023606.pdf.

［13］姚利民．国外有效教学研究述评［EB/OL］．知行网，2007-09-30.

［14］IPAM Customizing Training Programmes, Last updated on 17 Jul 2006.

五、外文资料

［1］Thompson, J. Participatory Approaches in Government Bureaucracies: Facilitating the Process of Institutional Change［J］．World Development, 1995 (9).

［2］Srinivasan, L. Tools for Community Participation: A Manual for Training Trainers in Participatory techniques［M］．Washington, DC: OEF international for PROWWESS/UNDP, 1990.

［3］Marzano, R. J. The New Taxonomy of Educational Objectives［M］．Thousand Oaks, CA: Corwin Press, 2007.

［4］MontgomeryVan Wart, N., Cayer, J., Cook, S. Handbook of Training and Development for the Public Sector: A Compre hensive Resourse［M］．San Francisco: Jossey-Bass Publishers, 1993.

［5］Hoyle. The Role of the Teacher［M］．New York: Humanities Press, 1969.

［6］Mooer, T. W. Education Theory: An Introduction［M］．New York: Rutledge & Kegan Panul Ldt, 1974.

［7］Baumgartner, L. M., Birden, S., Flowers, D., et al. Adult Learning Theory: A Primer［DB/OL］．http://www.cete.org/acve/docs/theory.pdf.

［8］Yin, R. k. Case Study Research: Design and Methods［M］．Newbury Park, CA: Sage Publications, 1984.

［9］Hills, P. J. Teaching, Learning and Communication［M］．London: Croom Helm, 1986.

［10］Yin, R. k. Case Study Research: Design and Methods［M］．2nd e-

d. Newbury Park, CA: Sage Publications, 1994.

［11］Eisenkopf, G. Peer effects, Motivation, and Learning［J］. Economics of Education Review, 2011（9）.

［12］Wilkinson, I. A. G., Fung, I. Y. Y. Small – group Composition and Peer Effects［J］. International Journal of Educational Research, 2002.

［13］Kopicki, R., Thompson, L. S. Best Methods of Railway Restructuring and Privatization［R］. CFS Discussion Paper Series, 1995, Number 111.

附录一

访谈提纲

一、访谈提纲1

表 8-1　访谈提纲1

访谈对象	干部培训机构领导以及教学部门负责人
访谈内容	1. 您认为新形势下作为一名党政干部，什么素质或能力是不可或缺的？ 2. 您认为互动式教学是否能有效提高党政干部培训的实效性？ 3. 您认为互动式教学与传统式教学的区别有哪些？ 4. 贵院选择互动式教学作为培训教学形式之一的原因是什么？ 5. 您认为互动式教学实施过程中有哪些注意事项？ 6. 如何提高互动的有效性？ 7. 您认为互动式教学对教师、学员有什么样的影响？ 8. 您认为开展互动式教学需要哪些教学环境？ 9. 您认为互动式教学应以何种形式进行评价？ 10. 您认为可以在党政干部培训领域全面推广互动式教学吗？ 11. 您认为互动式教学对干部培训教学会产生什么样的影响？
访谈时间	集中在 2012 年 9 月至 11 月和 2013 年 3 月至 6 月，利用课余时间对以上人员进行当面或电话访谈；每人访谈时间约 20 分钟。
访谈地点	办公室或上课现场。

二、访谈提纲 2

表 8−2　访谈提纲 2

访谈对象	干部培训机构的授课教师、教学管理者
访谈内容	1. 您认为新形势下作为一名党政干部,什么素质或能力是不可或缺的? 2. 您认为互动式教学与传统式教学的区别有哪些? 3. 您在组织实施互动式教学的过程中,面临的问题有哪些? 4. 您认为产生这种问题的原因是什么? 5. 您认为该采取什么措施来避免或者控制这种局面? 6. 如何提高互动的有效性? 7. 您认为互动式教学对教师、学员有什么样的影响?请谈谈对您的教学理念产生了什么样的影响? 8. 您认为开展互动式教学需要哪些教学环境? 9. 您认为互动式教学应以何种形式进行评价? 10. 您认为可以在党政干部培训领域全面推广互动式教学吗? 11. 您认为互动式教学对干部培训教学会产生什么样的影响?
访谈时间	集中在 2012 年 9 月至 11 月和 2013 年 3 月至 6 月,利用课间或课后的时间对以上人员进行现场访谈或电话访谈;每人访谈时间约 20 分钟。
访谈地点	授课地点或办公室。

三、访谈提纲3

表8-3 访谈提纲3

访谈对象	干部培训机构中各类型班次的学员
访谈内容	1. 您认为新形势下作为一名党政干部,什么素质或能力是不可或缺的? 2. 您的学习预期是什么?通过参与互动式教学,您得到哪些方面的提高? 3. 经过了一段时间的学习,您认为干部培训选择互动式教学作为干部培训的教学形式之一的原因是什么? 4. 您认为互动式教学与传统式教学的区别有哪些? 5. 您在参与互动式教学的过程中,会遇到什么样的问题? 6. 产生这种问题的原因是什么?如何避免? 7. 您认为教师和学员在互动式教学过程中,分别应该是什么样的角色? 8. 您认为如何才能提高互动的有效性? 9. 您认为互动式教学对教师、学员有什么样的影响?请谈谈对您的学习产生了什么样的影响? 10. 您认为在干部培训领域推广互动式教学是否切实可行? 11. 您认为互动式教学对干部培训教学会产生什么样的影响?
访谈时间	集中在2012年9月至11月和2013年3月至6月,利用课间或课后的时间对以上人员进行现场访谈或电话访谈;每人访谈时间约20分钟。
访谈地点	学员宿舍或授课现场。

附录二

案例式教学参考资料:"乌坎事件"概述[①]

【案例正文】

一、乌坎经济发展背景及"乌坎事件"起因

1. 乌坎经济发展的背景(见表8-4)

表8-4 乌坎经济发展背景

乌坎村简介	乌坎村隶属于汕尾陆丰市东海镇,是个海边小镇,全镇一半的面积临海,是潮汕地区一个重要港口。官方信息显示,这里曾是富甲一方的"全国文明村镇建设先进单位",亦享有"汕尾第一村"的美誉。
围海时代	20世纪60年代,也就是"农业学大寨,工业学大庆"的时代,乌坎村响应生产大队的号召,大规模的围海造田运动兴起,造田运动形成的内港,开始大规模种植水稻,原有的旱田种植早稻、花生等。实行家庭联产承包责任制以后,乌坎村有实力的承包户,开始承包了围海造田的内港区,并引入海里的咸水养殖虾、螃蟹等,而咸水进入后,靠近养殖场的水稻田也就变得无法耕作。乌坎村人口11689人共有土地9575亩,其中耕地1324亩,人均耕地面积仅0.11亩。土地显得尤为稀缺。分到每户手中的土地仅靠种田基本无法养活家人。很多村民的一大收入来源就是出海打鱼。改革开放前后,乌坎村的渔业相当发达,当时的乌坎村定位是半渔半农。

[①] 主要素材取自2011年第49期《三联生活周刊》和2012年第1期《中国新闻周刊》的相关报道。

创业时代	20世纪70年代末和80年代，乌坎村的历史和香港联系在了一起。大批乌坎人走出乌坎去香港谋生，目前在香港，从乌坎村出去的人口及其子女至少在5000人左右。80—90年代，乌坎村尚无工业，而在当时的珠三角其他地区，小作坊似的小工业、小五金厂已经是风生水起。一些地方的村民有了自己的小产业，已经不屑于种田。随着这些地区相继实施土地股份合作制改革，分散的土地集约利用，工业规模剧增，很多珠三角的农村开始坐地收租。
卖地时代	乌坎村的工业诞生于乌坎港实业开发公司诞生之后。在汕尾市工商局网站查阅的资料显示：陆丰市乌坎港实业开发公司，内资企业法人，注册资本50万，法定代表人为乌坎村原党支部书记薛昌，成立于1992年12月2日，经营范围为对土地开发项目的投资。于1993年获得一次性房地产开发业务，随后进行了一系列的土地运作。

2. "乌坎事件"的起因（见表8-5）

表8-5 "乌坎事件"的起因

土地消失二十年	从汕尾市陆丰市区出发，沿着东海大道一路向南，开车15分钟，转入一条东南方向的斜岔路，很快就到了乌坎村村口。村庄西边有大片闲置的土地，一直延展到东海大道以西1公里有余的地方，南面紧邻338省道，省道向南一半是虾塘，一半是杂草丛生的荒地，向东满布到乌坎大桥处。 村子里几乎没有什么大片的耕地。张炳钗（村民）80多岁的老母亲还在耕种，面积仅有1分而已，四垄田地，分别种着番薯、香芋和当地人叫作凉粉的作物。"我家原本有8亩半地。"张炳钗拿出解放初家里的土地证，在咸田、彩旗埔、浦肚、内塭、大堂脚等地，他们家零零碎碎地都有一亩三分田地。"公社时期我们家在水产前还有5分咸田，但现在只剩下那1分地，剩余的都被村里拿回去卖掉了。"

续表

土地消失二十年	村民们明确知晓土地流失的肇始时间是1993年。这一年，还未改市的陆丰县人民政府在2月26日作出批复："同意乌坎港实业开发公司经营一次性房地产开发业务。"这个公司的法人代表是村支书薛昌，任公司总经理，公司为集体所有制企业，经营乌坎港区道路和各项工程配套设施。实业公司与港商陈文清（20世纪80年代香港的广东海陆丰商会会长，同时也是广东省人大代表）的香港佳联置业有限公司合作成立了陆丰县佳业开发有限公司，双方约定合作条件，由村里提供80万平方米的滩涂场地的使用权，香港公司投资2200万港元，"合作企业经营开发港区滩涂道路建设及各项配套工程，包括堆场、仓库、商场工业厂房及配套的生活设施等，并对这些地面建筑物从事转让"。净利润双方五五分成。可实际上，"陈文清就在最开始搞了几台机器平整了一下土地，根本没有再建任何厂房和其他设施"。所谓的利润分成也自此无人再提及。 被授权"一次性房地产开发业务"的实业公司在接下来的近20年里，不断吞噬掉村里大大小小的土地。乌坎港以北、厦深高铁以南三公里长的区域内，乌坎村范围内最宽的地方有1公里多。"围上围墙的就是被卖掉的土地。"这个村集体所有制企业的决定从来没有征求过村民的意见，除了屈指可数的几座厂房表明土地转让给了外人，对于村里几千亩土地的去向，村民只能做出模糊的判断。除了屋舍较为集中的村庄生活区域，乌坎村四周被大片荒废的土地所围绕。丰田畜产场、亿达洲集团有限公司、合泰台商工业区、海马水产养殖公司和南海庄园等几个公司分散而突兀地矗立着。 土地使用者虽各怀心事，但唯一相同的是，作为集体土地的拥有者，乌坎村村民几乎从未分享到任何利益。村民手里有一份丰田畜产场延长经营期的内部协议，由薛昌和港商陈文清代表双方的公司签订，原本的经营期限为1995至2010年，现在延长至2015年，双方的利润分配为村里20%，陈文清的公司80%。 几年来，乌坎村村委会在当地居民不知情的情况下陆续贩卖了3200亩土地，卖地款项达七亿多元人民币，而这些年村民卖地所得的所有分红是550元，其中修东海大道时政府给村民征地的补偿款500元，另有50元是有一次卖宅基地分给村民的分红，其余全部被当地官员私吞。当地居民虽屡次上访但无果。事情到了今年，似乎出现了转机，村民依靠集体智慧和力量，走上了维权抗争之路。

续表

宗族的霸道与压抑的愤怒	村支书薛昌和村主任陈舜意在这次风波中已经不见踪影。与陈舜意的三层小楼相比，薛昌在村口的房子并不起眼。村民说，薛昌表面上看起来很清廉，房子也是住了很久的。"他就像陈水扁一样，喜欢打苦情牌，每次到镇里开会，都把裤脚卷得高高的，别人都叫他'赤脚书记'。"薛昌会接骨的医术，常常为村民免费诊治，加上他平日一副笑眯眯的模样，这位村支书与村民之间至少表面上看来相安无事。 薛昌曾经多次被评为全国劳模。在陆丰市总工会的网站上，发布于2011年2月的一篇介绍薛昌的文章着实讽刺："在土地承包、土地款支付、发展项目的确定等，他坚持公开公正原则，自觉接受群众监督，村里的公布栏上都定期公布财务收支、计生情况。村里修路等都实行公开投标，用最低的价格创造最大的价值。目前，乌坎村建立完善了《村民议事制度》《村务财务公开制度》等26项具有约束力的机制……"而在半年多之后，这恰恰变成众矢之的，令人愤怒。2011年9月22日从市政府上访回来的第二天，村民冲进村委会泄愤，砸了窗子，混乱中抢到了一份文件，内容是1991年乌坎村与东海鸿峰商业经理部签订的协议，村里划出乌坎公路以西彩旗埔1.17万平方米的土地，按照每平方米10元的价格卖给鸿峰商业经理部，"该土地所有权永远属乙方（鸿峰商业经理部）所有"。村里的代表是村主任陈舜意，乙方的签字被人涂抹掉了，村民说，那是陈舜意哥哥的名字。陈舜意是薛昌40年未变的工作搭档，在村庄里流传着不少关于二人以权谋私的段子。一位村民告诉我们，他的邻居从香港做生意回来，为了买一块宅基地盖房子，提着27万元去贿赂薛昌才获得了买地的资格；村干部在村民开的酒楼里大吃大喝，欠账未还，就用村里的地皮抵账，有些想买地盖房的村民曾经从酒楼老板那里买过土地。 从1970年开始，薛昌担任村主任，至今仍是。"文化大革命"后期，乌坎村大兴围海造陆之风，薛昌当时是搬运站站长，当时的村支书叫薛祖操，是薛昌的叔叔。"薛"是乌坎村的第一大姓，"孙"是乌坎村的第二大姓，在潮汕话里，"薛"类似于"雪"，"孙"发音为"霜"，由于这两个大姓有亲戚关系，村里人常把两个姓氏并在一起，称为"霜雪"。

续表

宗族的霸道与压抑的愤怒	"每个姓氏拆开也很大,并在一起就超大,总共有1000多人。"村主任陈舜意所在的陈家也是村里的大姓,与薛家同样有亲戚关系,包括占了村里很多土地的港商陈文清,本身也是乌坎村的人,他在村里修了一座规模庞大的陈氏豪宅,刷着灰绿色的墙漆,虽然还未完工,但已经摆出了威风凛凛的架势。在乌坎,每个姓氏都有自己的理事会,本姓氏的红白喜事以及姓氏之间的纠纷调停大多由理事会出面办理。"村干部都是他们的人。"表面和善的薛昌因为背后强大的氏族力量变得地位不可撼动。村民说,村民邹钢曾经担任村委会副主任,一次开会时,"拍了下桌子说'你们都吃干饭,给我们留碗稀饭',刚到村口就挨了一顿打。邹是村里的小姓,没什么势力"。与之相对比的是,庄烈宏的父亲庄松坤也好打抱不平,20世纪90年代就因为村里土地问题到处上访,但他从未受到威胁。"庄"虽然不是村里的大姓,但庄松坤有5个亲兄弟,到庄烈宏这一辈一共有9个堂兄弟。"算上我爸堂兄弟家的几个男孩,我们家族一共有20多个男人。"庄烈宏说,因为男丁兴旺,所以薛昌并不敢轻举妄动。 村民都没有民主选举的记忆。"每次选举,7个村小组的正副组长和会计背着投票箱到几户不好说话的农家意思一下,其他人根本没摸过选票。"杨色茂说,今年2月24日的改选是历年来选举略显正式的一次。"我后来在村里统计了一下,一组的会计说,他带着流动箱只去了几户人家。三组一共近300户,小组长说去了200户,其中还有的在外地打工。六组的组长说,290户人家他们一共去了100户。"当时的选举结果是,有选举资格的选民共计7107人,有效选票6765张,最后陈舜意以90.2%的赞成票高票当选。 人口超多的乌坎村被戏称为"百姓村",村里一共有47个姓氏。"姓氏太多,各人自扫门前雪,村里平时就如同一盘散沙。"少数人,类似庄松坤的上访并未在村中掀起波澜。乌坎村在外做生意的人很多,每年初村里的老人都要请神唱戏保佑家里一年平安,到年末的时候再办一次请神唱戏还愿。第二次上访后没几天,正是村里请神还愿的日子,挂在村里表示抗议的白布条都收了起来,政治表达暂时让位于村里迷信的封建传统。洪瑞卿说,村里的老人很迷信,当初薛昌用海沙填了华光庙戏台后的农田,老人们都觉得这触犯了风水,但这种根深蒂固的想法在松散的村庄里也没有变成抗议的现实。

续表

宗族的霸道与压抑的愤怒	"以前没离开过村里,我们都是井底之蛙。"庄烈宏说,自从去珠三角打工,他才发现:"人家和我们那么不同。人家不靠拼命打工,生活还是可以过得下去,可以靠集体土地的分红来生活。以前我一直以为村里的地都是书记的,他说要卖就卖,我们觉得这是国家的,哪里懂得反抗。"2009年3月,庄烈宏开始了他的上访之路,响应他的是村里和他年纪相仿的200多个年轻人,他们在广州的越秀公园集合,去广东省政府上访,此后他和其他村民数次到各级政府上访,但并未影响到村里的绝大多数村民。 另一个对这次集体上访产生催化剂作用的人是村民杨色茂。一直在外做生意的杨色茂一直对村干部的行为不满,但分身乏术无暇顾及。今年他终于辞工回到家乡,准备重操打鱼旧业。端午节的时候他给镇长黄雄发了一条很长的短信,表示要参加下一届的村委竞选,同时描述了他的竞选承诺,包括建立一个40多名村民组成的村民代表大会,监督质询村委工作,并用法律手段追讨此前非法转让和被侵占的土地。"论学历、财力和各方面的影响力,我并不具备竞选的条件。有钱的,家族势力雄厚的才有实力当选,我只是想提醒黄雄,村民对村委会有不满情绪,没想到这条短信在村里传开了,很多村民都受到了震动。"杨色茂说。 最终,牵连村民命运的最后一块土地成了"最后一根稻草",庄烈宏、杨色茂平时的影响力一下子为他们赢得了广泛的支持。"农民没有土地真是天大的笑话。"杨色茂说,村民牵牵连连的,相互之间总是有一些亲戚关系,平时没有足够的动力把人都发动起来。"我们每个人家都有好几个孩子。1998年村里分过一次宅基地,但孩子长大以后要结婚,要盖新房,现在村里已经没有土地了,村民的生存空间在压缩,想到未来,我们为下一代担忧。平时都不想多事,可一旦发动起来,谁都不甘示弱。"

续表

勇敢和恐惧	一辆响着大喇叭的汽车在村里来回穿梭:"千万不要签名!"村民向临时组成的村民代表会反映,陆丰市政府派来的工作人员在村里希望村民在协议书上签字,协议书有4点:畜产场的收益绝大部分归村民所有、严查村委会换届选举的违法违规问题、规划宅基地给住房困难户盖房子、拨款200万元解决村民上学难的问题。在村民看来,用200万元来诱惑一些无知妇孺,实属卑鄙,政府避重就轻,解散村委会、解决土地所有权的问题都没有给出让人满意的答复。 村民把信任交给了村里德高望重的67岁老人林祖峦。9月22日,上访次日村民依旧聚集在村口,这天爆发了激烈的冲突。村民受伤后,有人来找林祖峦,请求他出来主持公道。当兵回来的林祖峦在1969年曾当过村委会副主任,1973年调到东海开发区当负责人,一直工作到1983年开始下海经商,在此期间担任了东海镇商业支部书记。1995年,他回到村里开始过悠闲的生活。3个儿子都在外闯荡,老大是工程师,老二、老三都在做生意,老三的室内装饰设计生意红火,这让林祖峦不用为生计而担忧。"不说大话,不以势欺人。平时买菜都不跟人讲价,把钱丢在那里就走了,别人以为这个人是傻的。村民信任我,是因为我不偷不占,不要阴谋。"林祖峦说,既然村民找到了自己,他愿意指挥这场"战役"。 "首先是停止暴力的行为。"林祖峦说,"村民有过一些过激的行为,我跟他们说千万不要,一定要用和平的方式上访。11月21日的上访我认为满意了,有组织守纪律。这次上访之前,我们已经跟派出所打了招呼。如果不按照国家的规定行动,办理相关手续,那第一个犯法的人就是我。我跟村民说,我不害你们,你们也不要害我,谁不听话我就开除谁。"

续表

勇敢和恐惧	2011年11月24日,全村在华光庙戏台前开会,当天的主要任务是由临时村民代表会向村民传达国家土地副总督察甘藏春刚刚对非法征地发表的意见:"对非法征地给被征地人造成财产损失的,可考虑按照侵犯财产罪来认定,追究相应刑事责任并要求赔偿。"林祖銮穿着酒红色的衬衫,站在台上用潮汕话说着鼓舞人心的话,赢得了台下的一片叫好。讲完话,他迅速从台上离开,后面跟着一溜年轻人。林祖銮家的大门上贴着"谢绝会客"4个字,大门的左右两侧以及房前屋后的几个方位一共安了7个摄像头。负责监控这些摄像头的21岁小伙张建兴告诉我们,这是村民们要求专门给林老伯的保护措施。"陈文清曾经扬言要雇人报复村民,有人伺机要对林老先生下手。平时我们会24小时轮流看着摄像头,换班睡觉的时候要在小腿上绑一把小刀,对讲机放在手头够得着的位置,躺着也要衣服穿戴整齐,发生危险要随时冲得出去。" "我退,群众会把我灭了,认为我是无能的人,以后几代人都抬不起头来。我上,一定有人会想办法对付我。"林祖銮盘腿坐在床上对我们说,"陆丰市的林氏理事会来找我,叫我不要管这件事,理事会的会长开玩笑地说,我伤害了林氏的面子,要发动林氏的人把我拉去填海。"林祖銮很少出家门,在屋里和临时代表商量问题,接待上级领导的造访。林祖銮说:"我们40多年都没有表达内心意愿的机会,现在大家情绪都很高,认识到这样是合理的方式,都有了信心。"

二、还原"乌坎事件"

1. 村民的诉求

表 8-6　村民的诉求分析表

村民的集体上访	1. 2011年9月21日,乌坎村民第一次集体上访,上访导火索是碧桂园在村里"破土动工","这是村里最后一块土地"。在第一次上访的一个星期后,村支书薛昌和村主任陈舜意再次违法操纵了村民选举。 2. 2011年11月21日,村民组织了第二次集体上访,距离第一次上访过去了整整两个月。"两个月,政府一点问题都没有解决。"村民愤怒升级,当天再次聚集到陆丰市政府讨说法,这次不光是要追回村里几乎流失殆尽的集体土地,更是要罢免横行40多年的村干部。
村民的主要诉求	广东省委副书记朱明国认为归结起来乌坎村村民主要有两个诉求: 1. 土地问题,乌坎村有9000亩土地,现在卖了6700多亩了,剩下2000多一点,既没把村民变成市民,又没解决城市的低保; 2. 第二个问题是村民反映了村务不公开,村民反映村干部贪污受贿,卖地不跟他们商量的情况。"村民们告诉我说,在共产党的领导下,种地不交税还有补贴,上学不交钱,我们不反共产党,共产党很好! 我们就反对村里卖地不告诉我们。"朱明国表示,"如果早一点解决这些诉求,用得着闹这么大的事吗?"①

---

① 选自:广东副书记谈乌坎事件:朱明国谈几起群体性事件,痛批干部中存在的不良作风,强调创新群众工作办法 [EB/OL]. 东南网:2011-12-27.

2. 事件经过

表 8-7 乌坎事件经过

时间	主要概况
2011年9月21日	9时45分,约有200名村民涌向合泰工业园工地示威。10时30分,聚集的群众分成两部分,一部分人堵塞东海大道交通,一部分人到陆丰市政府上访,堵塞市政府大门。13时30分许,村民又聚集到乌坎村委会讨说法,一直围堵村委会到15时。其间,有村民情绪激动,砸坏村委会的牌子、宣传栏的玻璃、门窗、计生室。近200名村民再次涌向合泰工业园,并有部分人动手打砸合泰工业园施工现场的保安亭、工棚和挖掘机等设施。公安部门接报后,迅速派出警力到达现场,开展工作。
2011年9月22日	2011年9月22日上午,汕尾武警特警维持村民集会的秩序,随后矛盾激化,当地人围攻派出所与市政府,投掷石块和推翻警车,有10多名警察受伤,6辆警车被破坏。
2011年9月24日	2011年9月24日,由乌坎村全体村民推选的13位代表与陆丰市和东海镇多次沟通并向政府提出3项诉求:查清乌坎村改革开放以来土地买卖情况;查清村委换届选举情况;公开村务、财务。陆丰市委常委、常务副市长邱晋雄代表市委市政府作了答复:市、镇两级将组成强有力的工作组进驻乌坎村,调查核实村民代表提出的问题。工作组于9月26号进入乌坎村,每7天公布一次工作进展,乌坎村"两委"干部要全力配合市工作组开展工作,村民代表参与监督。此外,邱晋雄还要求村民代表配合政府做好工作,以及村民绝对不能组织过激行为等。村民代表对以上答复表示满意。
2011年9月29日	2011年9月29日举行了一次制选举。该村47个姓氏,每个姓氏按人口比例推举1~5名代表,共推出117名有投票权的代表,再由他们选出13人组成"乌坎村村民临时代表理事会",成为该村的行政机构,主持管理该村一切事务,杨色茂任理事长,林祖銮任理事会顾问。

续表

时间	主要概况
2011年11月18日	2011年11月18日上午，陆丰市专门工作组领导与乌坎村临时村民代表会面，向村民代表通报了进驻乌坎村一个多月来的调查情况，并现场答复了村民代表提出的诉求。然而，乌坎村少数村民对工作组一个多月来的工作不满意，认为没有实质性进展。针对乌坎村出现的新动态，汕尾市、陆丰市两级党政高度重视，发动社会各界力量做好村民疏导工作。但仍有少数村民认为政府不能满足其诉求。 村民洪瑞卿说："当时政府答应每7个工作日公布一次调查情况，但一次都没有公布过。10月22日，政府答应半个月后给我们一个结果，一直到11月19日，副市长邱晋雄对一些问题作了答复，但最主要的土地问题并没有说清，他只说用地企业的'绝大部分收益归村民所有'，但我们要的是对非法出卖土地的解释和解决方案。"
2011年11月21日	2011年11月21日10时35分，400名左右的乌坎村民聚集到陆丰市政府门口上访，打出"打倒贪官""还我耕地"等标语。时任陆丰市常务副市长邱晋雄出面表示尽快处理村民诉求，村民和平返回。当天下午及第二天，村内组织了几次数百人的聚集活动。村民在罢市、罢渔3天后，于11月24日恢复正常生产生活秩序，过程中没有发生过激行为。至26日，村里的白布标语、大幅宣传画已自行拆除，事态得到平息。
2011年12月3日	陆丰市发出新闻稿，将"921"事件定性为"非法暴力群体事件"，并要追究为首挑头者责任。
2011年12月9日	汕尾市政府召开新闻发布会，陆丰市公安局发布了《关于敦促乌坎9.21、9.22系列案件违法犯罪嫌疑人投案自首的通告》。公安部门已经抓获"9.21"事件中打砸为首分子庄烈宏、曾昭亮、薛锦波等人，并将继续追捕事件其余犯罪在逃人员，加紧推进取缔"乌坎村村民临时代表理事会""乌坎村妇女代表联合会"非法组织的工作。

续表

时间	主要概况
2011年12月9日	陆丰市解决乌坎村村民诉求工作领导小组公布了目前工作情况： （1）财务审计：村党支部书记副书记被免职查处 通过对乌坎村所属的乌坎港实业开发公司1993—2011年9月的财务情况以及乌坎村委会2008—2011年6月的财务收支进行审计，发现存在违纪违规问题。根据审计结果，11月1日，东海镇党委对存在违纪问题的乌坎村党支部书记薛昌、副书记陈舜意予以免职处理，并接受陈舜意辞去村委会主任的申请。11月17日，市纪委对薛昌和陈舜意进行了立案查处。 （2）土地使用：亿达洲432万欠缴土地补偿款已缴交 亿达洲集团公司存在欠缴土地补偿款432万元，目前，该公司已将全部欠款汇入到市国土资源局的账户；暂冻结丰田畜产有限公司与一房地产项目的合作事宜；今后由市政府主导并征得大多数村民同意后再调整其农用地性质进行开发；在乌坎村北侧规划10万平方米作为宅基地，接受住房困难群众的申请；关于村民反映的其他违法用地问题，由于涉及的时间长、宗数多、资料不全，目前正在加快进度、加大力度进行调查取证。接下来，将根据调查结果，依法依规进行处理。 （3）换届选举：将依法罢免村委会部分问题成员 根据调查组调查，乌坎村今年的换届选举工作基本按程序进行，同时，从2月24日选举至9月21日近七个月来，省、市、镇各级选举机构都没有收到任何来信来访或以其他方式反映该村选举过程中存在违法问题。市民政局按规定对当选的村委会成员已发了当选证书。但目前由于村民对村委会部分成员意见较大，将对村委会部分确实有问题成员依法罢免后，按程序进行缺额选举。 （4）扶贫助学：筹集200万元已拨到乌坎学校 针对村民提出的贫困学生上学难问题，市政府已向社会各界筹集资金200万元，并已拨到乌坎学校，建立了乌坎村教育基金会，制定了扶助的条件和标准，乌坎村党支部已向村民发放了《乌坎村贫困家庭子女助学金申请审批表》，接受群众的申请登记。 （5）乌坎港污染：污水已经过处理符合环评标准 已查清丰田畜产有限公司的污水有经过处理，符合环评标准，同时经过处理的污水也没有向外排出。

续表

时间	主要概况
2011年12月10日	警方封堵乌坎村对外的各个路口。村民用大树、钉板等作为路障，阻止警车进入，双方对峙。陆丰公安局又及时发布了《关于再次敦促乌坎系列案件违法犯罪嫌疑人投案自首的通告》《关于收缴非法爆炸物品、枪支弹药和管制刀具器具的通告》《关于坚决制止聚众扰乱交通秩序违法犯罪行为的通告》。
2011年12月11日	11时许，羁押在汕尾市看守所的陆丰乌坎人薛锦波因身体不适被紧急送往汕尾市逸挥基金医院救治，16时许，薛锦波家属接到通知：薛正在医院抢救，有生命危险。19时许，薛锦波死讯传到村内。医院出具的死因诊断为心源性猝死。汕尾市公安机关及时通知死者家属，死者家属对逸挥医院出具的死因诊断存有异议，要求进一步调查。薛锦波的家属前往海丰县殡仪馆，家属称薛锦波尸体有明显被殴打虐待痕迹。
2011年12月18日	汕尾市党政主要领导与乌坎村500多名代表见面。19日，广东汕尾市委、市政府举行"乌坎事件"媒体见面会。汕尾市委书记郑雁雄表示，"乌坎村事件"是群众不满村党支部和村委主要负责人连续任职时间过长，在村务管理、土地出让和已出让土地面临升值或转让的情况下，出于对利益变化的关切，要求维护自己的合法权益。事件的性质属于村内利益纷争，相信一定会处理好。将由政府出面协调、赔偿征地者损失，收回"乌坎事件"404亩涉事用地，通过征求规划部门和村民意见后再进行新的开发，并充分保障村民利益。
2011年12月19日	乌坎村再次举行集会，要求归还薛锦波尸体。村民高举"还我民权"等标语。 村民在村子的各大小出入口设置哨岗，又砍倒大树作为路障，出入车辆和人员经过都要查问。乌坎村存于无政府状态已有8日之久。全部政府人员撤走，村政府及派出所已是人去楼空。 广东省陆丰市乌坎村的相关讯息遭官方封锁，中国国内常规媒体完全没有相关报道，中国境内的互联网，输入"乌坎""薛锦波"和"陆丰"等关键字于各大入口网站、微博以及相关网页已全面封锁，只会显示"根据相关法律法规和政策，搜索结果未予显示"这个结果，相关报道与消息只能见于中国境外媒体。

续表

时间	主要概况
2011年12月20日	广东省委成立工作组,由中纪委委员、省委副书记朱国明带队进驻乌坎村,表示要以最大决心、最大诚意、最大努力解决群众的合理诉求,尽快恢复乌坎村正常的生产生活和社会秩序。20日晚村民自行把设置了十来天的村口的所有路障拆除,并挂上红色横幅——"热烈欢迎省工作组进驻我村开展工作"。

3. 事件后续进展

表8-8　乌坎事件后续进展

时间	主要概况
2011年12月21日	以朱明国为首的省工作组在与乌坎村代表林祖銮的对话中立即明确答应了村民三点要求: 1. 释放此前被拘押的三位村民代表;2. 交还此前被拘押而死于拘押所的代表薛锦波的遗体;3. 承认此前全体村民通过一人一票选出的村临时代表理事会的合法性。 正是这三点促使乌坎村民宣布停止集体游行示威,恢复正常生产和生活,欢迎省工作组进村与村民一道和平妥善地解决长期积累的矛盾。
自2011年12月21日以来	在汕尾市、陆丰市、东海镇三级党委政府和乌坎广大村民的支持配合下,省工作组连续而紧张地开展工作,采取调阅档案材料、查阅合同协议、走访干部群众、约谈当事人、召开座谈会、追收会计账册凭证、组织实地测量等方式开展调查取证,力争掌握关于乌坎村现存问题的一手资料,并按照省委、省政府要求,坚持阳光透明、及时公布工作进展。

续表

时间	主要概况
2011年12月28日	2011年12月28日省工作组通报第一阶段工作情况： 村集体土地问题专项工作小组组长、省国土资源厅副厅长杨俊波在通报第一阶段进展情况时称，工作小组已初步查实乌坎村有关土地利用情况以及宅基地分配、村委会出卖土地等情况，认为乌坎村群众反映的涉及土地问题是存在的，涉及土地方面的主要诉求是合理的。通报表明，陆丰丰田畜产有限公司少批多用土地，广东亿达洲集团有限公司拖欠征地补偿款及闲置土地，乌坎村委1993年以来出卖约636亩土地给单位或个人用于非农建设，乌坎村涉及征收土地、出卖土地的重大事项，未按规定召开村民代表大会或村民大会，也未进行村务公开等情况已初步查实。 村财务问题工作小组组长、省农业厅副厅长顾幸伟在通报会上说，通过初步审计发现，乌坎村存在比较严重的财务管理问题，也发现一些村干部违反财经纪律的线索，在发展中也有损害农民直接经济利益的问题。村财务管理方面问题主要表现在，一是公款私存、坐收坐支、多头开户；二是手续不全、自制单据、白条入账；三是财务公开不具体，不详细，村干部得不到有效监督；四是有些重大事项没有经过集体讨论，土地收入支出、部分村公益事业建设承包方案等，没有招投标和签订建设合同，主要干部说了算。此外，少数村干部存在利用公款送礼办事、重复领取社保、用公款购买私家小车等问题。在保障农民经济利益方面，存在土地出让收入村民直接得益很少、一些企业应上缴的租金没有及时收取、与港方合作结算中造成集体资产流失等问题。 据村干部违法违纪问题专项工作小组组长，省纪委常委、省监察厅副厅长曾庆荣通报，已查实了原乌坎村党支部书记薛昌、原村委会主任陈舜意等人侵占村集体资产的违纪行为，其他问题正在调查之中；查实了陆丰市农村信用合作社联社营销中心有关人员利用职务便利在乌坎村有关土地转让中收受有关人员20万元，陆丰市国土局东海镇国土所个别人员在办理乌坎村有关土地转让过程中收受贿赂。此外，还初步查实了原乌坎村支部、村委会部分干部在出让集体土地过程中收受好处费，乌坎村部分财务人员涉嫌公款私存。村支部委员、村委会出纳邹钗已被"两规"，准备做进一步调查。

续表

时间	主要概况
2011年12月28日通报情况之后	省工作组将按照"尊重历史、实事求是、民意为重、群众为先、法律为上"的原则，研究提出既符合法律原则，又讲情讲理，利益向村民倾斜的、可操作的处理方案，推进乌坎村涉及土地问题的处置工作。同时，继续查清乌坎村的财务问题，将村干部的经济和其他方面的问题移交有关部门核实和处理，并进一步梳理、分析和研判目前已掌握涉案人员交代的线索，巩固扩大当前办案成果。 近400位乌坎村村民到现场听了通报。会后，一名村民说，感谢省工作组全心全意帮助村民，为村民办好事办实事，希望各专项工作小组继续深入调查，全面解决村民的合理诉求。
2012年1月15日	2012年1月15日上午，被视为乌坎村"精神领袖"的林祖銮被任命为乌坎村党总支书记及村委会重新选举筹备小组组长。
2012年2月1日	2012年2月1日，广东省乌坎村7688名亲临或委托投票，产生了以11名代表组成的村民选举委员会，有相当一部分村民是第一次投票。
2012年2月11日	2012年2月11日，广东省陆丰市东海镇乌坎村举行推选村民代表和选举村民小组长大会，选出107个村民代表和7个村民小组组长。
2012年3月3日	2012年3月3日，广东省陆丰市东海镇乌坎村举行第五届村委会重新选举，乌坎村党总支书记林祖銮当选为村委会主任，杨色茂当选为村委会副主任。 林祖銮在接受记者采访时表示，他将按法律法规行使自己的职责，尊重村民的意愿，维护村民合法权益，带领村委会干部公平、公正管理村集体资产，加强乌坎村的各项事业建设。
2012年4月20日	2012年4月20日，汕尾市陆丰纪委宣布对乌坎村原党委、村委共8名成员进行"双规"，表示将严肃查处他们在土地买卖、财务管理等方面的违纪行为。

附录三

案例教学手册

以党的建设引领城市基层社会治理创新发展
——西安市雁塔区红专南路社区治理创新的实践探索①

【案例摘要】

小社区是大国家的缩影。在中国，社区是城市最基础的组成单元。社区治理牵动着党政、社会和市场的多元力量，其治理模式的变革连接着整个组织体系的变化。社区成为国家与社会交接的最广阔领域，也成为观察中国发展的绝佳窗口。如何发挥基层党组织在基层治理中的引领作用，扩大党组织在城市新兴领域的覆盖面，巩固党的执政基础，是城市基层党建必须直面的新课题。

近年来，红专南路社区以党的十九大精神和习近平新时代中国特色社会主义思想为指引，充分发挥社区党委领导基层治理核心作用，积极探索新时期城市基层党建工作新途径、新方法，通过"抓治理、抓建设、抓文化、抓安全、抓长远"，逐步形成了组织共建、资源共享、机制衔接、功能优化的城市党建新格局，走出了一条党建引领、多方参与、协同推进、共建共荣的基层治理新路子。

【课前准备】

熟悉与本案例相关的经济社会发展背景，务请学员在课前用1小时阅读案例并对思考题进行解析。同时，上课前需要做如下准备：

（1）课前做好讨论分组，根据班级规模，可5~8人一组，可以根据背景相近原则分组，也可以采取岗位职责互补原则分组。

---

① 本文由中共陕西省委党校（陕西行政学院）张品茹、杨柳教师共同撰写。

(2) 给每组学员准备 2 张一开的白纸和 2 支白板笔，用于书写小组讨论意见。

(3) 准备双面胶若干，用于将写好讨论意见的白纸贴在黑板上。

【适用对象】

本案例适用于党员干部培训，特别是从事党务以及参加党性教育、基层党建、社会治理、城市管理等相关专题班的学员，也可以供在校的相关专业的研究生以及从事管理工作的人员学习使用。

【教学目标】

(1) 深入理解习近平总书记关于基层党建、基层治理方面的重要论述。

(2) 认真学习贯彻党的十九届四中全会精神，深刻领会、准确把握坚持和完善共建共治共享的社会治理制度建设的重要意义、基本要求、重点任务。

(3) 理解基层社会治理的时代特征、体制机制、方式方法，理解中央强调基层党建工作的必要性和意义。

(4) 探讨如何根据当前经济社会发展特点，推进基层党建工作的创新。

(5) 思考基层治理与基层党建之间的关系，怎样更好地做到党建引领社会治理。

【讨论问题】

(1) 当前基层党建工作开展的现状如何？有何成效？存在着什么问题？

(2) 作为基层党建的新领域，坚持和完善共建共治共享的社会治理制度的重要意义、时代价值是什么？

(3) 目前党建工作存在着"两张皮"现象，如何结合中心工作展开基层党建创新？

(4) 如何才能体现以基层党建引领社会治理，效果怎样评估？

【要点分析】

1. 系统学习习近平总书记关于党的建设的重要论述

习近平总书记关于党的建设的重要论述，是马克思主义建党理论与新的历史条件下中国共产党建设实践相结合的产物，是中国化马克思主义党建理论的最新成果，是习近平新时代中国特色社会主义思想的重要组成部分，是新时代党的建设的基本遵循和行动指南，对推进全面从严治党向纵深发展具有重要指导作用。如何更好地贯彻党的十八大以来习近平总书记对党建及基层党建工作提出的许多新理念、新要求？进入新时代，社会经济发展使我国社会结构面临深刻变革，需要推进党建与社会治理的理念创新和能力建设，尤其需要在城市基层社会治理体系中充分发挥基层党建的多重功效，促进地方经济社会和谐发展。

2. 系统学习习近平总书记关于社会治理的重要论述

习近平总书记围绕推进国家治理体系和治理能力现代化、实现中华民族伟大复兴中国梦，作出了一系列关于社会治理的重要论述，特别是提出"社会治理是一门科学"，实现了从"社会管理"到"社会治理"的新飞跃，构建了一个完整的科学理论体系，体现出如下特点。

一是社会治理要充分发挥党总揽全局、协调各方的领导核心作用，牢牢把握党对社会治理的领导权，要以党风政风好转带动社会风气的好转，不断提高党领导社会治理的能力。

二是坚持以人民为中心，这是社会治理思想的根本政治立场，社会治理要以服务人民为根本宗旨，重视发挥人民群众的主体力量。

三是必须把解决民生问题贯穿社会治理实践的全过程，这是社会治理的本质要求，保障和改善民生对创新社会治理具有根本性作用和意义。

四是高度重视公平正义在社会治理中的核心作用和地位。

五是坚持体制机制创新。习近平总书记指出："加强和创新社会治理，关键在体制创新。"要注重激发基层活力，提升基层党组织组织力，加强和改进群众工作，把法治与德治有机结合起来。

3. 深刻领会党的十九届四中全会关于坚持和完善共建共治共享的社会治理制度的重要部署

共建共治共享的社会治理制度，是我们党在长期探索中形成的、被实践证明符合国情、符合人民意愿、符合社会治理规律的科学制度，是习近平新时代中国特色社会主义思想的重要内容。党的十九届四中全会《决定》对坚持和完善共建共治共享的社会治理制度提出了明确要求、作了具体部署，为新时代加强和创新社会治理指明了方向。

一是完善正确处理新形势下人民内部矛盾有效机制。探索创造更多依靠基层、发动群众、就地化解人民内部矛盾的途径和办法，实现预防化解工作常态化、长效化。

二是完善社会治安防控体系。完善社会治安防控体系，是提高动态化、信息化条件下驾驭社会治安局势能力的基础工程。

三是健全公共安全体制机制。当前，公共安全形势依然严峻，必须以完善的体制机制托起安全的底线。

四是构建基层社会治理新格局。社会治理工作最坚实的力量支撑在基层，最突出的矛盾和问题也在基层，必须把抓基层打基础作为长远之计、固本之策。

五是完善国家安全体系。国家安全体系是贯彻落实总体国家安全观、掌握维护国家安全主动权的总抓手。

4. 了解加强基层党建的重要性和必要性

经济社会的转型、城市规模和人口数量日益庞大、各种社会利益矛盾凸显，这都加大了基层社会治理的难度。为实现社会治理创新，党的执政理念和执政方式也在逐步发生变化。社会治理的理念、主体、范围等也在迅速变革。治理理念和治理方式的变革给基层党建工作带来了发展契机，同时也对基层党建工作提出了新的要求。

一是治理理念上更加强调"以人为本"的原则，在基层治理方式、手段、效果上更加体现"人本"精神。

二是治理主体上更加强调群众的主体性参与，突破过去的政府单向管理模式，建立政府主导、群众参与的发展格局。

三是治理范围上明确治理主体的各方权责，明确党委、政府的权责边界，完善社会组织、群众等主体参与社会治理的途径，激发群众参与热情。

四是突出治理能力和治理水平的现代化、科学化、法治化，实现"人治"向"法治"的转化，发挥群众在社会治理中的自我管理、自我服务、自我监督能力。

5. 理解新时代党建引领社会治理的价值

党建引领社会治理创新的发展方向、内容和路径，并与其形成良性互动关系。目前，基层治理中面临着职责定位不准、有效运行机制缺乏、群众参与不强、职能发挥较难等问题。探索开拓基层党建工作新局面、创新社会治理运行方式、有效解决群众需求路径，有助于从体制上解决基层党建的现实困境，有效发挥城市基层党建引领方向、服务群众和促进发展的多重功效。

执政党的领导是推进社会治理创新的根本保障，社会治理创新离不开基层党建工作的有力推动。社会治理不是简单地维护社会秩序，而是需要贯彻党的基本路线和各项方针、政策，将党的执政理念融入社会治理的全过程。只有抓好基层党建这个纲，社会治理才能纲举目张。

6. 红专南路社区以基层党建引领社会治理解决了哪些问题？取得怎样的成效？有什么值得借鉴的经验？

多年来，红专南路社区一直把社会主义核心价值观融入社区服务管理，围绕居民生活理想，发展社团组织、培育社区文化、制定社区规范，努力打造环境优美、服务完善、文化丰富、和谐友善的共同家园。社区自2001年成立以来，充分发挥红色引擎的引领带动作用，先后荣获了"全国先进基层党组织""全国文明社区""全国和谐社区建设示范社区""全国学习型家庭示范社区"等160多项荣誉，涌现出了全国道德模范丁水彬、全国优秀社区工作者闫中华等先进人物。习近平、刘云山、李源潮、赵乐际、刘奇葆等党和国家领导人先后来社区视察工作，给予较高评价。

红专南路社区充分发挥社区党委领导基层治理核心作用，积极探索新时期城市基层党建工作新途径、新方法，通过"抓治理、抓建设、抓文化、抓安全、抓长远"，逐步形成了组织共建、资源共享、机制衔接、功能优化的基层党建新格局，走出了一条党建引领、多方参与、协同推进、共建共荣的基层社会治理新路子。

一是基层党建需要适应新变化，承担起巩固党的执政基础的重任。如何把党的组织和工作无空白、无遗留地推进到城市方方面面，同时把单位、行业和各领域党组织联接整合起来，使之成为一个有机整体、形成严密的组织体系，这是我们面临的重要课题。红专南路社区坚持"因地制宜、实事求是"的原则，以便于管理、便于服务、就近服务为目的，按照"社区党委、片区党支部、楼栋党小组"的层级，设置了1个社区党委、12个党支部、20个党小组，为社区治理提供了有力的组织领导保证。红专南路社区党委机构框架如图8-1所示。

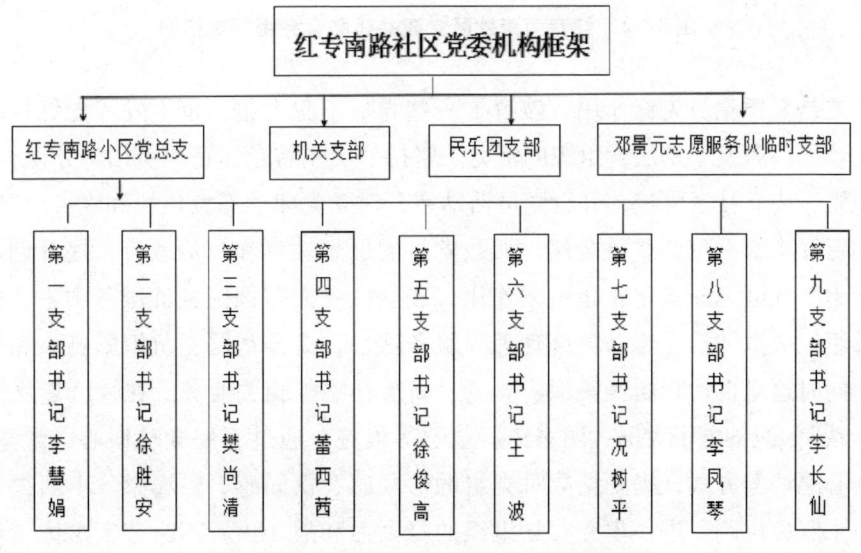

图8-1 红专南路社区党委机构框架

同时，社区与驻地单位成立了由辖区内社区党委、社会团体和主要企事业单位组成的党建共建联合会，研究决定社区党建工作和事关社区全局性、社会性、群众性、公益性活动等重大事项，实现了社区资源整合，社区各单位、团体以及企事业单位共驻共建的格局。红专南路社区党建共建联合会组织机构如图8-2所示。

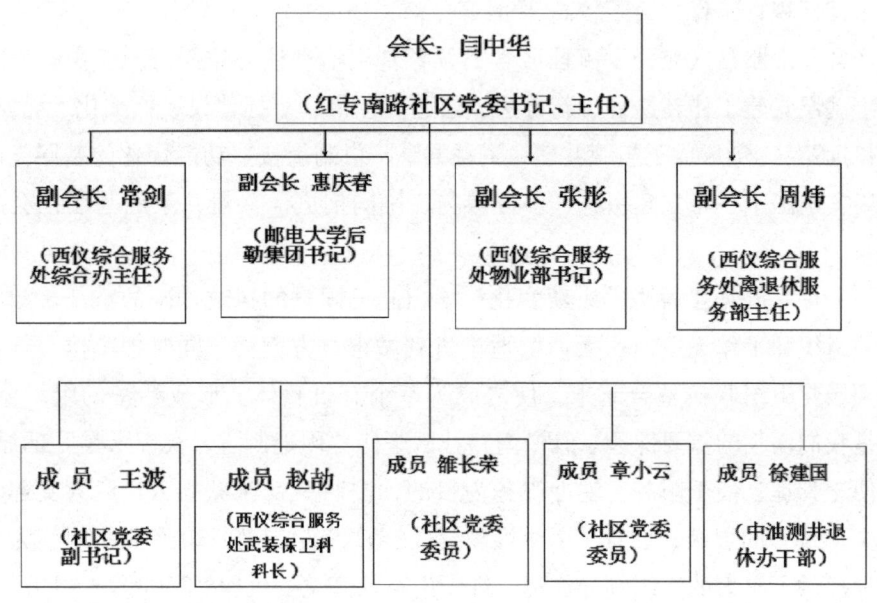

图8-2 红专南路社区党建共建联合会组织机构图

二是发挥党员先锋作用，破解了一些党员不犯大错，也不发挥先锋模范作用的难题，激发了基层党组织的活力。坚持"突出特色、重在实用、方便管理"的原则，成立社区党校，开设党员活动室，建立党建动态宣传栏和党务公开栏，定期召开支部书记和委员会议，加强党员的思想教育和政治教育，提升创新服务能力。社区不断强化党建引领作用，成立红专南路社区党群服务中心，提供党员组织关系转接、流动党员管理等服务项目，提升基层党组织影响力和号召力。同时这里也代理居民医保、养老、高龄补贴等相关业务。在社区建立"党员驿站"，配备电子大屏、图书角、茶吧等设施，通过开展党员谈心、微党课、建立心愿墙等方式，提升党员对党组的参与感、认同感、归属感。不断提升链式包干服务机制，进一步夯实党组织的凝聚力和战斗力，不断夯实主体责任担当。社区党委→小区党总支→党支部→党小组→党员中心户长链式包干服务机制。发挥党员先锋作用，实现社区管理与服务的"精耕细作"。

三是党建引领抓治理，大胆探索强服务。在经济社会转型期，面临着越来越复杂的局面，各种社会矛盾和问题交织，但一时又难以找到适合复杂情况的破解之策，基层治理变得碎片化，基层党组织怎样在转型工程中更加有所作为。在"群众的需求就是我们工作的方向"的观念引领下，社区党委坚持以党建工作为统领，以共驻共建共享为支撑，坚持以和谐社区建设为主线，以服务居民为重点，以发展居民自治，增进邻里和谐为目标，以繁荣社区文化为载体，积极探索中华优秀传统文化在基层社区工作中的作用，立足传统小家建现代社区大家。

社区创建的"八家建设"独树一帜。推进安全社区建设，建立"平安之家"。以"整合资源、全员参与、项目引领、持续改进"为原则，突出企业主导型社区特色，建立和谐社区建设长效工作机制。坚持社区领导、驻地企业和人大代表定期下访、接访、居民座谈以及走访相结合的信访维稳机制，建立了与社区"三位一体"管理体制相对应的治安维稳体系，完善"三防"体系，筑牢立体治安防护网，成就"平安之家"。以社区诊断和风险管控为核心，建立动态风险辨识与安全隐患排查治理机制，升级小区监控系统，完善门禁系统和智能化安防系统，举办社区居民安全知识普及和讲座等活动，营造浓郁的平安社区氛围。提高社区人居品质，建立"和谐之家"。把握"人本""人文"理念，追求"天人合一"的理想状态，强化生态建设及环境治理，运用节能减排新技术，有步骤地实施绿化、美化、亮化、净化工程。提高社区人居品质，建立"和谐之家"。打造低能耗、无污染、环境美、人文气息浓郁的生态型社区，追求人与自然、人与人、人与社会的全面和谐。一个集园林、绿地、水系、景观等为一体的绿色生态环境逐步形成，成就绿色的"和谐之家"。提升社区综合服务品质，建立"服务之家"。完善的"一刻钟服务圈"，使社区居民享受到专业规范、方便快捷的人性化服务。以"五五"管家服务模式为基础，提升窗口服务质量，保障水电暖等运行服务，全力打造优质物业服务品牌。提高公用事业服务水平，建立"便民之家"。推进水电暖气直供；依托周边商业服务网点，逐步形成超市、餐饮、住宿等商业服务、业务健全的服务格局；导入银行、电信、以及通信、机票、车票、燃气、水电、有线电视等公用事业服务项目，成就"便民之家"。提高社区公益服务质量，建立"惠民之家"。坚持"政府主导、企业支持、百姓受益"原则，拓展了公益服务职能，将计生、就业、低保、医保、社保、残联六大类政府公共服务职能导入社区，实现一站式服务。加大了对居家养老、小区文化、安全环保设施建设与维护等方面的资金投入，完善社区基础建设，成就"惠民之家"。提高社区服务功能，建立"温馨之家"。整合各类资源，补充、完善社区服务功能，引进社会卫生服务机构，建立"小病在社区、大病去医院、康复回社区"的社区医疗卫生服务机制，方便居民保健就医；引进社会志愿服务，开展了家庭诊疗、社区义诊、康复理疗、心理咨询、医档建立、免疫接种、健康宣传等延伸服务项目，成就"温馨之家"。促进社区文化繁荣，建立"文化之家"。以建设文化社区为着力点，培育以广场文化、节日文化、景观文化、橱窗文化、楼宇文化等为载体，以传统文化、社区地域文化、企业文化为主要内容的社区文化体系，彰显"孝为先、和为贵、诚为本、法为上"的文化主题。开展群众性文化宣教，增强社区凝聚力和居民归属感，营造共建美丽社区，以文化凝聚人、以文化感染人、以文化愉悦人、以文化养育人，成就"文化之家"。创新管理，拓宽渠道，建立"法治之家"。以"三官一律"（法官、检察官、警官、律师）进社区为契机，发挥政府在公安、司法、民政、残联、社会保障、就业创业、矛盾调解、妇幼保护、法律援助等职能作用，举办法律知识讲座、法律咨询、提供法律援助，协助社区调处各种矛盾纠纷，让居民不出社区就能享受法律服务，成就"法治之家"。

实施"五位一体"管理机制。建立由社区党支部书记、楼长、物业管家、社区干部、驻地片警构成的"五位一体网格化调处管理体系"，广泛收集社情民意，掌握社区热点、难点信息，及时沟通化解不稳定因素，实现"一岗多责""一专多能"，从源头上预防和减少各种影响稳定事件发生，拓展自治内涵。

畅通居民诉求渠道。一方面建立领导接待日，不定期组织社区、驻地单位、人大代表在室外广场接待群众，收集群众诉求，开展调查研究、走访接访、解决问题；另一方面专门开辟居民会客厅，配备沙发、茶几、电视、书籍、茶水等，为居民和党员日常的理论学习、谈心交流、矛盾调解、意见征集开辟"驿站"，畅通居民诉求渠道，营造"民主、平等、公正"等法治理念。

7. 对党建引领社会治理的实践创新有哪些建议？

建议一：进一步提高对党建引领社会治理的认识

城市基层党建是一项全新的工作，2017年才开始在全国展开。与以往工作相比，城市基层党建并不简单地等同于社区党建、街区党建、非公企业党建和社会组织党建等，而是具有自身的特点。在基层社区承接的职能越来越多的情况下，如何更好地发挥基层党建的作用，如何有效地解决日益复杂的社会矛盾和问题，提升社会治理能力，提高人民群众生活质量，必须从理念上高度重视党建引领社会治理的路子。

建议二：更有效地做好街道、社区党建

《关于加强和改进城市基层党的建设工作的意见》明确提出把街道社区党组织建设得更加坚强有力，社会治理重心在街道社区，城市基建重心也必须落到街道社区。要加强对社区的工作支持和资源保障，统筹上级部门支持社区的政策，整合资金、资源、项目等，社主渠道落实到位。要强化市、区、街道、社区党组织四级联动，推进街道社区党建、单位党建、行业设建互联互动，通过共同开展活动、加强党员教育等推进活动共联，通过整合盘活信息、阵地、文化、服务等实现资源共享。

建议三：更加注重以人为本的社会治理

基层党建的重点是做人的思想工作，基层治理的重点也在于人。必须注重贯彻以人民为中心的思想，在城市基层党建创新过程中，坚持重心下移、力量下沉，改革创新基层体制机制，把资源、服务、管理下沉基层、做实基层，充分发挥人民群众参与城乡治理的积极性和创新性。

【课堂安排】

课程开始，教师可以提出以下问题："您所在单位基层党建工作开展的现状如何？有何成效？实践过程中存在何种问题？"教师可以将学员提出的问题记录在黑板上。

（1）第一部分

首先，教师介绍基层党建的相关知识背景，对十九届四中全会提出的坚持和完善共建共治共享的社会治理制度建设等相关内容进行梳理分析，用时30分钟。

（2）第二部分

教师简要介绍红专南路社区以党建引领社会治理案例的梗概。教师可通过提问的方式引导学员思考在红专南路社区，党建引领社会治理产生了哪些成效。教师需要引导学员思考基层党建工作的重点是什么，以及红专南路社区如何对应党建工作的重点，有效避免党建工作"两张皮"的问题。

教师可采用提问的形式引导学员思考党建引领社会治理实践中可能存在的问题，并将学员的回答记录在黑板上。

教师结合红专南路社区党建引领社会治理的实践和十九届四中全会提出的坚持和完善共建共治共享的社会治理制度建设理论并结合之前学员的回答剖析基层社会治理的关键点。

(3) 第三部分

学员进行分组讨论。讨论问题可以包括:红专南路社区党建引领社会治理的实践中对您所在的单位有哪些值得借鉴的措施?如何进一步改善和提升基层党建引领社区治理的创新?

教师可邀请小组在班内分享其讨论成果(每组5分钟左右),并由其他学员进行点评。

总结和陈述以教师对各组讨论结果进行总体点评开始,这时课堂气氛应该比较热烈,教师可以结合最初学员提出的问题进行发挥,进一步加强对党建引领社区治理工作相关制度建设的系统性思考。

参考文献

[1] 于洪生. 新形势下基层党建创新案例研究 [M]. 北京:党建读物出版社,2016.

[2] 刘靖北,周奇. 特大型城市基层党建新探索新实践:城市基层党建理论研讨 [M]. 上海:上海交通大学出版社,2017.

[3] 阮云强. 城市基层党建与社会治理创新研究 [M]. 上海:华东理工大学出版社,2018.

[4] 李培林. 坚持以人民为中心的新发展理念 [M]. 北京:中国社会科学出版社,2019.

附录四

案例文本 1——党建引领基层社会治理的困境与出路

党建引领基层社会治理创新发展
——红专南路社区治理创新的实践探索①

迷茫中探索：社区到底怎么搞？

坐落在千年大雁塔之侧的红专南路，是一个很有信仰意味和历史深度的地方。2001年8月，由长庆油田矿区事业部西仪综合服务处、邮电大学、陕西师大附中分校、国医医院、省教育厅五个单位及长庆坊小区、石仪小区南北院、邮电大学南北院等五个家属区组成的板块型社区——红专南路社区成立。社区辖区面积40万平方米，常住居民4515户、13565人，是西安第一批成立的社区之一。

社区成立之初，没有办公室，社区主任闫中华就向驻地单位借用了一间破旧的工房，并带人连夜粉刷、改造、布置；没有办公用具与经费，他带头从家里拿来纸张、电话、相机、摄像机和热水器等；带头用自己的钱为社区置办办公用品。头三年，社区干部已经记不清谁为社区垫支了多少钱。大家说，闫主任至少花费了两万多元。当时摆在社区主任闫中华和社区工作人员面前的一个巨大的难题就是大家并不清楚社区的职能是什么。同时期成立的其他社区里，有些工作人员长期不知道该干什么。

从单位到社区：下岗职工的尴尬

黄波是社区内的一名下岗职工，母亲身患重病，全身溃烂，奄奄一息，相

---

① 本案例文本由中共陕西省委党校（陕西行政学院）教师杨柳、张品茹共同撰写。

依为命的女儿黄波又下了岗,家境十分凄凉。

一些退休老人,孩子不在身边,一生病,或者老两口都生病,一点小小的问题都解决不了。一位退休老人给社区主任闫中华说,他一个月没下楼,老伴去外地了,自己吃不到饭……

"那时候的社区,下岗工人多,老年人多。"当时社区内有西安石油勘探仪器总厂、陕西石油化工机械厂等企业的2000多名下岗职工,他们过半都住在社区办公所在地红专南路小区。原来有人去世,后事往往有单位帮忙操办。现在职工下岗了,谁给逝者发讣告?谁上门慰问家属?

政治领导:社区党组织在治理中表现"缺位"

红专南路社区直管党员372名,其中80%以上都是退休党员。下岗、退休后他们在社区中生活但是党员关系还在所属单位,客观上导致了大批退休党员脱离党组织,无法参与党组织的活动,很多党员的理想信念开始动摇。一些想要加入中国共产党的社区居民找不到党组织。雁塔区石油勘探仪器总厂退休职工刘德明一直以来将加入中国共产党作为自己的坚定信仰,但是苦于找不到党组织,无法递交申请书。西安石油勘探仪器总厂当年生产的是精密仪器,许多车间工人都是大学生,居民里还有许多人曾经是厂长、处长、经理等,"能人"很多。怎样把大家组织起来,使基层党组织有智慧、有力量、有凝聚力。

另外,从现实情况来看,很多党员绝大部分都集中在党政机关或国有企业、事业单位。随着供房制度等的改革,现在的党员基本都是社区人,工作之余的大部分时间都待在社区。但从实践来看,他们完成本单位的"本职"工作以后,回到社区就是一个普通的人,在基层社区治理中基本上处于边缘化,不只是先锋模范作用难以体现,极个别的甚至还成为破坏基层治理的"少数人"。

人才队伍:社区工作人员后备力量不足

面对社区老年人口多,老年人的生活起居得不到照料的情况,社区找了一位刚退休的女职工,专门解决老人们的应急性困难。但是因为没有专门的地方,也没有资金,每个月只能给她发两三百块钱的工资,3个月后没能坚持下来。

近几年,社区工作领域逐步拓宽,工作对象不断扩大,随着工作任务不断增加,对社区工作人员素质的要求越来越高。但是,当前社区对工作人员的使用缺乏明确的岗位安排,职业定位不明确,待遇偏低与工作责任多、任务重并存,没有职业化的发展前景,加上缺乏激励机制和多样化的成长发展空间,导致高素质人才流失严重。目前,社区工作人员的工资只有1500元左右,仅能勉强维持个人基本开销,难以养家糊口,与机关事业单位工作人员相比差距甚大。

特别是现在社区40~50岁的中坚力量，对于未来感到没有依托。招聘或安置大学生下社区的工作也有同样的问题，接受访谈在社区工作的大学生普遍都没有长期从事基层社会工作的打算。许多年轻的大学生也只是将社区作为跳板，利用工作时间准备考公务员，这导致年轻人在社区工作积极性不高。

多元主体：各方推诿扯皮、各自为政

2019年1月初，长庆坊小区业主委员会和物业公司为小区内一房屋的用途产生分歧。小区部分业主将该房屋的门锁敲掉，改成小区老年活动室，并换上了新锁。物业公司发现后，将小区业主安装在该房屋房门上的新锁给敲掉……小区部分业主与物业公司展开了一场"拉锯战"后，小区业主意志和势力一时占了上风。于是，物业公司准备在合同到期前撤走。在多元协同的治理格局下，如何调动"多元性"参与主体的积极性？如何厘清治理主体之间的职责权限，推进多元主体的协同合作，形成共治合力？

谁来协商：协商主体参与动力不足

"我们社区有个居民，因为社区不给开无非婚生子女证明，从此社区的所有事情不参加，并且抵抗，和他有关的协商到他那里就卡住。"红专南路社区闫书记给我们讲述着，协商民主之所以执行不顺的原因之一就是"谁来协商"的问题。"谁来协商"既是社区协商的发端，也"决定着社区自治有无可能以及如何可能"。在社区中，一般有三类人群来协商：一类是协商的组织者，这类群体中大多数是社区的工作人员，以及居民委员会委员、业主委员会委员、居民议事会成员等。这类人一般是社区协商的组织者，但是这类人也有被挫伤积极性的情况，因为社区事务"鸡毛蒜皮而又千头万绪"，协商不成的情况很多。"居民没有协商的意识，他们不会把精力放在社区，只有一些退休的，在家闲着的老年人愿意出来说几句。"一类是积极协商者，这类群体曾在社区活动中受益，或意图在社区协商活动中受益，会比较积极地参与社区协商会议，还有在社区活动中表现比较积极的、空闲时间较多的退休老干部、老党员，这类群体大多平时积极参与社区活动。一类是被动协商者，这类人是因为协商内容与自身有关，或者在社区的利益受损，尽管没有参与协商的意愿和乐趣，却不得不参与到协商中来，还有一部分是经常来社区跳舞和打牌的老年人，通常被用来"凑数"，尽管不是协商的直接利益相关者，也较难发表有价值的意见或建议。

附录五

案例文本 2——以党建引领社区治理，构建共建共享共治新格局

党建引领基层社会治理创新发展
——红专南路社区治理创新的实践探索①

【引言】习近平总书记指出，创新社会治理，要以最广大人民根本利益为根本坐标，从人民群众最关心最直接最现实的利益问题入手，把加强基层党的建设、巩固党的执政基础作为贯穿社会治理和基层建设的一条红线，深入拓展区域化党建，建立一支素质优良的专业化社区工作者队伍，推动管理重心下移，推动服务和管理力量向基层倾斜，实现从管理向治理转变，激发基层活力，提升社区能力，形成群众安居乐业、社会安定有序的良好局面。

【摘要】小社区是大国家的缩影。在中国，社区是城市最基础的组成单元。社区治理牵动着党政、社会和市场的多元力量，其治理模式的变革连接着整个组织体系的变化。社区成为国家与社会交接的最广阔领域，也成为观察中国发展的绝佳窗口。如何发挥基层党组织在基层治理中的引领作用，扩大党组织在城市新兴领域的覆盖面，巩固党的执政基础，是城市基层党建必须直面的新课题。

近年来，红专南路社区以党的十九大精神和习近平新时代中国特色社会主义思想为指引，充分发挥社区党委领导基层治理核心作用，积极探索新时期城市基层党建工作新途径、新方法，通过"抓治理、抓建设、抓文化、抓安全、

---

① 本案例文本由中共陕西省委党校（陕西行政学院）杨柳、张品茹教师共同撰写。

抓长远",逐步形成了组织共建、资源共享、机制衔接、功能优化的城市党建新格局,走出了一条党建引领、多方参与、协同推进、共建共荣的基层治理新路子。

【关键词】基层党建;基层治理;体制机制创新

坐落在千年大雁塔之侧的红专南路,是一个很有信仰意味和历史深度的地方。红专南路社区,是由长庆油田矿区事业部西仪综合服务处、邮电大学、陕西师大附中分校、国医医院、省教育厅五个单位及长庆坊小区、石仪小区南北院、邮电大学南北院等五个家属区组成的板块型社区。社区辖区面积40万平方米,常住居民4515户、13565人。

2001年8月,红专南路社区成立之初仅有两间30平方米的平房,5名工作人员。当时的社区工作人员并不清楚社区的职能定位,更加不知道社区工作应该做什么?当时的社区居民下岗职工多、老年人多、残疾人多,生活无依无靠,不知所措——

党建工作到位了,社区工作就一顺百顺

在对社区工作没有形成清晰认识的情况下,社区主任闫中华提出:"党是一切事业的领导核心,党建工作到位了,社区工作就一顺百顺。在社区举起信仰的大旗,党员们起到模范带头作用,才能号召群众,凝聚群心民意。这是社区工作的牛鼻子。"明确了这一工作思路,社区积极与石油仪器总厂离休干部支部和退休总支联系、协商,召集离退休党员大会,讲社区建设的重大意义和共产党员在社区应尽的责任,讲得大家心里热了起来。

2003年年初,社区党支部与驻地各离退休支部组建起"党建联席会",制订出全市第一个党建联席会议制度。当年10月,企业337名离退休党员的组织关系全部转入社区,开创了西安市把社区离退休党员进行属地化管理的先河。

同时,坚持"因地制宜、实事求是"的原则,以便于管理、便于服务、就近服务为目的,按照"社区党委、片区党支部、楼栋党小组"的层级,设置了1个社区党委、12个党支部、20个党小组。社区党组织、离退休党员属地化管理走向规范。

在此基础上,社区成功召开了党代会,成立了全市首批社区党委会,使党的信仰、宗旨和任务在社区的贯彻落实有了坚强的组织保证。红专南路社区党的组织生机勃勃,社区工作亮点纷呈,成为省、市党建的示范社区。

创新"五位一体"模式大事小事有人管

走进社区,一站式服务大厅、会议室、党员活动室、民事调解室、社区卫生服务站、残疾人康复室、图书阅览室、书画室、舞蹈室、健身馆、乒乓球室尽入眼帘,办公场所服务设施一应俱全。

漫步在社区中,一股温馨、阳光、健康、向上的和谐之风扑面而来。核心价值观浮雕、和谐之家楹联、"仁义礼智信"标语等一排排文化墙展示着社区文化建设欣欣向荣的景象;年轻人在健身场地打羽毛球;社区自助图书馆前,不时有居民前来借书阅读;单元里的电梯间,也悬挂着居民的绘画和十字绣作品……社区处处洋溢着文明和谐友爱的温馨。

社区分为9个片区,每个片区成立5人小组管理大小事宜。每个片区的5人小组,由区域管家、社区民警、社区干部、党支部书记和楼长组成,在片区楼道内还公布了5人小组的工作职责、联系电话。这样不管居民遇到什么问题,都可以第一时间找到人处理,防止了各方推诿扯皮、各自为政现象的发生,居民意见建议有了诉求渠道、合法利益得到维护。

社区创新建立了党委领导下的居委会、服务中心、物业、管委会"五位一体"新型管理模式,交叉任职,融为一家,有效地解决了各方推诿扯皮、各自为政的现象,居民意见建议有了诉求渠道、合法利益得到维护。

建立社区党委→小区党总支→党支部→党小组→党员中心户长链式包干服务机制。发挥党员先锋作用,实现社区管理与服务的"精耕细作",进一步夯实党组织的凝聚力和战斗力,不断夯实主体责任担当。

扭住资源抓建设,共驻共建促发展

"我们这个社区,可说的地方多着呢,今天周六,刚好是志愿者给居民义诊的日子,可热闹了。"社区卫生服务站的三楼、四楼的十多个房间里,交大一附院的医生们正在给居民义诊,帮助一些残障人士和不少腰腿不适的中老年人理疗、针灸。

这是交大一附院康复科主任邓景元创建的志愿者队伍,数年如一日,每周六免费为社区居民进行康复治疗和训练。自2011年5月28日交大一附院团委在红专南路社区成立"青年志愿者服务基地"至今四年多的时间里,无论刮风下雨还是烈日炎炎,邓景元医生都会牺牲每周六的时间早早来到社区,带领他的康复团队义务为社区残疾人进行一对一康复治疗和训练,近九年来,在邓景元医生的带动影响下,他的志愿者康复治疗团队已发展到 200 多人,为近 31270 人次提供了康复治疗,并先后赠送社区康复设备近 10 万余元。

在持续近九年的义诊过程中,邓景元教授每周六从清晨忙到下午,中午常常顾不上吃饭,居民们都赞扬说这样的好医生真的是不多呀,不少居民看在眼里急在心里,在自家做好午饭给邓教授送来,一时间,能给邓医生提供一顿自家的便饭俨然已经成为一种荣耀。有的居民家属突发疾病,知道邓教授在就跑到社区来请,邓教授就即刻到家中进行处理。78 岁的孙兴安老人,常年瘫痪在床。一天,老人突发中风,情况十分紧急,老人家属前来求助,邓景元二话没说,赶到其家中进行紧急救治。很快,老人的病情得到控制,邓景元嘱咐其家属,今后坚持他的针灸治疗,老人的病情可以得到改善。此时老人的家属却面露难色,原来,老人的孩子都不在身边,按时带领老人到医疗站治疗成了一个难题。邓景元了解情况后,主动提出到家里为老人进行康复治疗……经过邓景元的悉心治疗,老人基本痊愈了。老人感激地说:"邓大夫,若不是您,我真的要失去生活的信心了!"70 岁的孙茂林老人脑梗致残,刚开始吃饭都困难,更别说下床走路了,孙大爷每周六都接受邓医生的免费康复治疗,三年下来,效果显著,不仅能走路,还能自己做饭。还有一位年仅 46 岁的袁红,因脑梗引起左半身偏瘫,上有老下有小的她萌生了轻生的念头。患者的母亲跑到社区来找邓景元医生,邓教授知道后亲自到她家给她做了检查,并给她做了大量思想工作,之后把她安排到医院对她进行了治疗,经过半年多的精心治疗,袁红康复了。她和她的家人非常感激地说要不是邓教授她和她的家庭就毁了,等我好了以后我也要像邓教授学习,也要为这个社会做一些贡献。

因为他和他的团队常年义诊的善举,邓医生先后获得 2013 年、2014 年"西安市优秀志愿服务者"及 2014 年"陕西省优秀志愿者"、2015 年"西安市五星志愿者",2015 年"9 月西安好人"、2016 年"12 月陕西好人"、2017 年"3 月中国好人",2016 年"雁塔榜样"、2017 年"雁塔劳模",2016 年"区、市、省、全国百姓学习之星"及全国事迹特别感人的"百姓学习之星",2017 全国"最美志愿者"称号,得到国家、省、市各界媒体的广泛关注,并受到中国残联主席张海迪同志和中国志愿者服务联合会会长刘淇同志的亲切接见,都赞扬他是"雷锋式的好医生"。

红专南路社区在西安市率先成立了由物业服务单位、驻地单位、社区居委会和居民代表组成的社区工作联管会、社区党建议事会，建立完善了有效沟通、互联互动的协商机制。与此同时，红专南路社区新建社区办公楼、老年大学、社区党校、图书阅览室、文化活动广场、社区活动中心、公益服务大厅等硬件设施，搭建了社区社会管理的平台，极大地提高了社区综合服务能力，为更好地导入政府职能、引进社会服务奠定了坚实的物质基础。

红专南路社区按照"企业搭台，政府唱戏"的原则，积极搭建公益服务平台，完善公共服务网络，整合社区周边社会资源，初步形成了社区协同服务管理新格局。按照"居家养老为基础，社区养老为依托，机构养老为补充"的养老体系建设目标，红专南路社区创办了西安市第一家居家养老服务站，大力加强社区文化建设，广泛开展群众性文化活动，形成了"天天有活动、周周有安排、月月有比赛、节节有展演"的社区文化活动长效机制。

丰富载体抓文化，文明和谐聚人心

社区紧紧围绕"贴近居民，贴近生活，贴近实际"的工作要求，通过完善社区功能、细化服务措施，不断提升社区服务水平，增强社区在居民群众中的感召力和影响力。一是以贴心服务吸引人。以居家养老活动室为载体，全面推进完善居家养老服务，在政府、驻地单位及社会各方共同支持下，积极筹建1000余平米的"日间照料中心"，并与辖区内的粮油店、理发店、干洗店签订协议书，对老年人进行低偿服务；成立由社区干部、物业干部、社区党员、楼栋长等组成单元网格管家组，设置服务公示牌，公布成员的照片和服务电话（手机24小时开通），随时为老人提供各类服务。二是以爱心活动温暖人。将孤寡老人作为关爱重点，除组织志愿者定期开展帮扶外，每年春节前社区都会到行动不便的老人家里进行走访慰问，组织老年大学民乐团到家表演，送去"精神食粮"，年三十还会为独居老人包饺子，与他们一起欢度春节，使老人感受到真切的关爱。三是以文化活动感染人。成立社区老年大学、民族交响乐团、合唱团，组建书画协会、诗词吟唱社、柔力球队等近20个各类文体团队，充分营造老有所乐的生活氛围，实现天天有活动、周周有安排、月月有比赛、节节有展演，极大地丰富了老年人的精神生活，实现了"文化养老"。四是以先进典型鼓舞人。定期开展"和谐家庭""和谐楼栋""好媳妇""好公婆"等评比活动，通过居民民主推荐的方式评选出了具有公信力的典型，传播、弘扬和谐向上的社会风气。社区居民丁水彬不仅十几年如一日，细心照料生病的丈夫、公公婆婆，撑起一个完整的家，而且主动到社区居家养老服务站工作，亲人般地照顾社区老人，丁水彬也被评为第四届全国道德模范。引进24小时自助图书馆和实体书店，举办读书月活动，推荐评选"书香之家"，建设"书香社区"。积极开展传家训、重家教、树家风、立家规活动，构建文明、和谐、诚信的邻里氛围，征集形成了"厚德、孝悌、爱家、惜福"的社区大家训，镌刻在园林式社区巨石上，与社区社会主义核心价值观文化墙、百家福、法治立体雕塑、"仁义礼智信"青铜浮雕交相辉映，使社会主义核心价值观像空气一样无处不在，浸润人心。

发挥党员先锋作用，提升创新服务能力

积极推行党务公开，完善社区党组织"三会一课""民主生活会""主题党日""固定学习日"、流动党员管理等工作制度，突出党的领导核心作用。坚持"突出特色、重在实用、方便管理"的原则，成立社区党校，开设党员活动室，建立党建动态宣传栏和党务公开栏，定期召开支部书记和委员会议，加强党员的思想教育和政治教育，提升创新服务能力。

社区不断创新城市基层党建工作，在社区建立"党员驿站"，配备电子大屏、图书角、茶吧等设施，通过开展党员谈心、微党课、建立心愿墙等方式，提升党员对党组的参与感、认同感、归属感。在社区党员"心愿墙"上，社区党员群众可以把自己对社区建设、党建工作、诉求等的疑问写在心愿卡上，社区党委能答复的会给予积极答复，不能解决的社区党委会与驻地单位、党建联系会等方式第一时间解决问题，并把解决好的问题登记在答复本上，进行问题入账。

社区不断强化党建引领作用，成立红专南路社区党群服务中心，提供党员组织关系转接、流动党员管理等服务项目，提升基层党组织影响力和号召力。同时这里也代理居民医保、养老、高龄补贴等相关业务。

面对新挑战，党建创新与时俱进

随着经济社会的不断发展，不断探索基层党建工作的新思路和新模式，进一步扩大新型领域党建覆盖。西安市雁塔区小寨路街道毓凤阁的红色会客厅，是2019年年初在商圈里新成立的党建阵地，其开放共享的"书香+党建"模式，让党建活动更富吸引力和创新性，红色会客厅的建设，扩大了新兴领域的党建覆盖，彰显出党建促进经济社会发展的巨大动力。商圈市场作为城市发展的引擎和城市建设的有生力量，根据其自身特点，探索创新党建工作方式尤为重要和迫切。街区充分发挥"红色会客厅"的辐射带动作用，创新开放式党建模式，实现活动场所共用、党建资源共享，不断强化其政治功能。为党组织开展"三会一课"、党员学习培训、党员志愿服务、党组织关系接转、流动党员管理等提供服务，力求利用互利思维和柔性方式，在服务中赢得党员和企业的认可和认同。未来将进一步运用"互联网+"技术，打通上下联系的信息渠道，运用网络信息技术创新党建工作载体、提升服务水平，使党建工作更体现时代特色，更充满时代活力，更富有时代气息。建成以来，这里举办红色讲堂、开展三会一课活动等，成为了凝聚党群力量的城市基层党建新阵地。红色会客厅作为基层党建的新阵地，是党建引领基层治理的最新探索。红色会客厅是一种创新开放的党建模式，实现活动场所共用、党建资源共享，能更好地凝聚党群力量，推动党建工作与企业发展同频共振、互促双赢。

附录六

三个阶段结构化研讨方案实例

一、第一次结构化研讨

在进行研讨前,需进行详细的安排,如表 8-9 所示:

表 8-9 推进生态文明建设研讨班导学及第一次结构化安排

时 间	3月2日 14:30—17:30	
地 点	1. 导 学:会议中心二层中厅。 2. 分组研讨:第一、二、三、四组分别在会议中心第一、二、三、四会议室。	
研讨题目	学习领会马凯同志重要报告精神,先从本单位再从全局的角度,研讨当前推进生态文明建设工作中亟待解决的难点问题。	
召集人 (小组长)	第一组: 第二组: 第三组: 第四组:	
催化师 (教师)	第一组: 第二组: 第三组: 第四组:	
联络员 (记录员)	第一组: 第二组: 第三组: 第四组:	

具体研讨流程如下:

一、导学(14:30—15:00,会议中心二层中厅)

班主任介绍研讨班的教学安排、结构化研讨方法;介绍各组召集人/组长、催化师及联络员。

二、转场(15:00—15:10)

催化师引导学员进入各自研讨室。

三、自我介绍及提出问题(15:10—15:45,各研讨室)

1. 召集人(小组长)宣布研讨开始。
2. 催化师自我介绍并说明本次研讨主题、时间分布和研讨方法。
3. 催化师带领学员自制桌签。
4. 召集人(小组长)主持选定代表本组的研讨发言人。
5. 学员根据《研讨用纸》(如表8-10所示)的提示,准备发言。

表8-10 第一次结构化研讨用纸(学员用)

一、自我介绍及提出问题
姓　名:
工作单位:
分管的主要工作:
结合学习领会马凯同志重要报告精神,联系本单位实际,请简要提出当前推进生态文明建设工作需要破解的难题(1—3条)。(每次请提出1个问题,每次发言不超过2分钟)
二、聚焦问题
结合学习领会马凯同志重要报告精神和本次研讨第一阶段讨论出的"问题清单",从全局来看,您认为哪些问题是需要在本组重点研究探讨的?为什么?(每次发言不超过2分钟)
三、研讨交流(供发言人参考)
发言内容:一是宣读"问题清单"(不用解释);二是介绍本组聚焦出的重点问题,并简要说明。(每组发言时间不超过5分钟)

6. 结合学习领会马凯同志重要报告精神，联系本单位实际，提出当前推进生态文明建设亟待解决的 1 个难题（不需解释），并作简要自我介绍。每人发言时间不超过 2 分钟。

7. 请学员进一步补充问题（此环节可进行 1—2 轮）。

8. 催化师在白板上记录发言要点，形成"问题清单"。

四、聚焦问题（15：45—16：40，各研讨室）

1. 催化师引导学员以全局视角在第一轮问题的"问题清单"中，聚焦出本班将要重点集体研究的 5 个问题，并请学员简要说明选择的理由。每名学员每次发言时间不超过 2 分钟（如问题数量多不集中，可通过集体打分的方法排出优先序）。

2. 催化师引导学员对聚焦出的问题进行优化。

3. 召集人（小组长）作研讨小结。

五、转场（16：40—16：50）

催化师引导学员休息并返回会议中心二层中厅。

六、全班交流（16：50—17：30，会议中心二层中厅）

1. 班主任主持交流活动。

2. 各组发言人依次汇报。各组汇报内容：一是宣读"问题清单"（不用解释）；二是介绍本组聚焦的重点问题（略加解释）。每组汇报时间不超过 5 分钟。

3. 班主任作小结，宣布研讨结束。

二、第二次结构化研讨

在"推进生态文明建设研讨班"中第二次结构化研讨安排如下：

时间——3 月 5 日下午 14：30—17：30。

地点——第一、二、三、四组分别在会议中心第一、二、三、四会议室。

研讨主题——描述现象，分析原因，查找症结。

各小组成员、小组长、催化师和记录员都按照第一次结构化研讨中的安排进行。

具体研讨流程如下：

一、现象描述（14：30—15：20，各研讨室）

1. 召集人（小组长）宣布研讨开始。

2. 催化师将本组研讨主题书写在白板纸上，简要说明本次研讨主题、时间分布和研讨方法。

3. 召集人（小组长）主持选定代表本组的研讨发言人。

4. 学员根据《研讨用纸》（如表 8-11 所示）的提示，准备发言。

表 8-11 第二次结构化研讨用纸（学员用）

一、现象描述
　　围绕本组研讨主题，请您描述该问题存在的现象。（每次发言时间不超过 2 分钟）
二、症结查找
　　结合各种现象，从全局视角分类分级分析问题存在的深层次原因，查找症结。（每次发言时间不超过 2 分钟）
三、研讨交流（供发言人参考）
　　各组发言人依次汇报，主要内容是各组围绕研讨主题做出的原因分析。每组汇报时间不超过 7 分钟。

---

5. 围绕本组研讨主题，请学员从各自视角，描述该问题在资源、行为、能力、思想等层面的表现，最终形成对问题现象 360 度的描述。每人每次发言时间不超过 2 分钟。

6. 请学员进一步补充（此环节可进行 1—2 轮）。

7. 催化师在白板上记录发言要点。

二、症结查找（15：20—16：20，各研讨室）

1. 召集人（小组长）主持回顾在现象描述环节，大家提出的主要观点。

2. 催化师引导学员分类分级分析各种现象的深层次原因。每名学员每次发言时间不超过 2 分钟。

3. 催化师简要回顾梳理学员的主要观点，与学员共同研讨问题存在的几个核心症结。

4. 召集人（小组长）作研讨小结。

三、转场（16：20—16：30）

催化师引导学员休息并返回会议中心二层中厅。

四、研讨交流（16：30—17：30，会议中心二层中厅）

1. 班主任主持交流活动。

2. 各组发言人依次汇报，主要内容是各组围绕研讨主题做出的原因分析。每组汇报时间不超过 7 分钟。

3. 班主任作小结，宣布研讨结束。

三、第三次结构化研讨

在"推进生态文明建设研讨班"中第三次结构化研讨安排如下:

时间——3月8日下午14:30—17:30

地点——第一、二、三、四组分别在会议中心第1、2、3、4会议室

研讨主题——优选对策,分享收获,征求意见

各小组成员、小组长、催化师和记录员都按照前两次结构化研讨中的安排进行。

具体研讨流程如下:

一、研讨说明(14:30—14:45,各研讨室)

1. 召集人(小组长)宣布研讨开始。

2. 召集人(小组长)主持选定代表本组的在3月9日全班交流上的发言人。(发言内容为对本组研讨问题的意见和建议,以及参加本次学习的收获,发言不超过10分钟)。

二、对策优选(14:45—15:25,各研讨室)

1. 催化师简要回顾第二次研讨的成果,简要说明本次研讨安排。

2. 学员根据《研讨用纸》(如表8-12所示)的提示,准备发言。

表8-12 第三次结构化研讨用纸(学员用)

一、对策优选 围绕本组研讨主题,提出政策建议。 二、分享体会 分享在本次研讨班授课、论坛、研讨、经验交流等教学活动中最受启发的一个观点。 三、意见征求 对《关于加快推进生态文明建设的意见(征求意见稿)》提出意见和建议(请将具体修改意见标记在征求意见稿上)。

3. 围绕本组研讨主题,请学员依次提出政策建议。

4. 请学员对已提出的政策建议进行优化。

5. 催化师在白板上记录发言要点。

三、分享体会(15:25—16:00,各研讨室)

1. 催化师引导学员分享在本次研讨班授课、论坛、研讨、经验交流等教学

活动中最受启发的一个观点。

2. 催化师记录发言要点。

中间休息 10 分钟。

四、意见征求（16：10—17：30，各研讨室）

1. 催化师引导学员结合本次培训的学习收获，对《关于加快推进生态文明建设的意见（征求意见稿）》提出意见和建议（请学员将具体修改意见标记在征求意见稿上）。

2. 如时间允许，请学员对本次培训提出宝贵意见和建议。

3. 催化师在白板上记录发言要点。

4. 召集人（小组长）作研讨小结。

后 记

时代在发展、社会在进步，我们的干部工作也要跟上步伐，因此就必须改革创新。作为一名党校教师笔者深感自豪，是学校提供了一个广阔的平台让笔者更好地开展教学、科研和学习工作。此文写作历经四年，也是笔者的博士学位论文，完成之后一直没有公开发表，主要原因是读博期间还没正式登上干部培训的讲台，对开展互动式教学的过程没有深切的体会，文中案例全出自笔者的访谈和调研。博士毕业之后，笔者全身心投入到干部培训的教学中，亲自实践并开发了互动式教学专题——《情景体验式教学：有效管理情绪》《案例教学：党建引领基层社会治理——红专南路社区的创新发展》等，教学效果良好，根据切身体会不断补充著作内容。加之又参加了一项国家社会科学基金项目，对前期的研究更加深入，通过理论联系实践将此文进一步修订完善。此书虽只有薄薄一册，但也是一段时间的思考结果，定不敢草草应付。现有机会公开出版，希望各位前辈好友给予多方面的启迪，使我能更进一步。

生而有幸，得遇粟洪武、司晓宏教授！粟老师蔼如春风，视徒若己出，在学业上悉心指导，在生活上关心备至。读博期间从论文的选题、开题，到论文的框架构思；从论文撰写过程中的点拨，到论文完稿时的反复修改，都倾注了他的大量心血，凝结了他的辛勤劳动，彰显了他的人生智慧。并且，笔者撰写的每一篇小文章，他也会认真修改，在遇到思路不通畅的时候，总会与他交流探讨，每次不管他有多忙总能耐心地给我许多建议，使我豁然开朗。司老师非常严厉，为学则功夫深厚，特别感谢司老师在平时的生活学习中的关心和支持，每次见到他总是叮咛好好学习，努力工作，快乐生活。非常荣幸能跟着老师们学习，感受到老师们宽厚仁慈的胸怀，博大精深的学术修养，无私关爱的人格魅力，树立了学习的典范，这将指导笔者在今后的人生道路上更加勤奋进取，以报师恩。

本书是在博士论文的基础上修改完成的，回忆在陕西师范大学攻读博士学位的四个春秋里，那是人生中又一段辉煌的旅程和刻骨铭心的记忆。在这四年当中经历了太多的艰辛、困苦、迷茫与彷徨，同时也收获了无限的喜悦、成果、平和与自信。值得庆幸的是，在笔者读博的这几年，得到了陕西师大教育学院的老师们大力的支持和帮助，感受到中共陕西省委党校（陕西行政学院）领导和同事的理解与帮扶，获得了亲朋好友的爱护与鼓励。

感谢同门好友蔺艳娥、舍友马晓凤，是她们在笔者困惑艰难的时期，给予不少的帮助和鼓励，提出许多宝贵的意见。感谢同届同学冯伟、张怀斌、孙宏恩、申大魁、翁孟迁、耿飞飞、张京京、郭辉等，还有师妹包莹，教育学院的教学秘书李少博老师，等等，与他们一起学习、一起讨论、一起走过的日子，感受到了许多的快乐，也深深体会到了浓浓的同学之情！

感谢所听课的几位老师们！他们的课程丰富了智慧，也给予很大的启发，让笔者由衷地佩服；并且他们上课认认真真、一丝不苟，为笔者的研究提供了一手的原始资料，在此表示深深的谢意！尤其是中共陕西省委党校（陕西行政学院）吴琼华教授、马文波副教授的教学给了太多的灵感，与两位老师进行无数次的交流和探讨，收获了很多建设性的意见，在此对两位老师表示感谢！还要感谢中央党校（国家行政学院）的张林芬老师，很冒昧地给她发邮件，张老师接受电话访谈，对结构化研讨中的相关问题做了详细的阐释，解决了笔者的疑问。此外，还要感谢延安干部学院的何磊老师，在笔者论文写作过程中提供了很多的参考资料！

感谢陕西师范大学教育学院提供了博士学习的机会，通过学习笔者进一步掌握了更多的理论知识，开阔了学术视野，为从事的实际工作总结概括找到了理论基础，也为自己在工作中能力的提升、开创新的工作局面提供了坚实的理论支持；同时感谢工作单位中共陕西省委党校（陕西行政学院），在读博期间单位领导和同事给予很多的帮助与理解，提供了良好的工作学习环境，使笔者有更多的时间进行论文的研究与创作。

还要特别感谢亲人们：少言寡语的父亲和勤劳善良的母亲一直是笔者人生旅途中最为依赖的人，他们对我的人生积极引导，对我的生活全心照顾，对我的学习帮促鼓励，对我的工作全力支持。感谢父母的养育之恩，感谢他们无私的关爱，感谢他们全心全力地帮忙照顾双胞胎女儿，感谢他们为他们女儿所付出一辈子的辛劳，正是有他们的无私奉献，使笔者在学习和工作中集中精力，勇于克服困难。对父母的恩情无以回报，只愿他们永远健康快乐。感谢丈夫在写作过程中给予的源源不断的鼓励、帮助、体谅和包容,他在背后的默默支持是笔者进取的动力。感谢博士妹妹,她总是在繁忙的工作学习之余帮我搜集资料,翻译外文文献,融融亲情,甚是感动。还要感谢两个女儿,她们的到来是幸福的源泉与不断前进的动力。

感谢中共陕西省委党校(陕西行政学院)和光明日报出版社对此书的资助出版。

感谢所有帮助、支持、理解、鼓励、批评过的人!

张品茹
2019 年 12 月 18 日